Zickensklaven

Guido Eckert, Jahrgang 1964, hat als Autor unter anderem für *Vanity Fair*, für die *Süddeutsche Zeitung* und das *Zeit-Magazin* geschrieben. Er lebt mit seiner Frau und seinem Sohn in einem kleinen Dorf im Sauerland. Neben Reportagen schreibt er Romane und Erzählungen.

Preise:

1991 *Axel-Springer-Preis für junge Journalisten*
1997 *Theodor-Wolff-Preis für literarischen Journalismus*
1998 *Förderpreis des Landes Nordrhein-Westfalen für Literatur*

Guido Eckert

Zicken sklaven

Wenn Männer zu sehr lieben

SOLIBRO Verlag Münster

1. Guido Eckert:
   Zickensklaven. Wenn Männer zu sehr lieben
   Münster: Solibro Verlag 1. Aufl. 2009
   ISBN 978-3-932927-43-0

ISBN 978-3-932927-43-0
1. Auflage 2009 / Originalausgabe
© SOLIBRO® Verlag, Münster 2009
Alle Rechte vorbehalten.

Umschlaggestaltung: *Cornelia Niere, München*
Umschlagfotos: *mauritius images / imagebroker / Rosseforp*
Foto des Autors: *privat*
Druck und Bindung: *CPI – Ebner & Spiegel, Ulm*
Gedruckt auf elementar chlorfrei gebleichtem und alterungsbeständigem Papier. Printed in Germany

verlegt. gefunden.gelesen.

www.solibro.de

»Frauen sind nicht etwa die besseren Menschen;
sie hatten bisher nur nicht so viel Gelegenheit,
sich die Hände schmutzig zu machen.«

Alice Schwarzer

Inhaltsverzeichnis

Vorwort ... 9

ERSTER TEIL – Fallbeispiele ... 13
Jedem Anfang wohnt eine Zauber inne ... 13
Noch so ein Anfang voller Zauber ... 16
Ein letzter zauberhafter Anfang ... 19
Der Schlüssel im richtigen Schloss ... 22
Wer lacht, scheint glücklich ... 25
Der kalte Kuss ... 33
Schwein und Bock ... 38
Das tolle Paar ... 44

ZWEITER TEIL – Psychologische Hintergründe ... 47
Der selten glückliche Mann ... 47
Die gestörte Balance ... 50
Dreimal falscher Geburtstag ... 55
Die charmante Fassade ... 60
Alles auf Null – Zurück in die Kindheit ... 63
Vater ist der Beste ... 71
Das Streben nach Macht ... 73
Die Wunde stillen ... 75
Der Mittelpunkt der Welt ... 77
Der Blumenstrauß ins Büro ... 84
Der blinde Fleck ... 89
Die beiden Magneten ... 95
Der kalte Reiz ... 105
Die drohenden Gespenster ... 111
Eine Welt voller Versager ... 115
Die ungeduldige Patientin ... 122
Von Frau zu Frau ... 123

Der nette Schleicher 135
Die verschobene Grenze 139
Das ewige Lied vom Hampelmann 145

DRITTER TEIL – Selbstbetrachtung **149**

Wie wird man denn jetzt endlich zum Zickenbändiger? 149
Der Zwang der Wiederholung 157
Der unfähige Vater 162

VIERTER TEIL – Gesellschaftliche Hintergründe **165**

Warum Zicken überall aus dem Boden sprießen 165
Es wird einem nichts geschenkt 184

FÜNFTER TEIL – Trennungsanalyse **189**

Also Schrecken ohne Ende? 189
Die vollzogene Trennung 197
Auf ein neues Leben! Nach der Trennung. 212
Die leidige Hoffnung 215
Der heikle Umgang mit den Kindern 219

SECHSTER TEIL – Zukunftspläne **227**

Das große Aufräumen 227
Neues Spiel, neues Glück? 233
Butter bei die Fische 234
Den inneren Frieden finden 238

SIEBTER TEIL –
Auf dem besten Weg zum Zickenbändiger **243**

Quellen-/Literaturverzeichnis 252

Vorwort

Um gleich mit einem möglichen Missverständnis aufzuräumen: In diesem Buch wird nicht gejammert. Erst recht nicht über Frauen. Und vor allem nicht von Männern.

Aber es geht »natürlich« und in erster Linie um Frauen (und deshalb auch immer wieder um Männer), um einen ganz bestimmten Typus Diva, und darum, dass diese Spezies auch den stärksten Mann umhaut.

Es geht selbstverständlich um »Zicken«. Charmanter geschrieben: Im Folgenden beschäftige ich mich mit außergewöhnlich interessanten Frauen, ungewöhnlich schönen Frauen, starken Frauen, beeindruckenden Frauen, in deren Aura sich gewöhnliche Menschen unwohl fühlen und beeindruckt die Augen senken. (Allerdings nach deren Abgang erleichtert ausatmen.)

Wie gesagt, es geht um Zicken.

Es handelt sich dabei allerdings nicht um Frauen, die vielleicht einmal im Monat, zu einem gewissen Termin ein wenig gereizt erscheinen, einen schlechten Tag haben und sich am nächsten Morgen entschuldigen und wieder fröhlich sind.

Nein, es geht in diesem Buch um Frauen, die sich niemals – und das heißt wortwörtlich: niemals! – entschuldigen würden. Auch wenn SEK und RTL vor der Türe ständen. Und wenn es ihr Leben kosten würde.

Es dreht sich in diesem Buch alles um die Königinnen der Diven, die nicht mal einen schlechten Tag haben, sondern deren gute Laune sich in Sekunden rechnen lässt. Aufs Jahr gerechnet. Es geht also: um Zicken, die Seelen zerstören.

Ihre eigene mit eingerechnet.

Obacht: In diesem Buch werden Frauen trotzdem nicht als »Schuldige« betrachtet; ein beliebter Ansatz in Frauen-Büchern.

Dies ist aber ein Männerbuch, das heißt: wir wollen Antworten. Lösungen. Keine vorschnellen Schuldzuweisungen (das haben wir zu oft erlebt).

Ein Buch für Männer – das aber sehr wohl von Frauen gelesen werden soll, und um beide Geschlechter zusammen zu bringen auch nicht von einem Psychologen geschrieben wurde.

Es geht schließlich um Sofort-Hilfe.

Ich bin kein Arzt – aber ein Fachmann für Erste Hilfe. Und Erste-Hilfe-Ratgeber sollten in keinem Bücherschrank fehlen. Denn dieser vermeintliche Laiendilettantismus hat an vielen Unfallstellen dieser Erde schon unzählige Leben gerettet.

Oder, mit einem anderen Vergleich: die wenigsten Computerbücher werden von Programmierern geschrieben, und wer je einen solchen kennen lernen durfte, weiß, wieso das oftmals besser ist. (In gewisser Weise ist übrigens auch dieses Buch nichts anderes als ein Weg zur Neuprogrammierung.)

Das also ist die Zielrichtung dieses Buches.

Schließlich leiden Menschen. Männer und Frauen. Und sie wollen schnelle Hilfe.

Männer leiden – weil beinahe jeder einmal in seinem Leben an eine Zicke gerät und nur mit schweren traumatischen Schäden aus einer solchen »Beziehung« heraus taumelt. Frauen leiden – weil beinahe jede in ihrem Leben an eine Zicke gerät, als Freundin, Arbeitskollegin, Feindin, und nur mit schweren traumatischen Schäden aus einer solchen »Beziehung« heraus poltert.

Wer aber selbst schon einmal in einer psychischen oder sonstigen Krise steckte und sich buchstäblich am Ende sah, weiß, dass jeder Strohhalm wortwörtlich Leben rettet.

Dieses Buch baut genügend Strohmatten, ganze Strohhaussiedlungen, um die Grundlagen der Zickenzerreißprobe zu durchblicken.

Anschließend wird keine Zicke Dich mehr zu Boden zwingen!

Ganz wichtig auch für Frauen, die ihrerseits unter Zicken leiden. Und die ausdrücklich zur Zielgruppe dieses Buches gehören.

Grob gesagt teilt sich das Buch in Vergangenheit, Gegenwart und Zukunft. Wobei sich diese zeitliche Trias nicht in einer Dreiteilung des Buches niederschlägt. Gemeint ist damit mehr die psychische Entwicklung der interviewten Männer und Frauen – sowie (hoffentlich) der Leser.

Im ersten Teil erzählen vornehmlich die Männer, mit denen ich gesprochen habe (und niedergeschrieben ist wahrlich nur ein kleiner, repräsentativer Ausschnitt), um einen atmosphärischen Eindruck von der Seelenlage deutscher Männer zu erhalten. Hier geht es um eine Bestandsaufnahme – die Analyse erfolgt dann im zweiten Teil. Dort konzentriere ich mich auf die psychologischen Grundlagen. Wer möchte, kann selbstverständlich auch zuerst den zweiten Teil lesen, sich mit Fakten und Sachwissen vollsaugen und sich dann, zum Nachtisch, an den Schilderungen gütlich tun.

Kapitel drei behandelt – auf dem Weg zum Zickenbändiger – die eigenen Anteile und Voraussetzungen, weshalb es vermutlich überhaupt erst zur Paarbildung mit einer Zicke gekommen ist. Und weshalb sich die meisten Zicken nicht helfen lassen wollen. Teil vier wiederum: die große gesellschaftliche Sicht. Warum Zicken überall aus dem Boden sprießen. Warum unsere Gesellschaftsordnung Zicken sogar ausdrücklich fördert und fordert.

Teil fünf widmet sich der – meist – unvermeidlichen Trennung, die – meist – von ihr ausgeht. Besonders problematisch, wenn noch Kinder darunter leiden.

Im sechsten Teil geht es um eine hoffentlich glückliche Zukunft. Ob nun mit Zicke oder ohne, auf jeden Fall: verändert, klarer.

Denn getreu des Spruches: »Männer wollen Probleme lösen – Frauen wollen über Probleme reden« soll es in diesem Buch um Lösungen gehen.

Und wer sich unbedingt als Zickenbändiger erproben will (oder muss – denn Zicken tauchen auch am Arbeitsplatz auf), dem sei ausdrücklich der Schlussteil ans Herz gelegt.

Ich danke allen Männern, mit denen ich interessante, tiefe, spannende Gespräche führen durfte, und respektiere selbstverständlich, dass sie sich nicht mit ihrem richtigen Namen gedruckt sehen möchten. (Das ist auch eine Folge des Zicken-Terrors. Denn sie haben teilweise Kinder, die noch bei ihrer Mutter leben. Frauen, die sich selbstverständlich nicht als Zicken sehen – sondern wahlweise als Opfer der Gesellschaft oder einer falschen Interpretation, denn schließlich muss ja jeder selbst schauen, wo er/sie steht – nicht wahr?!)

Ehrlicherweise muss ich zugestehen, dass es inzwischen auch einen Haufen männlicher Zicken gibt (die damit allerdings keinen semantischen Bezug mehr zur Tierwelt haben), aber das ist nicht Inhalt dieses Buches. Schon alleine deswegen, weil Männer unter solchen Erscheinungen weniger leiden (und für homosexuelle Beziehungen fehlen mir Erfahrungswerte).

Gedankt sei ausdrücklich auch jenen Zicken, die ich ebenfalls nicht namentlich erwähnen möchte, die mir aber ihre Sicht der Dinge geschildert haben. (Schriftlich. Von Angesicht zu Angesicht wäre es Ihnen nicht möglich gewesen.)

Deren Sicht mag auf manchen Leser schockierend wirken in ihrer gnadenlosen Ehrlichkeit – aber diese Frauen haben ihr Verhalten schon »reflektiert«. Sie wollen sich ändern.

Daraus lässt sich ablesen, was in den unzähligen Zicken gärt, die noch in freier Wildbahn herumlaufen und die sich für unwiderstehlich halten.

Es liegt eine Menge Arbeit vor uns.

Aber nach der Lektüre dieses Buches lässt sich sagen: Packen wir es an!

»Ich geb mich ganz der überschäumend
wilden Freude der Verzweiflung hin.«

Giacomo Leopardi

– ERSTER TEIL –
FALLBEISPIELE

Jedem Anfang wohnt eine Zauber inne

Als ich davon erfuhr, dass Ulrike Georg verlassen hatte, dass also eine sogenannte Bilderbuchehe zerrissen wurde, mitsamt Bilderbuchanwesen und Bilderbuchkarriere, da war ich geschockt. Allerdings nicht unbedingt aufgrund der Trennung.

Ulrike ist eine, zugegebenermaßen, wunderschöne Frau, mit einem beizeiten beeindruckenden Lächeln und einem prinzipiell stimmigen Kleidungsstil. Sie hat ein ebenmäßiges Gesicht, lange, schwarze Haare, volle Lippen und ist eine der wenigen Frauen, die tatsächlich ohne Schminke beneidenswert aussehen. Der geneigte Leser wird erkennen, dass ich mich in dieser Aufzählung auf Äußerlichkeiten konzentriere (typisch Mann). Dafür gibt es allerdings einen Grund (eben: typisch Mann). Jene Äußerlichkeiten sind nämlich das Einzige, das sie auszeichnet. Ulrike ist, nun ja, von einer gewissen Anspruchlichkeit, die es ihrem Freundeskreis – seien wir ehrlich: es ist Georgs Freundeskreis, an den sie sich anhängt – schwer macht, sie unvoreingenommen zu begrüßen. Meist ist Ulrike nämlich schlecht gelaunt. Oder auffällig gut gelaunt, weil ihr ein Kellner schöne Augen macht, was sie auffällig deutlich ausbreitet. Was sie allerdings im weiteren Verlauf des Abends nicht davon abhält, wieder schlechte Laune zu bekommen. Weil Georg sich angeblich zu wenig um sie kümmere, ihm seine Freunde anscheinend wichtiger seien als die eigene Partnerin, zudem das Licht in diesem Restaurant viel zu hell oder auch zu dunkel sei (sie ist unberechenbar). Normalerweise packt sie im Verlauf eines solchen Abends ihre Sachen zusammen und rauscht in einem grandiosen Abgang davon. Georg entschuldigt sich dann, lächelt verlegen und rennt hinter ihr her.

Als ich also davon erfuhr, dass Ulrike Georg verlassen hatte, war ich geschockt.

In welch jämmerlichem Zustand Georg mir die Tür öffnete.

Er schlief kaum, aß nur noch ungern (als Mann!), dafür trank er zu viel (zugegeben: das muss nichts heißen) und war voller Hass.

Ich hatte ihn noch nie so voller Hass erlebt.

Und so angefüllt mit Leid und Trauer.

Ulrike dagegen ging zur Arbeit, traf sich mit Männern und lächelte. Die Trennung löste bei ihr ungefähr die gleiche Wirkung aus, als hätte sie morgens den Bus zur Arbeit verpasst.

Und der Nachfolgende rollte schon um die Ecke.

Was ist überhaupt eine Zicke?

Der Ausdruck »Zicke« hat sich im allgemeinen Sprachgebrauch fast vollständig von seiner tierischen Verwurzelung gelöst. Vielen ist schon gar nicht mehr richtig bewusst, dass der Ausdruck »Zicke« eine ernsthafte biologische Beschreibung beinhaltet. Im Gegensatz zum »Hengst« oder »Schwein« beispielsweise, mit denen die vierbeinigen Kollegen selbstverständlich vertraut sind. In besagter Tierwelt müssen wir erst einmal zu den Hausziegen wechseln. Die gehören (welche Überraschung) zur Gattung der Ziegen in der Familie der Hornträger. Das weibliche Tier wiederum wird Geiß oder Zicke, das männliche Bock, das kastrierte männliche Mönch genannt. (Letzteres beinhaltet Potenzial für eine schöne Frage bei »Wer wird Millionär?«)

In verschiedenen Lexika gibt es für die Zicke ansonsten verschiedene Umschreibungen. Etwa:
[1] weibliche Ziege
[2] abwertend: störrische, launenhafte Frau
[3] nur im Plural: unsinnige Ideen, Verhaltensweisen

Wahlweise steht unter Punkt 2 auch schon einmal »launische, unangenehme Frau«. Je nach Beschwerdeton gegenüber der zuständigen Redaktion wird eine ähnlich lautende Beschreibung aber auch verändert.
Das Internetlexikon Wikipedia definiert zurzeit: »Als Zicke werden störrische, eigensinnige Mädchen, Frauen oder manchmal (zumeist homosexuelle) Männer bezeichnet.« Die »Zimtzicke« hat laut »Lexikon der sprichwörtlichen Redensarten« folgende Herleitung: Zuerst war »Zimt« ein Ausdruck für Geld beziehungsweise Geldwaren (denn Zimt war selten und damit kostbar). Mit der Übernahme in die Umgangssprache trat ein Bedeutungswandel ein, und zwar zum Schlechteren. »Zimt« wurde nunmehr in Redewendungen wie »Was kostet der ganze Zimt hier?«, »Mach keinen Zimt!« oder »Fauler Zimt« (Unsinn) benutzt.
Im selben Zeitraum kamen auch die Ausdrücke »Zimt machen«, »Zimtig sein« auf, die einfach »Umstände machen«, »Schwierigkeiten machen« bedeuteten. Zieht man nun »Zicke« (gewissermaßen der Inbegriff von »Schwierigkeiten machen«) sowie »Zimt« zusammen, deutet sich an,

was der Ausdruck bedeuten soll: Eine Person, die Schwierigkeiten macht, und zwar so richtig!

Es ist nicht einfach einen genauen Zeitpunkt zu bestimmen, an dem sich aus der ehemals negativen Definition eine positive Umwertung ergab. Im Gedächtnis haften geblieben ist, aber eine MTV-Kampagne, Ende der 1990er Jahre, bestehend aus Jugendlichen (Schwarz-Weiß-Porträts), die ohne weitere Werbebotschaft nur ein simples T-Shirt trugen. Vorne war jedes Shirt mit einer Charakterisierung des Trägers versehen, durch ein einziges Wort. Und den größten Eindruck machte die junge Frau mit dem Aufdruck: »Zicke«. Es war für einen längeren Zeitraum Mode, ein solches T-Shirt zu tragen.

Noch so ein Anfang voller Zauber

Als ich davon erfuhr, dass Caroline Stefan verlassen hatte, dass also eine weitere sogenannte Bilderbuchbeziehung in Schutt und Asche lag, mitsamt Bilderbuchplanung und Bilderbuchkarriere, nebst Vorzeigepartys und Vorzeigefotos, da war ich schon wieder geschockt.

Und wieder nicht wegen der Trennung.

Caroline ist eine, zugegebenermaßen, attraktive Schönheit mit einem beachtlichen beruflichen Ehrgeiz. Sie hat blaue Augen, einen sportlichen Körper, ist blond (ich weiß, darum geht es nicht) und sie kann ganze Abendgesellschaften damit unterhalten, detailliert über Strukturen und Abläufe in ihrer Firma zu berichten, in allen Einzelheiten. Also darüber, wann ihr Chef sie zuletzt gelobt habe und warum ein anderer Kollege prinzipiell einen Tadel erhalten müsse. Und wann ihr Chef sie zuletzt gefeiert habe und warum ein anderer Kollege auf der Stelle gefeuert werden müsse. Und warum alle Frauen in ihrer Abteilung neidisch, missgünstig und eifersüchtig seien. Und weshalb sie an diesem Abend früh zu Bett gehen müsse und Stefan folglich den gemütlichen Pizza-Abend in seiner Wohnung schon vor der selbst gemachten Nachspeise aufzulösen habe. Und zwar unverzüglich. Auch wenn das zur Konsequenz habe, dass niemand mehr etwas mit ihr (heißt: mit Stefan) zu tun haben wolle, dass jemand enttäuscht oder sauer sei.

Raus! Sofort!

Als ich also davon erfuhr, dass Caroline Stefan verlassen hatte, war ich geschockt.

In welch jämmerlichem Zustand Stefan mir die Tür öffnete.

Er war aus dem gemeinsamen Haus ausgezogen, dafür in eine winzige Bruchbude gewechselt, schluckte Valium und heulte. Und: Er wollte Caroline töten, wahlweise auch sich selbst.

Ich wusste nicht, was ich davon halten sollte. Es klang nicht sehr spaßig.

Caroline dagegen ging zur Arbeit, traf sich nach Dienstschluss mit ihrem Chef und schrieb putzige, spontane E-Mails, in denen sie Stefan aufforderte, man solle doch gefälligst »Freunde bleiben«.

Eine Zicke verteidigt sich

»Ich will gar nicht groß um den heißen Brei herumreden: Es gibt schließlich einen Haufen Leute, die mir nachsagen, ich sei die geborene Zicke. Nur, ich selbst sehe das überhaupt nicht so. ›Zicke‹ ist für mich negativ belastet – und ich finde mich selbst absolut positiv. Ich sag halt nur deutlich meine Meinung, aber ich kann nichts dafür, wenn das so mancher in den falschen Hals kriegt.

Vor allem sind das Feiglinge. Und die bezeichnen andere dann halt als Zicke. Für mich ist mein Verhalten aber sehr lebendig, und gerade das Provokante ist belebend. Ich bin halt nicht so langweilig, wie diese ganzen Mauerblümchen und Versager. Ich bin mutig. Wenn du so willst, dann sind zickige Menschen die, die eben nicht alles auf sich beruhen lassen. Wir sollten froh sein, dass es solche Frauen überhaupt gibt, weil sie das Herz auf der Zunge tragen und direkt das aussprechen, was viele andere nur denken. Männer sind da sowieso alle gleich. Die nennen eine Frau direkt ›Zicke‹, nur weil sie sich in einer Männergesellschaft durchgesetzt hat und ein bisschen lauter wird. Das können die Herren der Schöpfung natürlich überhaupt nicht verkraften.

Und wenn ich dann noch überlege, wie viele zickige Männer es gibt. Ich kenne da einige!

Nein, Zicken sind meiner Meinung nach emanzipierte Frauen, die eine eigene Meinung haben und sich trauen, diese Meinung auch öffentlich zu vertreten, und sie bis aufs Letzte zu verteidigen. Zicken lassen sich den Mund nicht verbieten und können schon mal ungemütlich werden, wenn sie nicht respektiert oder akzeptiert werden. Aber all das finde ich sehr positiv und notwendig.

Mittlerweile benutze ich den Begriff auch als so eine Art Freifahrschein, nach dem Motto: Ich bin eine Frau, ich darf das!

Ja, ich gebe zu: Ich bin manchmal auch arrogant und überheblich.

Es gibt genügend Situationen, wo ich das auch mal deutlich zum Vorschein bringe. Aber es hat immer seinen Sinn und Zweck! Ich kann auch sehr gut an Dingen rumnörgeln, das stimmt, und ich lästere auch ganz gern – aber wer tut das nicht??

›Zickig‹ sind wir alle, Männer und Frauen – nur die Männer wollen das nicht zugeben. Wir Frauen hingegen stehen einfach dazu, weil Frauen ohnehin viel selbstkritischer und ehrlicher sind als Männer. Ich komme immer wieder darauf zurück: Wenn Frauen nicht lieb und brav sind, wie es traditionell von ihnen erwartet wird, nennt man sie zickig. Einen Mann würde man nie so bezeichnen. In einer Zeitschrift habe ich gelesen, dass das Äußern von Ärger bei Männern als angemessen und bei Frauen als zickig eingestuft wird. Da ist es auch wieder. ›Zickig‹ wird als Attribut der Frau verstanden und mit negativen Inhalten gefüllt. Man listet wenig rühmliche Eigenschaften auf, wie eigensinnig, launenhaft, launisch, störrisch, überspannt, widersetzlich.

Deshalb können Frauen sich auch nicht in Geschäften beschweren oder auf ihr Recht pochen, ohne dass es gleich heißt: Die ist eine Zicke. Oder wenn eine Frau einem Mann mal unmissverständlich klar macht, wie der Hase läuft. Oder wenn eine Frau mal schlecht drauf ist.

Ich behaupte, dass dieser Begriff ausschließlich von Männern benutzt wird und gegen Frauen gerichtet ist: sozusagen als eine männliche Waffe.

Und wenn Frauen dieselbe Geringschätzung für das weibliche Geschlecht hegen wie Männer, dann übernehmen diese Frauen nur die männliche Sicht der Dinge und verachten sich selbst.

Denn was ist die Haupteigenschaft von ›Zicken‹? Sie zeigen Emotionen, Gefühle und Leidenschaft. In einer völlig kalten Zeit. Deshalb regen sich auch viele eiskalte Männer darüber auf, wenn Frauen dagegen aufbegehren, weil Emotionen sich kaum kontrollieren und beherrschen lassen.«

Ein letzter zauberhafter Anfang

Als ich davon erfuhr, dass Martina Frank verlassen hatte, dass also ein Playboy und Frauenliebling verstoßen wurde, ein umschwärmter Sonnenschein, da war ich: aufmerksam.

Ich begann ein Muster zu erforschen. Während Frank mir also

von den Einzelheiten der Trennung erzählte, las ich in einem Zeitungsartikel (gute Freunde dürfen so etwas), dass der Mann in einer schwierigen Lage sei. Männer müssten ihr Selbstverständnis und ihre Rolle neu definieren. Sie seien nicht mehr Haupternährer der Familie. Frauen sind dabei, sie mit ihren Qualifikationen zu überholen, schilderte ein sogenannter Freizeitforscher. Es sei nicht mehr in erster Linie so, dass der Chefarzt die Krankenschwester heirate, sondern dass sich die Chefärztin überlege, ob sie den Krankenpfleger heiraten könne.

Frank unterbrach daraufhin kurz sein Lamentieren und begann hemmungslos zu lachen. »Eine Million Euro«, sagte er und prustete, »wette ich darauf, dass es in ganz Europa keine Chefärztin gibt, die über den Status des Überlegens hinaus gegangen ist«.

Ich freute mich zwar über sein albernes Lachen, weil er das vor ungefähr einem Jahr eingestellt hatte, also ziemlich genau mit Ende der Honeymoon-Phase, aber dann fragte ich mich, warum er nicht einfach mal früher gelacht hatte. Zum Beispiel, als Martina ihn vor meinen Augen angebrüllt hatte, weil er angeblich die falschen Topfpflanzen aus dem Gartenmarkt auslud. Oder als sie ihn angebrüllt hatte, weil er versehentlich eine Autobahnausfahrt zu früh abgefahren war. Oder als sie ihn angebrüllt hatte, weil er sieben Minuten zu spät bei ihrer Arbeitsstätte vorfuhr, um sie abzuholen.

Also gab ich die Frage weiter.

Warum hast du nie gelacht, als Martina noch da war?

Er schwieg.

Ein weiterer Männerforscher in diesem Artikel verwies auf die Unsicherheit vieler junger Männer bei der Suche nach ihrer Rolle in der Gesellschaft. Ihnen fehlten echte, positive Vorbilder, wie eine im Frühjahr veröffentlichte Befragung von 20-jährigen Frauen und Männern im Auftrag des Bundes sehr deutlich gemacht habe.

Frank nickte plötzlich.

»Da ist allerdings was dran«, sagte er.

Er wirkte nun sehr ernst.

Ein verändertes Männerbild

Viele aktuelle Studien kommen zu dem gleichen Ergebnis, wonach Männer heutzutage nicht mehr einfach so Männer sind, sondern durchwachsen in ihren Ansichten, unsicher in ihren Ideen, zusammengefasst: irgendwie merkwürdig. Ob man diesen Studien nun unbedingt kanonische Bedeutung zumessen sollte, halte ich für fragwürdig, denn gleichlautende Ergebnisse lassen sich auch für Frauen, überhaupt für jeden Menschen und Berufszweig der sogenannten Postmoderne finden. Zynisch formuliert ist eine gewisse Unentschiedenheit nun mal das Kennzeichen der Postmoderne (und ich lasse den Leser mit der naheliegenden Frage alleine, ob es denn nun überhaupt eine solche Postmoderne gibt. Beziehungsweise: Was soll das überhaupt sein? Wie ist sie – tatsächlich, greifbar, nicht nur ideell, feuilletonistisch – von der »Moderne« abgegrenzt? Und die wiederum von ihrer Vorgänger-Epoche? Shut up, das ist eine andere Baustelle.)

Trotzdem möchte ich eine aktuelle Untersuchung anführen, weil sie aus einer eher unerwarteten Richtung kommt. Die Studie »Männer in Bewegung«[1] entstand nämlich im Auftrag der »Gemeinschaft der katholischen Männer Deutschlands« und der »Männerarbeit der Evangelischen Kirche«. Fragestellung war unter anderem: »Glauben die Männer noch an die Ehe?« Und: »Stehen sie am Wickeltisch?«

Die Studie unterscheidet letztlich sogenannte »Traditionelle« und »Moderne«, »Suchende« und »Balancierende«. »Diese vierte Gruppe könnte man auch Rosinenmänner nennen. Sie suchen sich aus allen Modellen das Beste raus«, so Studienautor Paul Michael Zulehner bei der Vorstellung der Ergebnisse im März 2009 in Berlin. Der Vergleich zu der Vorgänger-Studie (exakt 10 Jahre zuvor) zeige: Die Traditionellen seien auf dem Rückmarsch, die Modernen immer noch in der Minderheit, die Suchenden aber heute die größte Gruppe.

Das ist alarmierend, denn wenn diese Männer (aus der größten Gruppe) an eine Zicke geraten, dann ist alles zu spät.

19-Jährige Jungs haben es der Studie zufolge besonders schwer, denn ein Großteil der Mädchen in diesem Alter sind geprägt von modernen Vorstellungen einer Partnerschaft, während es bei den Jungen gerade mal 14 Prozent sind. Erst wenn die jungen Männer älter werden, ändert sich dieser Grad. So finden sich die meisten modernen Männer in der Altersgruppe der 30- bis 39-Jährigen. Jeder vierte Mann sagt übrigens: »Die Ehe ist eine überholte Einrichtung.« Frauen wiederum sind da lange nicht so skeptisch. Aber interessant ist, dass besonders viele der traditionell eingestellten Männer die Ehe als Lebensmodell abgeschrieben haben.

Diese radikale Einstellung teilen bei den modernen Männern nur sehr wenige.

»Alle Menschen sind klug.
Die einen vorher, die anderen nachher.«

Voltaire

Der Schlüssel im richtigen Schloss

»Mit Martina war es von Anfang an nicht einfach«, erzählte Frank und ich begann zu notieren. In meinem Hinterkopf (also geistig, denn eine Mitschrift hätte auch unter Freunden eher störend gewirkt). Dabei unterstrich ich: Interessant! Warum hast du mir die ganze Zeit über etwas vorgespielt? »Wir haben uns vor etwa drei Jahren zum ersten Mal gesehen, an meinem 25ten Geburtstag, aber damals war ich noch mit Beate zusammen. Ich war zwar schon in der Musikbranche unterwegs, jeden Tag mit Stars und Sternchen auf Tour, aber zu Martina gab es eine rein freundschaftliche Beziehung. Sie war überall präsent, in allen Diskotheken, weil sie schon nach einem Jahr Berufserfahrung den Job hingeschmissen und sich ins Partyleben zurückgezogen hatte. Sie zog mit den Geschäftsführern verschiedener Nachtclubs zusammen und machte eigentlich den ganzen Tag nichts anderes, als sich mit ›Stars‹ zu umgeben. Ihre Liaisonliste umfasste so ziemlich die komplette Riege deutscher und internationaler Schauspieler, die in der Stadt Halt gemacht hatten. Ich wusste auch, dass sie ein ziemliches Kokainproblem hatte. Und ich wusste, dass sie bei ihrem Vater als Büroangestellte jobbte. Dort war sie in erster Linie Tochter, hatte eine Rolex, einen Jeep, eine eigene Wohnung, aber nichts kam von ihr, alles von Papi. Sie ist ins Büro gegangen, wann und wie es ihr passte. Sie war hauptberuflich Tochter und hat sich durchs Leben geschnorrt.«

Interessant! (Einschub Hinterkopf) Junge, was wolltest du von dieser Frau?

Ich muss dabei einfügen, dass Frank ein wirklich netter Mann ist. Und ein intelligenter Mann. Und eine hochmusikalische, kreative, charmante Persönlichkeit. Also so ziemlich das Gegenteil eines abgezockten Machos.

Er ist höchstens manchmal ein wenig schüchtern und ein wenig unsicher. Aber das dürfte kein sonderlicher Makel sein, beziehungsweise es ist eine Charaktereigenschaft, die auf ziemlich jeden dritten Menschen zutrifft.

Weniger häufig dürfte vielleicht der Umstand auftreten, sich mit einem koksenden Groupie einzulassen.

Und warum liebst du diese Frau?

»Dass es schon fast unheimlich war«, erzählte er weiter. »Obwohl ich noch mit Beate zusammen war. Aber das war ihr egal. Nun ja, sie wusste schon extrem gut, wie man einen Mann umgarnt, und eines Abends passierte es, dass wir uns sehr intensiv näher kamen. Okay, wir haben zusammen geschlafen, direkt nach unserem ersten Treffen. Das ging aber alles von ihr aus, ich hätte mich nie getraut so Gas zu geben, ich meine, ich kannte sie ja gar nicht. Und so kamen wir zusammen, was mich zum glücklichsten Menschen auf der Welt machte, allerdings entschied sie sich schon am nächsten Tag wieder um. ›Das wäre nicht gut, irgendwas stimmt da nicht‹, sagte sie. Martina wollte Bedenkzeit, kein Problem, und dann kam sie plötzlich und wollte wieder mit mir zusammen sein. Das dauerte eine Woche, dann beendete sie es wieder. Ich war total fertig, konnte kaum arbeiten, wir sahen uns aber immer wieder, und, nun ja, wir hatten wieder was miteinander. Aber eine Beziehung wollte sie nicht mehr, weil sie ihre Launen nicht einschätzen konnte und mir nicht schon wieder wehtun wollte. Sie sagte, an einem Tag wäre sie super gern mit mir zusammen, am nächsten wieder nicht und immer so weiter. Okay, ich habe mich darauf eingelassen und wir hatten eine Zeit lang so ein Mittelding zwischen Beziehung und Unverbindlichkeit. Ich ließ mich darauf ein, etwas Beziehungsähnliches mit ihr zu führen, so eine Art Beziehung ohne Verpflichtungen, wo jeder macht, was er will, und wann er es will.«

Eine Zicke beschreibt sich

»Was gibt es schon groß über mich zu sagen, außer, dass ich arrogant, eingebildet, oberflächlich, egoistisch, wunderschön, geldgeil, eifersüchtig, voreingenommen, sexuell ungewöhnlich offen, gnadenlos pessimistisch, mehrfach gepierct, intolerant, inkonsequent und eiskalt bin. Mit einem Satz: Ich habe alles, was ein Mann sich wünscht! Das ist kein Joke. Ich habe schließlich Augen im Kopf und sehe doch, wie mir die Kerle nachgeifern und zwar alle, durch

> die Bank. Gerade die, die auf den ersten Blick so etepetete
> tun. Klar. Aber wenn sie dann mit mir alleine sind ... Nee,
> es gibt keinen Mann, den ich nicht kriege.«

Wer lacht, scheint glücklich

Pech gehabt.

Vorigen Satz wieder streichen (gar nicht so einfach, der Hirnradierer funktioniert nicht).

Folgende Begründung: Frank ist fertig, er leidet wie ein Hund. Und er spricht von Liebe.

Außerdem war ich davon überzeugt einem Muster auf der Spur zu sein. So in etwa: Junge, kluge Männer treffen auf junge, kluge Frauen – und anstatt diese traumhafte Partnerschaft zu führen, die sie beide nach außen hin darstellen und vor Fotografen zelebrieren, zerstören sie einander.

Also suchte ich nun auch Georg und Stefan auf, und machte mich mit ihnen gemeinsam auf die Suche nach dem Tag, der Stunde, an dem das ganze Unheil seinen Lauf genommen hatte. Ich wollte herausfinden, ob es tatsächlich ein solches Muster gab. Folgendes Bild stanzte ich als Arbeitsgrundlage: Sie steht bei einer Party, einer Vernissage eher am Rand, lacht wenig, hält eher gelangweilt, abweisend ein Glas – aber für ihn ist sie sofort der Mittelpunkt. Ihre Ausstrahlung ist gefährlich wie Angelina Jolie, eher kühl wie Condoleezza Rice, aber ihn reizt diese Gefahr. Obwohl er sich beinahe für nicht ebenbürtig hält, aufgrund ihrer Stilsicherheit, ihrer Kleidung, ihres Aussehens – und es ihn daher umso mehr reizt, als er beim ersten Gespräch merkt, dass sie sich ihrer nicht vollständig sicher ist. Dabei verliert sie niemals die Kontrolle über ihre Person. Weder sagt sie etwas Falsches, niemals, noch entwischt ihr eine überraschende These. Dafür verblüfft sie ihn mit einer eindeutigen Aufforderung zu einem Wiedersehen. Obwohl sie beherrscht und kühl wirkt, ist es problemlos, sie zu einer Verabredung einzuladen. Die Initiative dazu geht sogar eher von ihr aus.

Macht vielleicht erst ein Gen Frauen zu Zicken?

Auf den ersten Blick eine interessante (und zeittypische) Theorie: Wenn eine Frau leicht reizbar ist und schnell wütend wird, könnte daran ein mutiertes Gen die Schuld tragen. Zumindest kommt eine Studie mit 550 Frauen an der Universität Pittsburgh zu dem Ergebnis, dass Wut, Feindseligkeit und Aggressivität mit Veränderungen eines Gens für den Nervenbotenstoff Serotonin zusammenhängen. Frühere Studien hatten bereits gezeigt, dass Serotonin und Aggression verknüpft sind. Steigt der Serotoninspiegel, lassen Wut und Angriffslust deutlich nach. Von den 550 getesteten Frauen in Pittsburgh wiederum zeigten sich diejenigen am aggressivsten, die ein oder zwei Veränderungen an Serotonin-Rezeptoren 2C aufwiesen. Eine Entdeckung mit weitreichenden Folgen? So möchte es zumindest die Studienleiterin interpretieren. Aggressivität und Feindseligkeit seien bekannt als Risikofaktoren für hohen Blutdruck, Herzerkrankungen und Stoffwechselstörungen, demnach könnte ein verändertes Aggressions-Gen also auch zur Risikobestimmung dieser körperlichen Beschwerden dienen.

So weit, so gut. Aber es schließen sich eine Menge von Fragen an diese Studie an, die sich, wie viele ähnliche Studien, weniger in wissenschaftlichen Fachzeitschriften als auf den bunten Seiten diverser Boulevardzeitungen wiederfinden lassen.

Zwar ist das Gen seit einigen Jahren in aller Munde, aber die Vorstellung, dass ein ganz bestimmtes Gen wiederum ein ganz bestimmtes Verhalten steuert, ist naiv. Es entstammt einer positivistischen Denkweise des 19. Jahrhunderts. Sicherlich spielen Gene eine Rolle dabei, wie bestimmte Transmitter eingreifen und letztlich damit menschliches Verhalten beeinflussen, wobei die Botenstoffe an Rezeptoren andocken. Aber nicht in einer derart simplen Vereinfachung, dass Gen A fröhlich und Gen B aggressiv macht.

Das Gleiche ist über Serotonin zu sagen (wobei Dopamin mittlerweile die neue Medienmode darstellt). Es gibt nicht wenige Ärzte, die sich inzwischen beleidigt abwenden, wenn wieder einmal Pharmavertreter antreten und davon schwärmen, ein neues Medikament wirke auf den Serotonin-Stoffwechsel, und zaubere damit beispielsweise Depressionen weg. Streng genommen sind diese Superlative eher super peinlich, denn Serotonin existiert nicht nur im Gehirn und macht uns fröhlich – sondern beispielsweise auch im Bauch, zur Darmsteuerung.

Und es gibt nicht das Gehirn mit Serotonin – sondern tausende Hirnregionen. In der einen führt Serotonin möglicherweise zu einer Erhöhung der Aggressivität, in einer anderen aber zur Hemmung.

Menschliches Verhalten, so viel lässt sich heute sagen, ist unverändert ein hochkomplexes Geflecht. Es wird durch viele Faktoren bestimmt, dabei selbstverständlich durch Gene, aber auch durch Erfahrungen, durch die aktuelle Situation, aber nicht durch ein einzelnes, mutiertes Gen.

Eine biologische Ursache für Zickigkeit würde zudem eine gleichsam krankhaft entstandene biochemische Funktionsfehlsteuerung voraussetzen.

Nun ist es so, dass man bei Depressionen und Angststörungen immer wieder von einer Dysbalance bestimmter Neurotransmitter im Gehirnstoffwechsel hört. Dahinter steht letztlich die Frage, ob seelische Krankheiten von erblichen,

> also biologischen Faktoren bestimmt werden. Ob also biologische Defizite Grundlage späterer Verhaltensauffälligkeiten sein könnten und wenn ja, in welchem Umfang. Aktuell erforscht man beispielsweise, in welchem Umfang traumatische Erfahrungen bei schwangeren Müttern Auswirkungen auf die Aktivierung von Genen ihrer Föten haben. Da unwiderlegbar also auch psychosoziale Einflüsse als wirksam bewiesen werden können, hat man sich augenblicklich auf den Begriff der »mehrschichtigen Entstehungsweise seelischer Störungen« verständigt.
>
> Bezüglich Zickigkeit aber lässt sich seriöserweise in biologischer Hinsicht bislang kaum etwas finden, das an diese neurohormonellen Zusammenhänge anknüpfen könnte.

»Stimmt«, sagt Georg.

Willkommen in der Gegenwart. »Mit einigen kleinen Unterschieden: Ich habe Ulrike zum Beispiel bei einem Straßenfest in einer Kleinstadt kennengelernt. Es war ein Übersetzer-Workshop, für mich der letzte Abend nach einer Woche intensiver Arbeit und Schreibtischgehocke. Und dann sah ich sie. Und hier stimmt dein Muster auch, denn Ulrike ist mir inmitten der Masse an Menschen sehr schnell aufgefallen. Sie war ungewöhnlich schön für diese kleine Stadt. Und sie hatte ein tolles Lächeln! Ich hätte im Traum nicht daran gedacht, dass sie mich wahrnehmen würde, so eine schöne Frau. Oder wenn, dann nur harmlos, ein bisschen Geflirte, wie man das manchmal kennt. Solche Frauen haben normalerweise immer einen Freund oder Mann an der Seite. Ja, es war das beeindruckendste Lachen, das ich bis dahin erlebt hatte.«

Wichtig dabei ist, Georg heute zynisch grinsen zu sehen, wenn er von diesem Lachen erzählt. Schließlich gilt unter Männern »Lachen« als Ausdruck der Seele, einer inneren Befindlichkeit, meint:

als Ausdruck einer befreiten, glücklichen, zufriedenen Lebenszustimmung. Selbstverständlich gibt es auch Männer, die ihr Seelenloch mit einem strahlenden Schauspielergrinsen überdecken. Aber aufgrund dessen, dass Männer ohnehin weniger lachen, ergeben sich bei ihnen vermehrt Anknüpfungspunkte, um den aktuellen Seelenzustand zu erahnen.

Gut, das war jetzt arg idealistisch formuliert. Eingedenk der Tatsache, dass sich schon tausende Frauen in bezaubernd lachende Männer verliebt haben, die sich nach einiger Zeit in verzauberte Kröten verwandelten, sollte ich eher sagen: Wer verliebt ist, möchte gewisse Dinge auch verliebt wahrnehmen. Unabhängig vom Geschlecht. Und wer lacht, scheint glücklich.

Georg zumindest macht auf mich meistens diesen Eindruck. Er ist ein charmanter Mann, ein begehrter Übersetzer (Italienisch und Französisch), der schon einige Bestseller transferiert hat. Ich will jetzt nicht den Umstand abhandeln, dass er dafür einen lächerlich geringen Betrag erhält, wie er unter Freunden meist beklagt – wobei auch diese Tatsache noch eine entscheidende Rolle spielen wird.

Erst einmal ist es wichtig zu sehen, dass Georg unglaublich liebenswürdig ist. Er spricht fast nie schlecht über seine Mitmenschen, selbst nicht über Ulrike. Zumindest sucht er gleich den Grund, weshalb ein Mensch sich so verhält, wie er sich gibt.

Mitunter (mein Eindruck) ist Georg ein wenig zu lässig gekleidet, zu studentisch, mit Dreitagebart, mit seinen 35 Jahren. Aber er kann es tragen, das ist wichtig, er wirkt niemals abgeranzt oder vernachlässigt. Zudem benutzt er Kleidung als Statement: Ich bin kein konservativer Spießer, ich lebe. (Meine Interpretation, versteht sich.) »Ulrike war eher gepflegt gekleidet, konservativ, mit einem geknoteten Pullover über der Schulter, wie das sonst nur Golfspieler ab 50 aufwärts tragen. Aber ich fand das toll. Ich fand überhaupt alles an ihr toll, vor allem natürlich ihr unglaubliches Lachen. Ich weiß nicht mehr, worüber wir überhaupt gesprochen haben, aber sie hat mir sehr schnell zu verstehen gegeben, dass ihr Freund sie verlassen habe und sie sich rächen wolle, beziehungsweise, dass die Leute in der kleinen Stadt ruhig sehen könnten, dass sie nicht alleine sei. Und ich war richtig stolz, dass eine so schöne Frau mich dazu benutzte. Ulrike wirkte so elegant, so erfahren, so lustig. So klug. Ich erinnere mich noch daran, dass plötzlich zwei Bekannte – es waren Freunde ihres Ex – vor uns standen und Ulrike die beiden grinsend und lachend begrüßte. Und wie die beiden Ulrike ansahen. Ein Blick, zwischen Verachtung und Fassungslosigkeit. Ich aber fand das toll. Das hatte so was Verruchtes, und sogar etwas Revolutionäres. Wie in einem kitschigen Roman: Eine Frau bricht aus, verlässt ihr spießiges, konservatives Milieu, und der junge Held hat eine leidenschaftliche Affäre. Ja, ich kam mir verrucht vor. An diesem Tag, in diesen wenigen Stunden hatte ich noch keine Vorstellung von Partnerschaft, ich merkte nur, dass ich mich verliebt hatte. In diese aufregende, wunderschöne Frau.«

Berühmte Zicken (Teil 1)

Die folgende Aufzählung folgt weder chronologisch noch inhaltlich einer stringenten Logik (wie könnte sie auch, bei dem Thema). Sie ist nicht einmal vollzählig.

Jede Frau steht mehr für einen idealtypischen Zickencharakter, wobei die Pole Position für Naomi Campbell nicht unbedingt überraschend ausfällt. Schließlich ist sie seit einigen Jahren weniger durch ihre Arbeit als Model, also durch Mode-Fotos im Gespräch, als vielmehr durch ihre beinahe schon legendäre Reizbarkeit. Mal schreit sie rum, mal scheint sie sich sogar zu prügeln, steht immer wieder vor Gericht und gibt doch stets das unschuldige Opfer zum Besten. Wichtig aber für diese Zicken-Typologie: Naomi Campbell ist eine wunderschöne Frau. (Merke: Zicken sind selten hässlich. Zumindest sind sie selten unauffällig.) Und während ihrer Kernarbeitszeit funktioniert sie tatsächlich professionell. (Auch hier gilt: Eventuelle Ausnahmen von der Professionalitätsregel sind stets den äußeren Umständen geschuldet.)

Eine weitere Zickengemeinsamkeit: Ihre Außenwirkung ist enorm, oftmals global, trotzdem gebärden sich Zicken ungewöhnlich empfindlich, wenn etwas in ihrem Leben nicht funktioniert. Das schließt auch ihr Eheleben mit ein.

Welch gelungene Überleitung, um über Madonna nach zu denken ...

Es sei erneut gesagt: Platz 2 ist nicht wertend gemeint (wie könnte Madonna auch jemals hinter eine andere Dame eingestuft werden!). Aber gerade im Vergleich zu Frau Campell zeigt sich bei Louise Veronica Ciccone eine weitere Zickenbesonderheit, nämlich jene: Sich selbst zu erschaffen. Frühe Fotos der Pop-Queen zeigen eine eher gewöhnliche Blondine (nachgefärbt), die eher ungelenk (Zyniker sagten sogar: moppelig) über eine Bühne stakst (Zyniker sagten: stolpert), ein One-Hit-Wonder produziert und prognostiziert wieder verschwinden wird. Stattdessen erschafft Frau Ciccone aus den bescheidenen körperlichen Gegebenheiten den Status einer Sex-Ikone. Indem sie sich einerseits schamlos, exhibitionistisch gebärdet, gleichzeitig aber einen libertären Trend erkennt und sich ihm an den Hals wirft. (Die ewig andere Interpretation: Madonna prägt selbstverständlich erst eine Bewegung. Aktiv.) Wie auch immer: Madonna hat es nicht nur geschafft, ein Welt-Star zu werden, sondern gleichzeitig zur Leibhaftigkeit eines geheimnisvollen Chamäleons, das sich den Moden des Zeitgeistes nicht nur einfach anpasst, sondern ihn umschreibt. Spöttisch könnte man natürlich anfügen: Sie ist und bleibt eine Schlagersängerin – aber hier wird man interessanterweise auf einen heftigen Widerstand seitens ihrer zahlreichen Fans stoßen. Auch das ist bezeichnend für Zicken: Sie polarisieren.

Und immer wieder: Sie kontrollieren. Madonna – meist

wird es bewundernd beschrieben – überlässt nichts dem Zufall. (An dieser Stelle blenden wir kurz aus, ob so etwas wirklich möglich ist – oder ob nicht jede Karriere letztlich ausschließlich Zufall ist. Also simples Glück ...)

Und sie wirkt selten einmal sympathisch. Wie beinahe alle Zicken. Madonna wird respektiert, bewundert, verehrt (alles Eigenschaften, die eine Zicke gerne annimmt), aber sie wirkt nicht nett oder lieb. Eigenschaften, die sie zu verabscheuen scheint!

Ihr Ex-Mann Guy Ritchie wiederum entspricht dem Typus eines zeitgemäßen Zickensklaven. Er hat sich zwar heldenhaft aus der Sache herausgezogen, aber doch deutlich an seinem Renommee gelitten.

Nach einer kurzen Begeisterungsphase (maßgeblich von Madonna initiiert) wurde er langsam zum Bremser degradiert. Ritchie war bald schon kein Held mehr. In der öffentlichen Wahrnehmung gab ausschließlich Madonna den Ton an. Seine Waffe war zwar eine feine Form der Ironie (einmal nannte er sie zynisch: »Mrs. Ritchie«), aber Ironie ist auch eine Form der Schwäche. Aus einer Verteidigungsstellung heraus. Ironie wächst meist nicht aus einer Position der Stärke. Bezeichnenderweise haben wir Madonna gleich im Anschluss an die Trennung selten ohne einen Mann an ihrer Seite gesehen (er hingegen galt lange als Single). Entweder wurde sie von jungen Fotomodellen begleitet, die im Gegensatz zu ihrem Ex-Mann kaum durch Bildung oder Intelligenz aus dem Rahmen fielen, halb so alt waren wie ihre Muse, oder es waren prominente Sportler. Auch jünger. Ein Status-Symbol sicherlich, aber auch deutlich in ihrer Aussage: Sie trotzt ihrem biologischen Alter.
Zicken wollen nämlich nicht altern.

Und, beinahe noch wichtiger: Zicken können niemals, niemals alleine sein.

Der kalte Kuss

Ein wenig Gegensätzlichkeit kann nie schaden.
Zumindest nach Georgs Liebesbeichte.
»Nein, ich war nicht verliebt. Eher verwirrt.«
Außerdem ist ein Muster nur dann von Wert, wenn es sich mit einer Reihe von Widersprüchen umgibt.

»Dein Muster ist dabei im Großen und Ganzen richtig«, sagt Stefan, »die Gegensätzlichkeit in meiner Geschichte bezieht sich vielmehr auf Georgs Story«.

Stefan nun, sollte ich anfügen, ist ein lebhafter Luftikus, wenngleich überdurchschnittlich erfolgreicher Werbegrafiker und von einer charmanten Offenheit, die seinesgleichen sucht. Man könnte ihn vermutlich nachts bei einem menschenfressenden Pygmäenstamm im brasilianischen Urwald aussetzen, und am nächsten Morgen säße er inmitten seiner neu gefundenen Gefolgschaft und plante einen gemeinsamen Ausflug in ein vegetarisches Restaurant. Erstaunlicherweise war er trotzdem schon seit Jahren ohne Freundin. Und litt darunter.

»Caroline und ich waren gemeinsam auf einer Party eingeladen«, erzählt er, »wussten aber nicht voneinander und erst recht nicht, dass wir jeweils verkuppelt werden sollten. Also nicht wir beide miteinander – unsere Kupplerin ging nämlich davon aus, dass wir nicht zusammen passen würden –, sondern mit einem Partner, der von uns abwechselnd nach wenigen Augenblicken als öde eingestuft wurde. Caroline war mir aber schnell aufgefallen, das passt in dein Muster. Sie ist eine schöne Frau, da gibt es nix zu deuten. Die meisten Leute auf dieser Party waren Arbeitskollegen der Gastgeber, also Banker und BWLer, wie auch Caroline. Von daher stufte ich sie als etwas oberflächlich, aber modeinteressiert ein. Obwohl ich genau das Gegenteil bin, suchte ich trotzdem ihren Kontakt und redete über Sommermode, über Design und Metropole, ließ ein wenig mein feuilletonistisches Wissen über diese Dinge einfließen ... und erntete Kälte.«

Stefan ist Anfang 30 (sein genaues Alter verschweigt er in einer Form von Jugendwahn; es sei seiner Branche geschuldet) und obwohl ein Bildermensch, also visuell belastet, ist er extrem gebildet. Falls so eine Steigerungsform überhaupt möglich ist. Dabei aber bodenständig und nicht abgehoben. Er kann einen Aufsatz von Foucault lesen und versteht sogar wirklich, was dieser gemeint haben könnte, und ist dabei noch sportlich. Und auch noch attraktiv, was Stefan allerdings selbst nicht wahrnimmt. Da er sich für zu klein hält. Aber er ist einer der witzigsten Männer, die ich kenne und obwohl er unentwegt von Frauen umgeben ist und diverse Liebeleien unterhält, hält er sich selbst für einen liebestechnischen Analphabeten. Was auch daran liegt, dass er schon seit Jahren ohne feste Freundin ist.

Der geneigte Leser wird merken, dass ich diesen Umstand schon einmal angeführt habe. Schließlich scheint es absurd, dass ein attraktiver, intelligenter Mann einerseits über eine beachtliche Liste an Bettgespielinnen verfügt, andererseits aber melancholisch nachsinnt, warum ihm die eine, die große Liebe verwehrt wird.

Muss es denn immer gleich so groß und einzig sein, schreit es in meinem Hinterkopf (notieren!). Ein Anknüpfungspunkt.

»Ich habe mich und sie um Kopf und Kragen geredet, also wirklich direkt versucht, Caroline mit meiner Intelligenz und Bildung zu beeindrucken. Wenn du mich heute fragst, sage ich dir: Das war extrem bescheuert. Aber damals war ich einsam. Wie du weißt, war ich wirklich verzweifelt auf der Suche nach Liebe. Dabei gleichzeitig immer wahlloser – solange mein Gegenüber nur attraktiv war. Eine wohlmeinende Freundin sagte später mal, ich hätte zu diesem Zeitpunkt mit einer Aggressivität geflirtet, die ihr beinahe Angst gemacht hätte – aber Caroline blieb stehen. Ich denke, von heute aus gesehen, war es genau diese Aggressivität, durch die bei Caroline etwas andockte. Jede andere Frau wäre getürmt.

Ich merkte, dass sie ihren geplanten Nachhauseweg immer weiter hinauszog, und dass sie sogar alleine in der Küche blieb, als ich ihr folgte. In diesem Moment wusste ich, dass irgendetwas gezündet hatte. Das Merkwürdige ist: Sie hat nicht ein einziges Mal gelächelt. Sie hat mich mit meiner Baggerei ein wenig höhnisch betrachtet, aber sie hat es über sich ergehen lassen. Und dann gab

Caroline mir ihre Mail-Adresse, und ich schwor ihr wortreich, dass ich mich melden würde.«

An dieser Stelle schweigt Stefan zum ersten Mal und atmet hörbar aus. Er mag nicht unbedingt an diesen ersten Abend zurückdenken.

Vielleicht mag er auch nicht unbedingt an diesen früheren Stefan zurückdenken, der für eine sogenannte Liebe über Leichen gegangen wäre, keinerlei Geduld kannte und der sich exzessiven Beschäftigungen verschrieb, um nur ja nicht alleine in seiner Wohnung sitzen zu müssen.

»Gleich am nächsten Tag schrieb ich Caroline eine Mail, in der ich nebensächlich einfließen ließ, dass ich für einen meiner Design-Entwürfe eine wichtige Auszeichnung erhalten würde. Carolins Antwort war freundlich, nett, aber vollkommen unverbindlich. Ich wusste, dass sie in den kommenden Tagen ihre Abschlussprüfung in BWL ablegen würde – ausgerechnet Rosenmontag – und lud sie einfach mal zu mir zum Brunch ein. Ich war davon überzeugt, dass so eine attraktive Frau etwas anderes zu tun hätte, als sich mit einem aggressiven Grafiker zum Frühstück zu treffen. Ich war bis dahin auch immer noch darauf gefasst, dass sie längst mit einem anderen Mann verabredet wäre – aber sie antwortete, dass sie kommen würde. Ich habe diese Mail mehrmals gelesen, immer wieder. Aber ich konnte keine versteckte Botschaft finden. Sie schrieb eindeutig, sie würde kommen, aber alles, was sie schrieb, war stets: freundlich, nett und vollkommen unverbindlich. Wir würden zu zweit frühstücken, was schon eine gewisse Intimität darstellte, und es war am Tag nach ihrer Prüfung. Wenn ich ehrlich bin, habe ich bis zur letzten Sekunde damit gerechnet, dass sie, ohne abzusagen, einfach nicht auftauchen würde.

Mir war nämlich nicht klar, warum sie kommen wollte. Sie hatte mir weder ein Kompliment gemacht, noch mit mir geflirtet. Aber sie kam. Pünktlich.

Und sie blieb.

In der ersten Stunde habe ich mich noch richtig ins Zeug gelegt und wahnsinnig viel erzählt, weil ich dachte, wenn ich nicht mehr witzig und brillant bin, dann geht sie. Und ich wollte nicht, dass sie geht. Aber nach drei Stunden wusste ich nicht mehr, was ich erzählen sollte. Mehrmals baute ich ihr eine Brücke, falls sie noch etwas zu erledigen habe, dass ich das verstehen könne und so weiter und so weiter.

Caroline blieb.

Sie saß mir gegenüber, lächelte manchmal, nickte viel, und schien sich köstlich zu unterhalten. Und ich verstand das alles nicht. Weil: Es funkte nichts. Ich habe schon erlebt, dass ich bis über beide Ohren verknallt war und dass eine Frau völlig verknallt war, aber Caroline und ich unterhielten uns nett und sie blieb, aber ich spürte nichts bei ihr.

Gegen Abend dann, also nach schätzungsweise sechs Stunden in meiner Küche, lud ich sie zu einem Spaziergang an den Rhein ein. Der Fluss liegt nur einen Fußweg von meiner Wohnung weg. Allerdings fühlte sie sich schon nach wenigen Schritten in der Dunkelheit unwohl. Und wir gingen zurück in meine Wohnküche. Anscheinend mochte sie meine Wohnung.« Stefan lächelt zynisch (auch ein wiederkehrendes Element, dieser Zynismus, aber das scheint mir eher universell, nach einer schmerzhaften Trennung), denn er sieht in seiner Wohnung – rückblickend – tatsächlich ein wichtiges Partnerschaftsargument. Es ist eine ungewöhnlich schöne Altbauwohnung in einer der begehrtesten Straßen Düsseldorfs, die Stefan aufgrund von Beziehungen und einer gewissen Verschwendungssucht gemietet hat. »Und Caroline wohnte zu dieser Zeit noch bei ihren Eltern. Als wir also zurück vom Rhein kamen, bot ich Caroline in einem Anfall von Irrsinn an, der sich aber passend anfühlte, sie könne bei mir übernachten. Es war schließlich schon dunkel. Dabei küssten wir uns. Einfach so.

Sie übernachtete bei mir, aber wir schliefen nicht zusammen. Und von diesem Tag an waren wir ein Paar.«

Berühmte Zicken (Teil 2)

Eine legendäre deutsche Zicke, zudem eine der ersten ihrer Gattung, die nicht durch Begleiterscheinungen etwaigen Star-Ruhms, sondern im Gegenteil, einzig und alleine durch ihre Zickenhaftigkeit auffiel und herausstach, war Nora. Seinerzeit Freundin, Managerin, schlichtweg Lebensgestalterin des Modern-Talking-Sängers Thomas Anders. Legendär sind bis heute ihre zickenspezifischen Ausfälle, ihr Kontrollwahn und ihre Eifersuchtsattacken, die zusammen genommen beinahe den Welterfolg der Gruppe verhindert hätten. Symbolisch manifestiert in der goldenen NORA-Kette, die der Sänger wie eine Halsfessel tragen musste.

Thomas Anders wiederum ist uns in Erinnerung geblieben als ein weicher, sensibler Mann, der seine Frau gewähren ließ – allerdings nach der Trennung auch nicht unbedingt unglücklich darüber wirkte. Eine der deutschen Zicken der jüngsten Zeit ist schon wenige Wochen nach ihrer medialen Vermarktung vergessen, also weit entfernt von einer irgendwie gearteten Legendenhaftigkeit, trotzdem aber derart idealtypisch, dass sie hier dokumentiert werden soll. Tessa, eine – soll man sagen: Teilnehmerin (?) – des erfolgreichen Fernsehformats »Germany's next Topmodel« fiel weniger durch beeindruckende körperliche Voraussetzungen auf (was nicht unbedingt etwas heißen muss, wie wir wissen), als durch frivole Fotos und den bezeichnenden Jury-Spruch von Heidi Klum: Tessa sei »undiszipliniert, wütend, unkontrolliert, launisch und aggressiv«. Mit dieser Aussage wurde sie herausgewählt (also Tessa, nicht Heidi), aber selten ist eine Zicke in einem einzigen Satz besser beschrieben worden.

Ihre sogenannte professionelle Einstellung bestand darin, zum Shooting mit schwarzen, ungewaschenen Füßen, ungeschnittenen Nägeln und abgeblättertem Nagellack zu erscheinen. Zudem vertrödelte Tessa die anschließende Fotografiererei (ich weiß: man nennt so etwas heutzutage harte Arbeit) abwechselnd mit Weinattacken, Lachkrämpfen und einer kaum zu vermittelnden Sensibilität. Krönender Höhepunkt war allerdings eine simple Geste. Als Tessa nach einem letzten tränenreichen Auftritt von der vernichtenden Jury-Beurteilung zurücklief, zeigte sie dem Fotografen an der Seite des Laufstegs den Effe-Finger. (Fuck You, nannte man das früher.) Ihre sogenannte Laufbahn (man kann schlecht von einer Karriere sprechen) dürfte sie damit – eindeutig zickenklassig – dort hingesteckt haben.

Interessant dabei ist: Das Aktivitätspotenzial einer Zicke hat sich seit mehreren Generationen nicht verändert. Eine Zicke der Gegenwart unterscheidet sich in ihrem Verhalten nur marginal von einer Zicke des letzten Jahrhunderts. Erinnert sei an Asta Nielsen, eine Skandalnudel der Weimarer Zeit, die mit ihren Nackttänzen und ihrem hedonistischen Lebensstil alle Konventionen überschritt. Oder an Zarah Leander, Romy Schneider, ja auch an Leni Riefenstahl. Nicht zu vergessen: Brigitte Bardot.

Schwein und Bock

Um einem Muster auf die Spur zu kommen, gilt es Gesetzmäßigkeiten zu untersuchen. Und der klassische Verlauf einer Liebesdemenz sieht seit Jahrhunderten vor, dass nach dem Kennenlernen eine Zeit fortgesetzter Dümmlichkeit zu folgen habe, ohne realistische Betrachtung der Wirklichkeit. Stillschweigende Übereinstimmung, selbst in belanglosesten Banalitäten, gespickt mit hysterischem Glucksen, Weltumarmungstendenzen und Treueschwüren bis in die dritte karmische Generation hinein.

Man nennt diese Phase: Verliebtheit.

Erstaunlicherweise (oder auch nicht; auf der Suche nach einem Muster) zeigt sich, dass diese Zeit unbeschwerter Glückseligkeit gar nicht mehr auftritt. »Wir hatten einen tollen zweiten Abend«, erzählt Frank, »ich bin zu Martina gefahren, wir haben uns sehr schnell geküsst und geschmust, richtig intensiv, auch geil, und dann auch immer geiler ... und plötzlich richtet sie sich ernsthaft auf, schaut mich mit diesen ernsten Augen an und sagt, sie wäre zu müde und so. Etwas abrupt, ich habe einen Moment nicht verstanden, was sie eigentlich meint – aber, hey, wir sind verständnisvolle, sensible Männer, wir wissen, dass Frauen manchmal merkwürdig sind und dass ihr Lustzentrum anders funktioniert als bei uns Männern. Also hören wir eben auf. Kein Problem. ›Alles okay?‹, fragt Martina. ›Kein Problem‹, sage ich. ›Auf die Dauer wäre es zwar ein wenig gewöhnungsbedürftig, für einen Mann, ziemlich scharf gemacht zu werden und dann innerhalb einer Sekunde wieder aufzuhören, aber ich hätte schließlich schon ganz andere Sachen gelernt. Männer sind nämlich lernfähig‹, und so weiter. Du merkst, ich habe gescherzt und versucht die Situation zu entkrampfen.

Von wegen. Auf einmal, und jetzt noch abrupter als nach der Knutscherei, fängt Martina eine Riesendiskussion an. Und zwar richtig riesig, also über Männer und Frauen, um unterschiedliche Erwartungen und männliche Stumpfheit, und das Entscheidende: Sie wird immer aggressiver. Während ich da sitze und sie nur mit großen Augen anglotze. Verstehst du, wir haben uns gerade erst kennengelernt, ich will mit ihr schlafen, an diesem Abend soll es passieren, alles ist schön – und plötzlich so ein Müll. Weil, das war mir sofort klar: Der Inhalt dieser Wortkaskaden ist völlig bedeutungslos. Es geht um etwas ganz anderes. Nur ... ich hatte keinen Schimmer, was das sein konnte. Ich spürte allerdings, ich sollte besser die Klappe halten. Habe ich auch getan. Irgendwann, nach einer gefühlten Ewigkeit, kam sie dann wieder runter von ihrem Trip, und ich schlug ihr vor, einfach nur in die Glotze zu gucken. Machten wir auch, es wurde lustig und immer lustiger, na ja, und irgendwann fingen wir wieder an uns zu küssen und zu berühren. Es wurde ziemlich intim – und plötzlich richtet sie sich wieder auf, mit diesem ernsten Blick und sagt völlig kühl: ›Heute gibt s kein Scharfmachen!‹

Völliger Blackout bei mir. Null Capito. ›Was ist denn jetzt los?‹, frage ich, ›gibt's ein Problem, das ich nicht kenne?‹

Martina antwortet, ich hätte schon am Tag davor nicht verstanden, wo das Problem sei, ich sei eben ein typischer Mann, der völlig unfähig sei zu begreifen, was eine Frau wolle.

Langsam machte mich das ein wenig sauer, immer diese blöden Vorwürfe ohne konkrete Details, worauf sie sich nur noch stärker reinsteigerte. Martina begann in einer Lautstärke und Aggressivität zu brüllen, dass ich kurz dachte, die kriegt sich überhaupt nicht mehr unter Kontrolle.

Ich bin dabei völlig ruhig geblieben. Und diese Ruhe hat sie dann erst recht sauer gemacht. Ich wäre gefühlskalt, ach, was weiß ich. Es wurde immer absurder. Es war so bescheuert, dass ich mich nicht mal ärgerte. Ich habe mir das Spektakel einfach nur angesehen.

Irgendwann dachte ich, so, jetzt reicht es aber, und ich wollte sie in den Arm nehmen. Daraufhin überschüttete sie mich mit Schimpfworten und einer Kälte, dass es mir die Schuhe auszog. Zwischen Männern hätte es jetzt eine Riesenschlägerei gegeben. Nun gut, ich bin dann ohne Umarmung gefahren. Ich habe später am Abend versucht, mit ihr am Telefon über diesen Ausraster zu reden, aber sie teilte mir lediglich mit, ich sei schuld am Verlauf des Abends, ich hätte alles kaputt gemacht, sei völlig unsensibel und ein Schwein, und sie wisse nicht, wie eine Frau es mit mir aushalten könne.

Wow, ich war völlig baff. So etwas hatte ich noch nie erlebt. Ich meine, ich bin sicher kein Heiliger und mache bestimmt auch Fehler, aber es geht doch darum, irgendwie zusammen eine Lösung zu finden, oder? Ich habe es noch nie vorher erlebt, dass eine Frau mir komplett und ohne jede Einschränkung die Schuld gibt, an allem, selbst am Vollmond, und selbst null Einsicht hat. Nullkommanull! Und darüber durfte selbstverständlich auch nicht diskutiert werden. Ich war schuld, und sie das arme Opfer ...«

Dann geh doch.

Vorigen Satz wieder streichen. (Schließlich geht es nicht darum, Frank zu provozieren.) Obwohl sich hier eine interessante Wahrheit andeutet: Warum bleibt Frank? Warum leidet er stattdessen?

Liebe, antwortet er.

Schönes Wort, denke ich. (Muss Liebe nicht vielmehr leicht sein, locker, freundlich, friedlich, verzeihend? Ist Liebe nicht etwas Schönes?)

Interessant ist auch seine Bemerkung »verständnisvoll und sensibel« zu sein, als Mann, selbstverständlich, denn wenn es jemals einen verständnisvollen und sensiblen Mann gegeben hat, dann heißt er Frank. Er zeichnet sich durch eine derartige Verständnishaftigkeit und Sensibilität aus, dass man sich beinahe schon nach Egozentrik und dumpfer Brünftigkeit sehnt. Als unsensibler Zeitgenosse.

Bekanntermaßen wurde eines jener Missverständnisse (über Männer) trotzdem ein Sommerhit. Bis heute hin kann, grob geschätzt, jede zweite deutsche Frau einen ganz bestimmten Liedtext auswendig plärren und anderen Frauen dabei bedeutungsvoll zunicken. Männer sind Schweine …

Es ist unser missratenes Kind, sagte Sänger Farin Urlaub diesbezüglich in einem Interview. Es sei eine ironische Ballade gewesen, niemals ernst gemeint. Aber es wurde der größte Erfolg der Band und ein Dauerspieler in Schützenhallen, Ballermännern und überall dort, wo dauernd Alkohol fließt.

Und warum erzähle ich das?

Weil weder Stefan noch Georg, selbst Frank, weil überhaupt keiner der Männer, mit denen ich für dieses Buch gesprochen habe, dem Klischee eines ungehobelten Mannes entspricht, keiner von ihnen auch nur ansatzweise schweinisch ist – aber jeder von ihnen sich insgeheim unwohl fühlt. Ertappt.

Und folglich alles daran setzt, kein Schwein zu sein.

Und damit: Anders zu sein als der eigene Vater. (Interessant! Für den Hinterkopf. Das Verhältnis zum Vater.)

Und weil eine derartige Unwohlhaltung sich vom ersten Tag einer Partnerschaft ausprägen wird. (Das ist zumindest eine These, die es im Folgenden zu untersuchen gilt.)

Der Neue Mann – ohne es selbstverständlich sein zu wollen – existiert, ist also: klug, sensibel, zuvorkommend, gut gekleidet, interessant, gut riechend, sportlich. Kein Softie, ein Traummann. Der Neue Mann will kein Macho sein, sondern aufmerksam und zuvorkommend.

Aber die Partnerschaft mit der Neuen Frau (die ja ebenfalls existiert) ist eine einzige Katastrophe.

Woran liegt das?

Berühmte Zicken (Teil 3)

Eine Sonderstellung nimmt derzeit Paris Hilton ein. Sie hat es geschafft, (beziehungsweise: den Zeitgeist, den sie verkörpert wie keine Zweite) aus der simplen Zickigkeit einen Beruf zu kreieren. Und eine gesellschaftlich respektable Position zu erringen. Paris Hilton kann nichts richtig, außer Geld auszugeben, aber sie ist weltweit bekannt. Damit entspricht sie einem der ersten Zickengesetze: Sie sind stets dort, wo die Scheinwerfer glühen; Zicken agieren nicht im Verborgenen, sondern dort, wo umgekehrt eine ganze Unterhaltungsindustrie auf Diven dieser Art angewiesen ist. (Übrigens eine interessante Frage, für einen anderen Rahmen, wie eigentlich die Yellow Press, weltweit, an einen Punkt gelangen konnte, dass es ihr nur noch um das Spektakel an sich geht? Und weshalb wir Konsumenten uns offensichtlich auch nur noch dafür interessieren?) Wenn Paris Hilton etwas zu sagen hat, dann entfleuchen ihr hohle Phrasen in einem piepsigen Ton, die sie aber anscheinend kaum ironisch meint. Ihre Welt (und damit impliziert: die Welt der wichtigen Menschen) besteht offensichtlich aus Partys, Moden und Geld. Und damit es jetzt nicht so ausschaut, als ob ein langweiliger alter Mann müde alte Kulturkritik betreiben möchte, sei hiermit in aller Öffentlichkeit gebeichtet: Selbstverständlich lese auch ich, was Paris wieder angestellt hat, mit wem sie nun wieder liiert sein soll (wobei ich ebenso beichte, dass sie mich lange schon wieder langweilt). Interessant ist doch, wie sehr eine solche Zicke unser Denken in Anspruch nimmt. Wie sie es geschafft hat, in den Feuilletons besprochen zu werden. Auf einer vordergründigen Ebene als Zeitphänomen, klar – aber warum wurde sie nicht, wie naheliegend, einfach ignoriert?

Paris Hilton ist ein Vorbild für Millionen Mädchen und lebt das Leben einer reichen Zicke. (Wann erfolgte dieser Punkt der Umwertung, so dass eine High-Society-Göre, eine Erbin, Kult werden konnte? Lag darin vielleicht schon ein tief versteckter Hinweis auf den Ausbruch der Weltwirtschaftskrise?)

Paris hat einen sogenannten »Alltag«, der sich darin erschöpft, sich mit Männern zu treffen, ohne dass dabei oder dazu irgendwelche Gefühlsregungen vonnöten wären. Meist handelt es sich um Männer, die, wenn nicht ebenbürtig reich, dann zumindest (oder sogar noch besser?) berühmt sind. Manchmal haben die beiden bei einem solchen Treffen Sex, so sagt man zumindest, manchmal nicht.

Faszinierend hierbei: Das legendäre Privat-Video (eines der kommerziell erfolgreichsten Amateur-Filme der Filmgeschichte), das im Prinzip nur davon handelt, wie sehr eine Königszicke auch in ihrem vermeintlichen Privatleben dem Bild entspricht, das sie vor den Kameras dieser Welt ausbreitet. Weil sie immer eine Kamera auf sich gerichtet sieht. Und braucht. Stets kontrolliert. Immer auf den richtigen Blick, die richtige Pose bedacht. Sex höchstens als kurzzeitige Unterbrechung des Telefonierens. Und dadurch unangenehm, weil sich in der sogenannten Intimität Momente ergeben, die nicht kontrollierbar sind. Paris Hilton ist aber eine der wenigen Zicken, deren Tobsuchtsanfälle nicht öffentlichkeitswirksam geworden sind. Was zum einen daran liegen könnte, dass sie sich ausnahmslos mit nickenden Lakaien umgibt. Selbst eine sogenannte beste Freundin (for ever; darin liegt noch die zynische Steigerung) sucht sie durch eine Casting-Show. Um dieses arme Mädchen anschließend, nach der Gewinnershow, angeblich nie mehr zu treffen.

Und zum anderen – und das wäre tatsächlich neu – dass Paris Hilton sich möglicherweise selbst in einer Weise zu kontrollieren versteht, die beängstigend wirkt. (Oder schon wieder befreiend?)

Das tolle Paar

»Ich war eigentlich immer unsicher, ob ich nicht eine verborgene Macke habe«, erzählt Stefan. Was ihm nicht leicht fällt. Er hat noch nie von dieser Unsicherheit gesprochen.

Was mir wiederum nicht leicht fällt zu glauben, denn ich kenne Stefan als einen Mann, der aus dem Stegreif einen Vortrag vor Hunderten Zuhörern hält. Er reitet seit seiner Kindheit (selbstredend nur im Jagdgalopp), peitscht schwarze Pisten in den Bergen hinab und kokettiert mit seinen Schwächen und Stärken. Er schien mir das Ideal eines selbstbewussten Mannes zu verkörpern.

Nie im Leben wäre ich auf die Idee gekommen, dass er a) unsicher ist (auf einem eng umgrenzten Feld) und b) sich diesbezüglich selbst misstraut. »Mit 32 Jahren hatte ich zwar eine Menge Affären gehabt, aber das war mir selbst nie so bewusst gewesen. Ich hielt mich für annähernd jungfräulich, weil das alles nur kurze und kürzeste Beziehungen gewesen waren. Nie was Richtiges, und das mit Anfang dreißig. Keine gemeinsame Wohnungssuche, keine gemeinsamen Pläne, kein Kinderwunsch. Meistens fand ich die Frauen nicht standesgemäß und habe sie wieder verlassen. Und die tollen Frauen – oder zumindest die, die ich für sogenannte tolle Frauen hielt – die wollten nichts von mir wissen. Eine einzige große Liebe hatte mich nach etwa einem Jahr verlassen, ohne mir einen klaren Grund zu nennen. Ihre Eltern waren wohl auch gegen mich eingestellt gewesen.

Tief in mir drin war also eine Angst, dass etwas in mir falsch sein könnte. Ich wollte auch deshalb auf Biegen und Brechen eine feste Partnerschaft, um mir selbst – und meiner Außenwelt – zu beweisen, dass ich nicht neurotisch bin. Caroline erfüllte erst einmal die wichtigsten Kriterien, die damals für eine Partnerin galten: Sie sah gut aus und wusste sich in der Öffentlichkeit zu benehmen. Es war nicht so peinlich mit ihr, wie mit anderen Frauen. Wir waren ein tolles Paar. Wenn wir in ein Restaurant kamen, dann waren wir sofort der Mittelpunkt.

Als sich nach wenigen Wochen, vielleicht waren es auch nur wenige Tage, herausstellte, dass sie eine Oberzicke und extrem launisch und unfair war, da wollte ich das einfach nicht wahrhaben. Es ging nicht um Liebe oder so was, da bin ich heute selbstkritisch genug, es ging mir nur um dieses ›Beziehungsdings‹.

Einige Zeit vorher hatte in der Agentur ein Kollege mal einen Witz gemacht, nachdem eine hochneurotische Frau gekündigt hatte, auf mich gemünzt, und zwar: ›Wenn die nächste Bewerberin wieder kündigt, dann wissen wir ja, wer Schuld ist‹. Natürlich war das nur ein blöder Witz, aber ich fühlte mich davon getroffen.

Ich wollte also keine Trennung von Caroline. Nur darum ging es. Nicht schon wieder eine Trennung. Heute ... sehe ich das natürlich anders. Aber damals ging es um meine Persönlichkeit. Bei einer erneuten Trennung wäre etwas in mir falsch gewesen – von dem ich allerdings nicht mal entfernt wusste, was es hätte sein können.«

»Liebe ist eine Religion,
die ein Mensch um einen anderen konstruiert.«

Robert Seidenberg

– ZWEITER TEIL –
PSYCHOLOGISCHE HINTERGRÜNDE

Der selten glückliche Mann

Um gleich mal mit einer vollen Breitseite loszulegen: Fast jeder von uns – und ich rede ausdrücklich von den Männern – fast alle Menschen also in den sogenannten Industrienationen haben Probleme mit ihrem Selbstwertgefühl.

Ich? Niemals!

Doch. Gerade die jungen Männer.

Wer das nicht nachvollziehen kann oder mag (völlig in Ordnung – aber bitte den Satz erst zu Ende lesen), sondern rundum zufrieden und glücklich ist (auf diese These vielleicht sogar aggressiv reagiert?), für den ist allerdings auch eine Zicken-Problematik fremd.

Das gilt einfach mal so klar und apodiktisch (schönes Fremdwort; selbst nachschlagen).

Ein glücklicher und zufriedener Mann mag mal eine Zicke kennenlernen, aber er wird sie höchstens eine Nacht erleben und dann gehen. Oder wahrscheinlicher: nach der zweiten Nacht verlassen werden.

Ein glücklicher und zufriedener Mann reagiert auf solch eine Abfuhr aber auch nicht sonderlich verletzt. Eher amüsiert. Tschüss und Aus die Maus. Und ich zünde gleich noch die nächste Stufe: Ein wahrhaft glücklicher, ein zufriedener Mann, der mit seinem Leben vollends einverstanden ist – wird erst gar keinen One-Night-Stand mit einer Zicke haben. Höchstens mit einer wunderbaren Frau, die dann später mindestens eine lebenslange Freundin wird.

Das ist provokant, nicht unbedingt psychoanalytisch, aber wir bewegen uns vorwärts, um den Gründen auf die Spur zu kommen, weshalb etliche Männer immer wieder auf Zicken hereinfallen. Möglicherweise.

Wichtig dabei: Wir alle tragen einen unterschiedlich starken Panzer um unsere Seele (man verzeihe mir die nicht ganz korrekte theologische Nutzung dieses Mysteriums). Auch die Lächler unter uns, und gerade die. Erst recht die Coolen unter uns, aber nicht alleine.

Und vor allem: alle Zicken.

Denn dass so viele von uns Probleme mit ihrem Selbstwertgefühl haben liegt auch darin begründet, dass in unserer Gesellschaft krankhafte Symptome fast unvermeidlich entwickelt werden müssen, wenn man die Karriereleiter hochklettern oder auch nur den Arbeitsplatz erhalten will. (Über den gesamtgesellschaftlichen Strahleffekt der Zickenkraft gibt es mehr Stoff im vierten Teil.)

Berühmte Zicken (Teil 4)

Eine Zicke, die bezeichnenderweise nicht mehr ganz oben auf der Liste steht, ist Britney Spears. Sie hat sich durch ihre letzten Eskapaden in eine Opfer-Rolle gearbeitet, die bei uns Konsumenten eher Mitleid auslöst. (Eine gewissermaßen natürliche Entwicklung, die vielen Zicken widerfährt. Und sie hassen es!)

Charakteristisch aber bleibt unverändert ihre Zickenlaufbahn: Berühmt, berüchtigt, in aller Munde, zu einer Zeit, in der vielen Jungs noch Flaum um eben diesen wächst. Britney war mit 17 schon ein Weltstar. Zickentum ist keine Pubertätserscheinung, die sich auswächst – aber es ist sehr unwahrscheinlich, dass eine Frau 40 Jahre unauffällig und friedlich vor sich hinlebt und dann plötzlich zur großen Diva mutiert.

Innerhalb von wenigen Jahren (auch das ist nicht ungewöhnlich für eine Zicke) degenerierte Britney von der ewig lächelnden Jungfrau zur durchgeknallten Drogentüte, nebst Scheidung, Chaos und Hilferuf.

Unvergessen: Ihre Blitzheirat, die nach rekordverdächtigen 58 Stunden wieder annulliert wurde.

Britney hängte sich später geradezu devot an Madonna (die sie wiederum gönnerhaft adoptierte). Diese Verbindung ist vielen Kritikern suspekt erschienen – weil sie die psychischen Hintergründe übersahen. Und in den Untiefen der Seele gibt es zwischen den beiden Frauen tatsächlich eine Gemeinsamkeit.

Es gibt keinen Königsweg zur Königszicke: Britney wurde, anders als Madonna, schon als Kind von ihrer Mutter zum Erfolg verdammt und hat diszipliniert mitgespielt. Schwer zu verstehen – umgeben von märchenhaftem Reichtum und all den Speichelleckern, die den Erfolg begleiten – dass sich die Welt nicht ewig allen Träumen fügt. Britneys Biografie zeigt idealtypisch auch eine Gefahr auf, die inzwischen selbst in den Niederungen der deutschen Provinz zur Alltäglichkeit wird: Drogen als Ausweg. »Erfolgreiche Musik für das Pop-Publikum zu machen ist Selbstdarstellung und Industrie zugleich«, schreibt Wolfgang Schmidbauer.

»Diese Arbeit festigt das Selbstgefühl. Aber was tun, um nach der Arbeit zu entspannen, ohne an fantasierter Größe einzubüßen? Jetzt rächt es sich, wenn der Star sein Privatleben der Karriere geopfert hat. Denn Niederlagen im Beziehungsleben erzeugen sofort panische Ängste, gänzlich zu scheitern. Und um diese Ängste zu bekämpfen, werden Drogen unentbehrlich.«[2]

Nein, es ist wahrlich nicht einfach, eine Zicke zu sein. Auch das soll einmal gesagt sein.

Die gestörte Balance

»Je mehr und je redlicher sich die Psychoanalytiker bemühen, den Begriff Narzissmus zu vertiefen, zu erhellen und zu differenzieren ... umso anziehender wird er – auch für die Alltagssprache – wodurch er ein so hohes Maß an Vieldeutigkeit gewonnen hat, dass er für eine präzise psychoanalytische Begriffsbildung kaum mehr zu gebrauchen ist.« (Alice Miller, Das Drama des begabten Kindes)

Eingedenk dieser Warnung werfe ich nun trotzdem diesen Begriff »Narzissmus« in die Runde, denn meiner Erfahrung nach sind Männer (und jawohl: auch Frauen) hilflos, wenn sich Dinge nicht greifen lassen. Und gerade dann, wenn sie ohnehin nicht wissen, was los ist. Es schafft Erleichterung, eine Erklärung zu bekommen und zu verstehen, was zwischen Menschen passiert. Denn wie im Vorwort beschrieben: Es geht in diesem Buch um Erste Hilfe. Wenn ein Mensch am Boden liegt und nicht mehr atmet. Dann heißt es schnellstens handeln. Wer in einem solchen Notfall nur auf den Arzt wartet (möglicherweise nicht mal dort anruft), der schickt einen Menschen in den sicheren Tod.

Dies ist nun nicht der Platz, um in eine Fachdiskussion über die verschiedenen psychoanalytischen Richtungsstreitereien einzusteigen. Es gibt – selbst bei oberflächlicher Lektüre – derart viele unterschiedliche Vorstellungen, dass ich mich in diese Rangelei gar nicht erst einmischen möchte. Wer sich ein detailliertes Wissen aneignen möchte, sei auf die Literaturhinweise im Anhang verwiesen.

Aber es geht darum zu verstehen, wieso Zicken ticken, wie sie ticken. Und aus welchem Grund sie das Leben so vieler Männer (und Frauen) zerstören können.

Und hierbei ist »Narzissmus« das Eintrittstor zum Verständnis.

Wir öffnen vorsichtig das Verließ, denn gesunder Narzissmus, also: gesunde Selbstliebe, ist eine wesentliche Triebfeder jeder Weiterentwicklung und wohl auch die Grundlage für herausragende (genauso gern: für banale) Leistungen der Menschheit.

»Aber Charakteristikum der sogenannten narzisstischen Persönlichkeitsstörung ist eine schwere Störung der Selbstwertregulation«, schreibt Wolfgang Wöller.[3]

Korrekt ausgedrückt sind bei einer Zicke sogar zwei grundlegende Gefühle gestört, nämlich: Das Selbstwertgefühl und das Selbstgefühl.

Klingt erst mal wie Haarspalterei. (Keine Angst, das klärt sich im Verlaufe der nächsten Seiten.) Das Selbstgefühl hängt davon ab, wie gut oder wie schlecht jemand das eigene Selbst, also sich selbst wahrnimmt. Ist das Selbstgefühl nur ein laues Lüftchen, dann hat man keinen wirklichen Zugang zu den eigenen Gefühlen, Wünschen und Bedürfnissen. »Es findet keine Anregung statt, man hat den Eindruck, in einer öden Leere zu vegetieren. Es ist arm und leer in einem, man langweilt sich furchtbar.« (Text der Hardtwaldklinik)[4] Gerade das mangelnde Selbstgefühl zeigt uns, dass eine Zicke sich selbst nicht lieben kann. Sie ist sich selbst entfremdet.

Aber das Gefühl für das eigene Selbst ermöglicht erst die wirkliche Selbstliebe – unabdingbare Voraussetzung zu liebevoller Interaktion mit anderen.

Weil das Selbst defekt ist und hinter der Fassade versteckt bleibt, ist bei einer Zicke auch das Selbstwertgefühl schwach und labil, die Balance des Selbstwertgefühls gestört. Das hat zur Folge, dass eine Zicke in hohem Maß auf die Anerkennung und Bewunderung von außen angewiesen ist. Denn im Gegensatz zum Durchschnittsmenschen (wir lassen einmal beiseite, dass es den wahrscheinlich in Wahrheit nicht gibt) hängt beim narzisstisch gestörten Menschen das Gefühl für den eigenen Wert fast ausschließlich von der Umwelt ab. Zur Kompensation ihrer Unsicherheit und Minderwertigkeit baut eine Zicke ein Größenselbst auf, mit welchem sie täglich neue Zuwendung, Bewunderung und Spiegelung von anderen Menschen sucht. Das Größenselbst produziert wiederum Größenfantasien, welche unersättlich genährt werden wollen und den Wunsch nach Bestätigung von außen nur immer neu entfachen wie trockenes Holz in der Nähe einer Feuerstelle.

Volker Faust formuliert prägnant: »Der unsanfte Umgang mit anderen Menschen, insbesondere mit Verlierern kennzeichnet die Wesensart eines Narzissten. Ihre Art, viel zu fordern und wenig zu geben.«[5] Vorsicht: Narzisstische Merkmale können selbst von erfahrenen Therapeuten nicht immer von anderen Persönlichkeitsstörungen unterschieden werden. Es besteht im Folgenden also kein »Rechtsanspruch« darauf, dass Deine Zicke nicht auch noch unter diversen anderen Störungen leidet.

Und: Eine Zicke mit narzisstischen Charakteranlagen, Störungen oder gar einer narzisstischen Persönlichkeitsstörung vereinigt selbstredend nicht alle oder auch nur die meisten der hier aufgeführten Symptome auf sich. Zudem – jetzt wird es richtig elend – ist für Verliebte auch und gerade ein narzisstisches Hochgefühl charakteristisch.

Nun reicht es aber mit den Einschränkungen. Wobei Verliebtheit tatsächlich mitunter ein wenig verrückt anmutet.

Die meisten Psychologen sprechen ab einem bestimmten Punkt von einer narzisstischen Persönlichkeitsstörung – wenn nämlich das Bedürfnis nach Liebe, Bewunderung und Anerkennung auf krankhafte Weise übersteigert ist. Und sie schlussfolgern: Menschen, die von dieser Störung betroffen sind, haben in ihrer frühen Entwicklung zu wenig wirkliche Liebe erfahren. Zicken versuchen, diese Defizite auf unterschiedliche Weise auszugleichen, ohne Erlösung von ihrem Drama zu erfahren.

Der Grad der Störung kann dabei sehr unterschiedlich sein. Er reicht von leichten Formen gestörter Selbstliebe, die im Alltag kaum bemerkt werden, bis hin zu Fällen dramatischer krankhafter Charakterveränderung. Immer aber (ganz wichtig) findet die Störung darin ihren Ausdruck, dass diese Menschen unter sich selbst leiden, Symptome körperlicher und seelischer Art entwickeln und vor allem im zwischenmenschlichen Bereich große Probleme haben. Ein Charakteristikum sind auch gegensätzlich wirkende Leidensmuster. Also einerseits ein brüchiges Selbstwertgefühl, dafür aber andererseits ein grandioses Größengefühl in Bezug auf die eigene Bedeutung. Und das meint: grandiose Leistung, geniales Talent, Ansehen, Schönheit sowieso, Reichtum (ist anvisiert), Beziehungen und so weiter. Bloß: meist ohne passende Grundlage. Dabei die Neigung, sich anderen Menschen prinzipiell überlegen zu fühlen und diese die Verachtung auch spüren zu lassen.

Zicke, halt.

»Bei Ulrike war diese Neigung zur Verachtung interessanterweise auch schon optisch bei der Wahl ihrer Partner zu beobachten«, erzählt Georg. »Ihr erster Freund war dick gewesen, der zweite danach deutlicher kleiner als sie. Und mein Nachfolger eine unscheinbare Brillenschlange. Sie hat sich fast immer Männer ausgesucht, die, im Vergleich zu ihr, äußerlich einen Makel haben. Und bei mir ... nun ja, ich habe nicht viel verdient. Und das konnte man auch optisch sehen ...«

Der Mythos Narziss

Das reale Vorbild für die allseits bekannte Bezeichnung ist ein 16-jähriger Jüngling. Nárkissos (Narziss) war der griechischen Sage nach ein wunderschöner Sohn des Flussgottes

Kephisos und der Wassernymphe Liriope. Heute würde man vielleicht von einem Model sprechen, abwertend möglicherweise von einem Gigolo. Auf jeden Fall wusste Narziss mit Frauen umzugehen, schon in frühem Alter, und hinterließ gebrochene Frauenherzen am Fließband. Sein Markenzeichen dabei: Er verliebte sich selbst niemals (kluger Junge). So konnte auch die schöne Bergnymphe Echo sein Herz nicht erobern. An dem Liebeskummer ging sie schließlich zugrunde. Nur ihre Stimme blieb übrig, »die in bergigen Gegenden als klagender Widerhall immer noch ihr dürftiges Dasein fristet«. Dafür wurde Narziss von Nemesis (nach anderen Quellen durch Aphrodite) dergestalt bestraft, dass er sich in sein eigenes Spiegelbild im Wasser verliebte. Ohne das zu erkennen, wollte er sich mit dieser schönen Gestalt vereinigen und ertrank bei dem Versuch.

Damit erfüllte sich die Prophetie des Sehers Teiresias, wonach Narziss nur dann ein langes Leben haben werde, wenn er sich niemals selbst erkenne.

Über das Ende des »ersten Narzissten« gibt es allerdings noch eine zweite Version. Demnach setzte er sich eines Tages an einen See, um sich an seinem eigenen Spiegelbild zu erfreuen, woraufhin durch göttliche Fügung ein Blatt ins Wasser trudelte und so durch die erzeugten Wellen sein Spiegelbild trübte. Schockiert von der vermeintlichen Erkenntnis, er sei hässlich, starb er. Nach seinem Tode wurde er in eine Narzisse verwandelt. Die nach ihm benannte weiße Blume gilt als Sinnbild kalter, herzloser Schönheit.

Siegmund Freud wiederum brachte ihm ewigen Nachruhm, denn er bezeichnete als Erster jene Persönlichkeitsstörung, die heute unter dem Namen »Narzissmus« allgemein bekannt ist. Schon in der Antike war die mythische Gestalt ein beliebter Gegenstand der bildenden Kunst auf

> Steinen, Reliefs und besonders auf Sarkophagen. Am bekanntesten sind die Wandgemälde mit Darstellungen des Narziss, die in Pompeji gefunden wurden. Sie zeigen ihn in verschiedenen Variationen als Jäger am Wasser sitzend, wie er sein Spiegelbild betrachtet.

Dreimal falscher Geburtstag

Wer sich näher auf Zicken einlässt, wird bald auch in den Genuss eigenartiger Fantasien und Vorstellungen kommen. Darunter solche von grenzenlosem Erfolg, ebensolcher Machtfülle, zukünftigem Ruhm (übrigens einfach so), möglicherweise hervorgerufen durch das angeblich einzigartige Äußere, eine spätere ideale Liebe und Ähnliches mehr.

Nicht zu vergessen: Die Überzeugung, einmalig, zumindest aber etwas Besonderes zu sein und nur von anderen großartigen Menschen als solches erkannt, anerkannt, gefördert und bewundert zu werden.

»Und nur mit diesen Kontakt zu pflegen, alles andere zählt nicht.« (Volker Faust)[6]

Daher auch die im Bekanntenkreis verwundert registrierte Anspruchshaltung, was Vorzugsbehandlungen angeht, die von einer Zicke prinzipiell eingefordert werden, selbst wenn es sich um gesetzliche Vorschriften handelt, die bis dahin keine Ausnahmen duldeten.

Zicken fordern auf übertriebene Weise Aufmerksamkeit und Bewunderung, zeigen jedoch wenig echtes Interesse und Einfühlungsvermögen für Mitmenschen. Lebensfreude erleben sie nur beiläufig, und wenn, dann nur minutenweise. Gefühle flackern spontan auf, wie ein Streichholz, um genau so rasch wieder zu verflachen. Flankiert von einer egoistischen Einstellung, die die gnadenlose Ausnutzung anderer mit einschließt. Bis hin zu ausbeuterischen Maßnahmen, um die eigenen Ziele durchzusetzen. Man muss schließlich sehen, wo man bleibt.

»Ich erinnere mich dabei immer an die Sache mit ihrem falschen Alter«, erzählt Andreas, ein Journalist aus Hamburg, der sich unserer illustren Männerrunde anschließt, um einige Anekdoten beizusteuern. »Annegret hatte, seitdem ich sie kannte, keine Ausweispapiere, angeblich alle verloren. Eines Tages – wir waren da schon zwei Jahre zusammen – fand ich aber ihren Personalausweis in einer Kiste auf dem Speicher. Ich schaute rein, um mir ein altes Foto von ihr anzusehen. Und da fand ich plötzlich ein ganz anderes Geburtsdatum. Nicht nur das Jahr war anders, sondern auch der Tag. Was ist das denn? Ich fragte sie ganz erstaunt – und erst mal machte sie natürlich eine Riesenszene. ›Ich wäre das Allerletzte, weil ich in ihren Ausweis geschaut hätte‹, Vertrauensbruch und so. Ja, aber es blieb trotzdem die Sache mit dem Datum. Und da bin ich hart geblieben. Und dann erzählte sie mir eine wilde Story: Als Minderjährige sei sie in Ägypten gewesen, hätte dort ihren Pass verloren, und damit sie da keinen Ärger bekam, wäre sie zur deutschen Botschaft gegangen und hätte sich dort älter gemacht.

Mir kam diese Story immer sehr abstrus vor, aber im Zweifel für den Angeklagten. Also haben wir dreimal am falschen Tag Geburtstag gefeiert! Einige Jahre später hat sie mir unter Tränen die Wahrheit gestanden: Kurz bevor wir uns kennengelernt hatten, vor den Semesterferien, hatte ich mir einen Traum erfüllt und wollte mit meinem besten Kumpel durch die USA reisen. Sechs Wochen lang. Annegret wiederum hatte zuerst versucht die ganze Fahrt zu verhindern, was ohne Erfolg blieb – dann aber gehofft, wenn sie mir sagt, sie habe genau in der Zeit, in der ich in Amerika bin, Geburtstag, dass ich dann früher zurückkomme.

Und anschließend hat sie das nie mehr aufgeklärt. Sie ist aus der Lüge einfach nicht mehr rausgekommen.

Das Lügen ist bei Annegret zur Überlebensstrategie geworden. Von den Eltern gelernt. Schon in der Schule, auch den Eltern gegenüber.

Sie hat mir später gestanden: Wenn sie durch ihr Lügen Probleme hat, dann schiebt sie erst mal alles auf die lange Bank.«

Des Weiteren (Zicken sind wahrlich nicht langweilig): Ein eigenartiger Mangel an Empathie, also an Zuwendung und Hilfsbereitschaft, verbunden mit der kategorischen Ablehnung, die Gefühle und Bedürfnisse anderer zu erkennen, anzuerkennen oder sich gar mit ihnen zu identifizieren. Dabei aber selbst leicht kränkbar und gerne nachtragend.

»Und ob«, erzählt Stefan. »Caroline war geradezu die Meisterin der dramatischen Szene. Türen knallen, schreien, verdammen. Aber: komplett unfähig, sich zu entschuldigen. Niemals! Es waren immer und ausschließlich die anderen, die dafür gesorgt haben, dass sie einfach sauer werden musste.«

Häufig sind Zicken auch neidisch auf andere, nur übertroffen von der wirren Überzeugung, besagte andere seien vor allem neidisch auf sie. Weil sie doch so großartig sei. Dass man doch gewissermaßen automatisch neidisch sein müsse.

Schließlich eine überhebliche, arrogante, hochmütige Wesensart, die allerdings nur schwer zu durchschauen ist, zumal dahinter oft die berechtigte Furcht vor Kritik und geradezu hilflose Schüchternheit verborgen sind.

Einige Therapeuten unterscheiden in dieser Flut an Beschreibungen jeweils einen sogenannten »positiven« und einen »negativen« Narzissmus. Der Pluspol-Narzissmus (ausdrücklich kein Fachbegriff) äußert sich demnach in einer positiven Einstellung zu sich selbst (welche Überraschung), das heißt, dass diese Menschen ein stabiles Selbstwertgefühl haben, welches auch dann erhalten bleibt, wenn es Rückschläge gibt. Positiv narzisstische Menschen ruhen in sich selbst, strahlen Wärme aus und sind anderen zugewandt. Ein derart gelagerter Narzissmus gilt demnach als gesunder Bestandteil einer harmonischen Persönlichkeit.

Der Minuspol-Narzissmus hingegen basiert auf mangelndem Selbstwertgefühl, zurückzuführen auf eine Säugling-Eltern-Beziehung, die dem Kind nicht genügend Einfühlungsvermögen und Bestätigung entgegenbrachte.

Ein ausgeprägter oder »negativer« Narzissmus bedeutet, dass

diese Menschen vorwiegend sich selbst zugewandt sind, ein eher passives Liebesbedürfnis haben und »lieben, nur um geliebt zu werden«. Eine Affäre mit einem solchen Menschen, also einer Zicke, ist maßgeblich geprägt vom Geben des Partners und Nehmen des Narzissten. Also der Zicke. Ein Gleichgewicht mit abwechselndem Geben und Nehmen ist nicht vorgesehen.

Und das funktioniert auch deshalb so tadellos, weil narzisstische Zicken kaum oder gar nicht zu einer zumindest homöopathischen Dosis an Mitgefühl fähig sind. Eher zu einer charakteristischen Unbezogenheit anderen Menschen gegenüber, die als Egoismus und Arroganz in Erscheinung tritt. (Nein, sagt die Zicke: Das ist bloß Neid, Neid, Neid ...) Stefan erinnert sich nur zu gut an diese Auftritte. »Ich bekam überraschend ein Jobangebot in München. Ihre Mutter sah dieses Angebot kritisch, Stichwort Wochenendbeziehung. Sie sah sich eher als kommende Oma. Und sie wusste, dass eine solche Ehe nicht funktionieren würde. Aber Caroline war nur begeistert. Sie fand den Job toll, ich nicht so sehr. Sie fand es toll einen Freund zu haben, der diesen Job macht. Zudem in München. Sie quatschte auch, obwohl ich sie gewarnt hatte, vor der endgültigen Zusage darüber zu sprechen, mit Gott und der Welt darüber, dass ich bald nach München ziehen werde und dort arbeite, und sie fliege dann am Wochenende nach München. Caroline fand die Vorstellung toll ihren Kollegen zu sagen, ›puh, ich muss jetzt zum Flughafen, nach München‹. Alle Alltagsprobleme, von denen Pendlerpaare berichten, existierten nicht. Auch die Kosten dieser ganzen Fliegerei, doppelte Haushaltsführung, alles unwichtig. Auch ihre Unfähigkeit alleine zu sein. In Wahrheit ein Riesenproblem! Komplett vergessen. Caroline wäre die ganze Woche alleine gewesen – und hätte mich bestimmt schon nach einem Monat betrogen, wahrscheinlich auch verlassen. Alles war so unreal! Sie wäre selbstverständlich auch nicht mit zu mir nach München gezogen.

Der Clou: Als das alles nicht klappte, fiel sie – wieder sie – in ein tiefes Loch. Die Absage hatte sie persönlich getroffen. Caroline hatte sich eine Veränderung ihres Lebens erhofft.«

Diagnostische Kriterien der narzisstischen Persönlichkeitsstörung nach DSM-III-R (Diagnostic and Statistical Manual of Mental Disorders)[7]

Ein durchgängiges Muster von Großartigkeit (in Fantasie oder Verhalten), Mangel an Einfühlungsvermögen, Überempfindlichkeit gegenüber der Einschätzung durch andere.

Mindestens fünf der folgenden Kriterien müssen erfüllt sein:

Der Betroffene

- reagiert auf Kritik mit Wut, Scham oder Demütigung (auch wenn dies nicht gezeigt wird)
- nützt zwischenmenschliche Beziehungen aus, um mit Hilfe anderer die eigenen Ziele zu erreichen
- zeigt ein übertriebenes Selbstwertgefühl, übertreibt zum Beispiel die eigenen Fähigkeiten und Talente und erwartet daher, selbst ohne besondere Leistung als »etwas Besonderes« Beachtung zu finden
- ist häufig der Ansicht, dass seine Probleme einzigartig sind und dass er nur von besonderen Menschen verstanden werden kann
- beschäftigt sich ständig mit Fantasien grenzenlosen Erfolges, von Macht, Glanz, Schönheit oder idealer Liebe
- legt ein Anspruchsdenken an den Tag (stellt beispielsweise Ansprüche und übermäßige Erwartungen auf eine bevorzugte Behandlung, meint zum Beispiel, dass er sich nicht, wie alle anderen, auch anstellen muss)
- verlangt nach ständiger Aufmerksamkeit und Bewunderung (ist zum Beispiel ständig auf Komplimente aus)
- zeigt einen Mangel an Einfühlungsvermögen (kann zum Beispiel nicht erkennen und nachempfinden, wie andere fühlen; zeigt sich zum Beispiel überrascht, wenn ein ernsthaft kranker Freund ein Treffen absagt) – ist innerlich sehr stark mit Neidgefühlen beschäftigt.

Die charmante Fassade

Das wirklich Pikante an Zicken ist bekanntlich, dass sie auf den ersten (und oft auch auf den zweiten) Blick äußerst lebendig und charmant wirken. Geradezu feurig. Und elektrisierend (ich könnte jetzt noch eine Unzahl weiterer Begriffe anführen). Insbesondere, wenn sie etwas erreichen wollen, verfügen Zicken plötzlich über ein Arsenal an Manipulationstechniken, das selbst Top-Verkäufer arm aussehen lässt. (Nur mal unter uns: Hierin liegt auch einer der Gründe, warum so viele Zicken im Marketing, Journalismus, in der Werbung oder sonstigem Verkaufs-Gewerbe arbeiten, »mit Menschen«, wie es so schön heißt.) Ansonsten aber präsentieren sie sich emotional kühl, arrogant und verletzend.

Der Psychotherapeut Hans-Peter Röhr verwendet in seinem Buch »Narzissmus – das innere Gefängnis« den treffenden Begriff »Eisenofen«, um zu beschreiben, dass Gefühle wie in einem dicken Eisenpanzer eingesperrt und festgehalten werden. Röhr benutzt Märchen zur Verdeutlichung, und es gibt auch eine solche mythische Eisenofen-Geschichte, »trotzdem ist das Bild des Ofens nicht zufällig«, schreibt er, »denn das alles beherrschende Bedürfnis des Eisenofen-Menschen ist der brennende Wunsch nach Liebe und Wärme. Aber wie bekannt ist dieser Ofen kalt und ohne Feuer«.[8]

Georg stimmt an diesem Punkt sofort zu. »Niemals die Kontrolle verlieren! Das war Ulrikes Motto. Immer! Sie war auch immer perfekt gekleidet, selbst auf dem Weg zum Mülleimer.«

Hinter der bezaubernden, charmanten Fassade ist etwas Kaltes spürbar. Und zwar wahrhaftig spürbar. Wie auch ein Wechsel aus Minderwertigkeits- und Unterlegenheitsgefühlen, die sich mit wildesten Größenfantasien bezüglich der eigenen Person abwechseln.

Hinter der bezaubernden, charmanten Fassade lauert nämlich brutale Verachtung. Zicken werten andere Menschen ab als Folge der permanenten Selbstverachtung.

So eine Abfertigung geschieht dabei häufig mit perlenden Worten. »Interessant ist die Neigung des Narzissten«, beschreibt Volker Faust dieses Phänomen, »den Umgang in der alltäglichen Konversation eher oberflächlich zu gestalten und oft mit zwar aufregend aufgemachten, aber letztlich banalen Informationen anzureichern, insbesondere was gesellschaftliche Sensationen anbelangt. Das ist ihm wichtig. Auch die Sprache des Narzissten: Oft geschmückt mit Aufmerksamkeit heischenden Details, die mitunter nur für Eingeweihte verständlich sind und überraschenden und bisweilen durchaus pfiffigen Wendungen im Satzbau. Denn der Narzisst liebt die Sprache, auch wenn sie ihm weniger zur Informationsübermittlung dient wie bei anderen Menschen, mehr zur Regulation der Selbsteinschätzung bzw. persönlichen Erhöhung.«[9]

Wenn die zuhörende Seite mehr Tiefgang anmahnt, dann ist aufseiten der Zickenfraktion mit gekränkten oder gar sarkastischen Kommentaren zu rechnen.

»Und das nicht zu knapp«, sagt Georg, »wobei ich mich an nichts Wesentliches erinnern könnte, über das wir gesprochen haben. Jenseits von irgendwelchen Fernsehsendungen.« Stefan nickt bestätigend. »Sie liebte, glaube ich, vor allem meine Sprache. Ihr Vater war auch so ein Sprachfuchs. Und deshalb hasste sie angeblich auch oberflächliche Menschen.«

Gleichzeitig: Das Gefühlsleben einer Zicke wirkt merkwürdig flach und ohne Tiefgang. Leere und starke Langeweile sind quälende Begleiter und führen zu hektischer Betriebsamkeit oder Betäubung. Bleibt die narzisstische Bestätigung aus (und das geschieht beinahe täglich), dann kommt es zu Verstimmungen, depressiven Reaktionen oder Aggressionen. Eine echte Depression werde jedoch nicht wirklich durchlitten, schreiben beinahe alle Analytiker, vielmehr zeigt sich – werden diese Gefühle bearbeitet – starke Wut oder heftiger Neid.

»Das gesunde Ideal-Selbst macht den Menschen relativ unabhängig von Lob und Tadel. Es ermöglicht innere Sicherheit, Selbstbewusstsein und ein ruhiges Selbstvertrauen.« (Stavros Mentzos)[10]
Eine Art Pufferfunktion, die es einem gesunden Menschen ermöglicht, zu sich selbst zu sagen: Bei allen meinen augenblicklichen Mängeln bin ich im Grunde doch gut und in Ordnung.

»Nein«, sagt Stefan kategorisch, »das konnte Caroline nicht sagen. Ich habe bei ihr Anfälle von Verzweiflung kennengelernt, wie ich sie bislang noch bei keinem Menschen erlebt habe. Das Leben hatte für sie plötzlich keinen Sinn – weil ich so war, wie ich nun mal war. Dabei wirkte das alles so absurd. Es gab irgendwie keinen Grund für ihre Verzweiflung. Aber kein konstruktiver Vorschlag drang noch zu ihr durch. Vornehmlich am Sonntag. Keine Arbeit, nichts zu tun, schrecklich. Auch im Urlaub, ich war ständig nur damit beschäftigt, dass es ihr gut gehen solle. Dann war das auch für mich ein guter Tag. Ansonsten: die Hölle. Sie plante auch unentwegt Urlaub, und das war für mich der reinste Stress. Zum einen hatte ich wahrlich andere Dinge im Kopf als ihre blöden Reiseprospekte. Zum anderen wusste ich, dass ich im sogenannten Urlaub noch viel extremer für ihr Wohlergehen zuständig war als im Alltag. Und weil ich anscheinend keine Lust hatte, mich auf diese blöden Urlaube zu freuen, führte das nur wieder zu neuem Ärger.«

Kennzeichnende Merkmale des Narzissmus in aphoristischer Kürze

Narzisstische Individuen leben rastlos und untröstlich in chronischem Verfolgungskampf, in Verzweiflung, Hass und innerpsychischer Isolation. Ihnen fehlt die Einfühlung in andere, und in ihren Beziehungen haben selbstsüchtige Bedürfnisse höchste Priorität. Sie werden leicht verletzt, verbittert und fallen den psychischen Beschwichtigern Drogen, Alkohol und Promiskuität zum Opfer.

Die Motivationskraft des Narzissten besteht in der Suche nach Ruhm, Berühmtheit und Kraft.

Der Narzisst wird dem Ruhm zuliebe auf die Liebe verzichten.

Wie eine Statue verleugnet der Narzisst seine Abhängigkeit.

Der Narzisst ist nach außen hin übermäßig selbstbewusst und grandios, im Verborgenen hingegen schambeladen und unsicher.

Der Narzisst argumentiert in seiner Wut scharf, wenn auch mit einer verengten Perspektive.

Im Allgemeinen sind die Narzissten beruflich besser eingebunden und auch ortsbeständiger, selbst wenn der gar nicht so selten erworbene große soziale Ruhm und Erfolg letztlich nur im Dienst ihres Exhibitionismus steht. Der Narzisst idealisiert einige Menschen, andere hingegen entwertet er.

Getrieben davon, seine Sonderstellung zu untermauern, umgibt er sich in der Öffentlichkeit nur mit den von ihm als Besondere wahrgenommenen und meidet die von ihm Entwerteten. Im privaten Bereich hingegen umgibt er sich eher mit von ihm als wenig fähig und talentiert erlebten Mitmenschen, um sein Gefühl der Einzigartigkeit zu unterstützen.

Chronisch egozentrisch widmet er anderen nur wenig Aufmerksamkeit und vergisst ohne weiteres deren Namen. Aufgrund seiner Unfähigkeit, die zu erwartende Scham und Demütigung von Ausbildungssituationen zu tolerieren, fürchtet sich der Narzisst davor, neue Fähigkeiten zu erlernen.

Neues Wissen wird von ihm umgehend als unnötig und sinnlos abgetan.[11]

Alles auf Null – Zurück in die Kindheit

Wenn es um die Frage nach der Stunde null geht, also nach der Ursache für das ganze Gezicke und Gezanke, dann sind sich die Experten überraschend einig. Zentrales Problem von Zicken mit narzisstischer Störung, sagen sie, ist, dass sie als kleine Mädchen zur Befriedigung der Bedürfnisse der Mutter (oder anderer enger

Bezugspersonen) herhalten mussten und nicht in ihrer Eigenständigkeit geliebt wurden. Otto Kernberg – der Doyen der Narzissmusbranche – schreibt bevorzugt über solche Eltern, die ihr Kind nur dazu benutzt haben, um ihren eigenen Selbstwert zu erhöhen oder sich bestimmte Bedürfnisse erfüllen zu lassen, die ihnen in ihrer eigenen Kindheit versagt geblieben sind. (Wir denken zurück an Britney Spears ...)

Man spricht dann von einer narzisstischen Verwundung, die während dieser frühkindlichen Entwicklung stattfand – und im Gegensatz zu sonstigen Beinbrüchen nicht ausheilen konnte. Bis ins hohe Erwachsenenalter nicht.

Viele Zicken haben interessanterweise nur sporadische Erinnerungen an ihre Kindheit und berichten, dass alles unauffällig und normal gewesen sei. (Nachtigall, ick hör dir trapsen ...)

Konkret erlaubten diese Eltern ihrem Kind das Ausleben bestimmter Gefühle nicht, insbesondere Neid- und Wutgefühle durften kaum gezeigt werden. Diese Blockierung geschah aber meist verdeckt und manipulativ. Das Kind wiederum fühlte sich abgelehnt in seinem »So sein«, es war verletzt und versuchte durch Anpassung und Abspaltung der Gefühle ein Gleichgewicht herzustellen. Es opferte seine Gefühle, um der Mutter selbst eine gute Mutter zu sein. Karin Horney beschreibt, dass die nicht infrage gestellte Autorität dominierender Eltern eine Situation herbeiführte, in der das Kind sich gezwungen fühlte, deren Wertvorstellungen um den Preis des Friedens anzunehmen.[12] Gemeint sind Eltern, die ihre eigenen Ambitionen auf das Kind verlegen und dadurch dem kleinen Heranwachsenden das Gefühl geben, dass sie eher für imaginäre Eigenschaften als für ihr wahres Selbst geliebt werde. Das Kind muss sich also, um geliebt oder angenommen zu werden, so verhalten, wie die Eltern es wünschen, und kann nur ein den Eltern angepasstes Ideal-Selbst entwickeln (und hier immer wieder der Verweis auf Alice Miller, für Interessierte, die in ihrem Klassiker Das Drama des begabten Kindes solcherlei Konstellationen in aller Ausführlichkeit zelebriert). Nur durch diese Form von Anpassung erfahren diese kleinen Wesen Zuwendung, hat ihr Leben eine Form von Existenzberechtigung. Gefühle wie Neid, Eifersucht, Verlassenheit, Angst und Zorn werden unterdrückt, um Mutter oder Vater nicht zu verletzen.

Häufig wurden Zicken als Kinder wenig wahrgenommen (»ich war wie Luft«; der Klassiker in therapeutischen Gesprächen) und in ihren Bedürfnissen nicht unterstützt oder überfordert (»du bist mein großes Mädchen, das schaffst du auch alleine«).

Ein Kind, das in einem solchen Familienklima aufwächst, hat nur eine einzige Möglichkeit, wenn es geliebt werden will: Sich anzupassen und innerlich möglichst nichts mehr an sich heranzulassen. Wir erinnern uns: der Panzer! So tritt mit der Zeit eine Art »gnädige Anästhesie« (treffender Begriff in einem Text der Hardtwaldklinik) ein. Der Preis für diese Strategie besteht in der Einkapselung der Gefühle, sodass das Kind später viel Zeit und Kraft braucht, um diesen Panzer aufzubrechen.

Zu diesen Frühstörungen zählen – grob verallgemeinert – Borderline und die narzisstische Persönlichkeitsstörung. Gemäß den maßgeblichen psychoanalytischen Entwicklungsmodellen entsteht die Borderline-Störung während einer früheren Entwicklungsphase als die narzisstische Störung. Borderline-Patienten, sagt man, ist es nicht gelungen, ein kohärentes Selbst zu entwickeln. Dies bedeutet, dass sie in ihrer Fremd- und Selbstwahrnehmung unstet sind. Stimmungen und Affekte sind chaotisch, widersprüchlich, unberechenbar. Aggressionen haben die Tendenz, im Sinne eines Kontrollverlustes zu entgleisen. Narzisstischen Patienten wiederum sei es gelungen, ein kohärentes Selbst zu entwickeln – aber es ist »falsch«.

»Für die kindliche Entwicklung ist es von äußerster Wichtigkeit, dass dem normalen Bedürfnis des Kindes nach Zuwendung und Zuneigung, nach Wärme und Geborgenheit Rechnung getragen wird«, lautet es in einer Darstellung der Hardtwaldklinik. »Ebenso braucht es die Möglichkeit, sich in der liebenden Bezugsperson zu spiegeln und dabei doch als eigenes Wesen mit seiner Eigenart wahrgenommen zu werden. Die phasengerechte, adäquate Befriedigung dieser kindlichen Bedürfnisse scheint entscheidend für die Entwicklung eines gesunden Selbstwertgefühls.«[13]

Wohlgemerkt: Es geht in diesem Buch nicht darum, nunmehr

allen Müttern dieser Welt die Schuld am massenhaften Auftreten von Zicken zu geben. (Oder den Vätern oder der Regierung; wobei das mal eine Maßnahme wäre.) Es gibt auch noch eine Menge andere Faktoren, die so eine kleine Seele zerbeulen können, zum Beispiel: Krankheit – der Mutter oder des Kindes – oder Schicksalsschläge, schlichtweg Not ...

Aber oftmals sind es halt auch die Mütter. Sorry.

Zur Beruhigung: Wir alle sind Menschen. Und in jedem Menschen finden sich angenehme und weniger angenehme, helle und dunkle Seiten. Die hellen Seiten, gewissermaßen die Sonneninseln, werden verständlicherweise gerne in den Vordergrund gestellt und beleuchtet – die dunklen, die Seelenschatten, nun ja, sagen wir mal: weniger beachtet.

Manchmal geht das soweit, dass wir beschließen, diese Dunkelheit nicht wahrzunehmen, und versuchen sie zu verdrängen, zu verleugnen oder zu bekämpfen. Gerade, wenn sie uns verfolgt. Wobei schon der Volksmund treffend anmerkt: Nur wo Licht ist, ist auch Schatten. Okay, folglich hat auch die beste Mutter gewisse Seiten in ihrer Persönlichkeit, die möglicherweise nicht ideal sind und sich schädlich auf die Entwicklung eines Kindes auswirken.

Viele Mütter haben auf jeden Fall ihren Kindern gegenüber unangemessene Schuldgefühle. Und Angst, als Mutter nicht zu genügen. Sie wollen perfekt sein.

Und eine Reihe von Müttern balanciert gar mit einer ausgemachten seelischen Störung durch den Tag, ohne sich dessen bewusst zu sein, schon gar nicht einer möglicherweise schädigenden Wirkung auf ihr Kind. Häufig ist es so, dass in der Außenwirkung alles unbeschwert geordnet und unproblematisch erscheint (normal eben): Das Kind wird also mit Nahrung, Kleidung, mit allem, was es vordergründig braucht, versorgt, eventuell auch überversorgt. Das Bild einer scheinbar normalen Beziehung zwischen Eltern und Kind ist geradezu eine typische Begleiterscheinung einer solchen späteren Zickenlaufbahn.

Eine wirklich unbeschwerte Kindheit ist dagegen nur möglich, wenn ein Kind von seiner Mutter vorbehaltlos angenommen wird, so wie es ist. (Wobei andere nahe Bezugspersonen durchaus ein

Defizit zu einem guten Teil ausgleichen können.) Von der Qualität der Beziehung zur Mutter hängt auch nicht unmaßgeblich ab, ob das Selbstgefühl des Kindes positiv und stark – oder unsicher und schwach ist.

Eine Menge Mütter konnten leider ihren Kindern keinen sicheren, starken Halt vermitteln. Weil sie sich selbst nicht annehmen konnten. Nichts ist für ein Kind wichtiger, als eine Mutter, die sich selbst lieben kann. Eine solche Mutter begegnet ihrem Kind mit Achtung und Toleranz. Und nur ein solches Kind kann ein gesundes Selbstwertgefühl entwickeln. Haariges Thema, ich weiß, denn es geht dabei auch immer um die richtige Distanz, um den viel gepriesenen Mittelweg zwischen einem Zuviel an Fürsorge – erdrückend und einschränkend – und dem anderen Extrem, der Vernachlässigung.

Aber wenn diese Grundbedürfnisse nach Aufmerksamkeit, Bestätigung, Zuneigung und Versorgung nicht genügend befriedigt werden, dann zieht sich das Kind immer mehr zurück in ein inneres Exil. Nach dem Motto, schon in frühesten Jahren: »Ich brauche niemanden. Ich bin mir selbst das Wichtigste. Ich bin auch viel besser als diese sogenannte Mutter.« Und alles, was die Ablehnung verursacht hat, wird entwertet oder zerstört. Nach dem Motto: »Ich hasse dich dafür, dass du mir das nicht gibst, was mir zusteht. Aber ich brauche dich nicht. Und ich zeige dir meine Bedürfnisse nicht.«

Nur kann so ein kleiner Wurm sich keine Existenzberechtigung selbst geben.

Jedes Kind ist abhängig von positiver Spiegelung durch die Eltern – aber das setzt Erziehungsberechtigte voraus, die sich selbst mögen. Ansonsten können sie nur mangelhaft zum Ausdruck bringen, dass das Kind willkommen und gut ist. Und zwar unabhängig davon, wie es sich entwickelt.

Einige Eltern sind enttäuscht und überfordert durch die Aufsässigkeit des früher so ruhigen und lieben Kindes und versuchen mit Einschüchterung oder sogar Erweckung von Schuldgefühlen die Autonomiebestrebungen und expansiven Tendenzen zu unterdrücken. Dies kann zu Verbitterung, Gereiztheit, Rachewünschen oder totaler Anpassung, Aggressionshemmung und vielleicht später zum Ansatz einer zwangsneurotischen Struktur führen. »Andere Eltern wiederum sind diesem Aufschwung und der überschießenden Initiative des Kindes nicht gewachsen und können ihm dabei weder Grenzen setzen, noch es sinnvoll unterstützen, wodurch es dann die Familie tyrannisiert und gleichzeitig unglücklich ist.« (Stavros Mentzos)[14] Zu den elementaren Bedürfnissen eines kleinen Kindes gehört auch, dass es auf liebevolle Weise lernt, Grenzen zu akzeptieren (ganz schwieriges Thema, ich weiß). Manche Mutter ignoriert aus ihrer eigenen Voreingenommenheit heraus die Stimmungen und Verspannungen ihres Kindes oder versteht sie falsch und kann sie daher nur unzureichend wahrnehmen und befriedigen. Oder sie reagiert völlig übertrieben, mit Panik oder Angst, weil das Kind komisch gepupst hat. Oder sie überschwemmt das Kleine mit negativen Stimmungen (Stichwort: Weltuntergang) oder psychischen Überspanntheit, ohne dass es sich dagegen zur Wehr setzen kann.

Kinder sind blöderweise klug.

Sie lernen schnell, besser die eigenen Bedürfnisse zurückzustellen. Ein Kind spürt, dass die Mutter selbst bedürftig ist, und versucht nun mit allen Mitteln, ihr zu helfen und das allein aus dem Grund, wieder eine Mutter zu haben, die sich um es kümmert. Eine Mutter, die spiegelt, dass ihr Kleines so willkommen ist, wie es ist.

In so einem Fall übernimmt das Kind die Rolle der Mutter. Es entwickelt sogar Schuldgefühle, wenn es ihm nicht gelingt, die Bedürfnisse der Mutter zufriedenzustellen. Und es ist glücklich, wenn es dieses Vorhaben kurzfristig hinbiegt – denn es hat nichts anderes. Tag für Tag.

Die Folge dieser heldenhaften Besessenheit: Es opfert seine eigenen Gefühle und Empfindungen.

Und es beginnt zu spielen. Ein falsches Spiel.

Es lernt, nur wegen der erbrachten Leistung geliebt zu werden (und wir wissen alle, dass das keine Liebe ist – sondern Schulterklopfen). Aber das Kind fühlt sich wichtig, gebraucht, und vor allem: wertvoll! Bingo, erste Lektion fürs Leben gelernt: Wenn dir einer auf die Schulter klopft, dann ist es Liebe. (Wir alle kennen vermutlich einen Haufen Menschen, die nach Anerkennung streben, weil sie wirkliche Liebe vermissen mussten!)

Der scheinbare Vorteil dieser Anerkennung ist, dass sie erarbeitet werden kann. Wenn es schon nicht möglich ist, Liebe als Geschenk zu empfangen, wahrhaftig umsonst – dann lässt sich Liebe beliebig produzieren. Durch Leistung. Ich muss nur viel tun, um geliebt zu werden.

Und perfekt sein. Hundertprozentig.

Und alles abtrennen, abschneiden, was dieser Perfektion im Wege steht. Vor allem: Gefühle.

»Caroline war wirklich extrem ehrgeizig«, bestätigt Stefan. »Vielleicht sogar der verbissen ehrgeizigste Mensch, den ich kenne. Und furchtbare Perfektionistin. Ihr Spruch war immer: Einhundert Prozent ist nicht ausreichend. Sogar bei Parklücken. Sie ist oft noch mal in den Wagen eingestiegen, nachdem ich gefahren bin, und hat das Auto noch mal eingeparkt. Weil ich auf dem weißen Rand gestanden habe, zum Beispiel.

Sie hat auch ständig bis zur Erschöpfung gebüffelt. Erst für das Abitur, dann für ihr Studium – aber sie konnte dabei nie einschätzen, wie ihre Klausuren abgelaufen waren. Und war dann meist mit bei den Besten.

Was sie allerdings nie gefreut hat, oder wenn, dann nur für zwei Sekunden. Auch im Job. Sie hat in dem Unternehmen unentwegt gearbeitet, ständig Überstunden gemacht – aber sie wirkte dabei irgendwie ziellos und vor allem lustlos. Gleichzeitig konnte sie dann ihre Sprüche absetzen, bezüglich Versager. Caroline gab sich nach außen hin freundlich und sozial – aber in Wahrheit, ui ui ui. Das war darwinistisches Denken vom Feinsten. Gefühllose Verachtung von angeblich schwächeren Menschen und der Unterschicht. Und dann zwei Sätze weiter: Totale Panik vor eigenem sozialem Absturz ...« Gruselige Gradlinigkeit: Wurde das Herz eines Kindes gebrochen, sein Gefühlsleben betäubt, geraubt, besteht sein Dasein später darin, eine funktionierende Marionette zu sein. Und zwar auch dann, wenn die Eltern längst nicht mehr anwesend sind.

Das Drama steigert sich noch dahingehend, dass Zicken genau das, was die Eltern ihnen antaten, zukünftig sich selbst antun. Die

Kälte, mit der die Eltern ihnen begegneten, die Missachtung wahrer Bedürfnisse, das Verbergen von echten Gefühlen, werden irgendwann zum erworbenen Bestandteil der Persönlichkeit.

Weil sie nie den Glanz in den Augen der Mutter gesehen haben.

»Möglicherweise ist das zu weit hergeholt«, erinnert sich Stefan, »aber für Caroline war Augenkontakt sogar eine Grundvoraussetzung. Wenn wir zum Beispiel mit Freunden Karten gespielt haben, dann hat sie mich später angeraunzt, dass ich mich darauf konzentriert und sie nicht genügend angeschaut hätte. Oder ein anderes Mal, da bekam ich irgendeine Auszeichnung verliehen. Ich musste nach vorne auf eine Bühne, verbeugte mich vor dem Publikum und ging wieder herunter. Sie war außer sich und tobte, weil ich sie dabei nicht gesondert angesehen hatte.«

Erscheinungsformen
narzisstischer Erlebens- und Verhaltensweisen
(nach Cooper & Ronningstam)

- Fantasien / Sehnsucht nach Besonderheit
- Bedürfnis nach Bewunderung – Neid auf die Errungenschaften anderer bei gleichzeitiger Abwertung
- exhibitionistische Neigungen
- geringe / keine Empathie
- Egozentrizität / forderndes Verhalten
- Don-Juan-Gebaren
- fehlende Kompromissfähigkeit
- selbstsicheres, kritisches Verhalten in der Interaktion, auch in der Therapie
- Entitlement (Anspruchshaltung / im Recht sein)
- Ärger, Wut, Neid
- Stimmungswechsel (depressiv / euphorisch)
- hypochondrische Verhaltensweisen

Vater ist der Beste

Der Gedanke liegt nahe: Ist doch egal, wie die Olle tickt – wir haben schließlich noch den Vater. Und der holt die Kohlen aus dem Feuer!

Leider zeigt sich in den vorliegenden Studien, dass Zickenväter oft selbst schwache, unsichere Persönlichkeiten sind, die allerdings mächtig zu kompensieren verstehen. Anders ausgedrückt: Die mächtig die Backen aufblasen können. Und das war's. Oft sind Zickenväter in der Familie gar nicht richtig vorhanden oder sie sind schlichtweg bedeutungslos. Sie suchen ihre Bestätigung eher außen, im Berufsleben, bei sonstigen Aktivitäten und überlassen die Erziehung weitgehend der Mutter.

Andere Väter kompensieren ihr schwaches Selbstwertgefühl damit, dass sie zum Familientyrannen werden. Sie demonstrieren ihre Stärke mit physischer Kraft, indem sie ihre Kinder also regelmäßig schlagen (das hat denen gut getan) und so zu beherrschen verstehen. Oft – und dies wirkt besonders bei sensiblen Kindern katastrophal – kommt es zu subtilen Entwertungen. (Weshalb es so wichtig ist, dass wir uns selbst in unserer Vaterrolle überprüfen, um nicht neue Zicken durch Unterlassung zu züchten!)

Und weil der Vater nichts taugt, werden halt viele Kinder zum Partnerersatz erkoren. Immer, wenn die Ehe der Eltern scheitert, oder das sogenannte Familienoberhaupt stirbt oder in einem Maße erkrankt, dass es ausfällt, besteht die große Gefahr dieser Beziehungsdramatik. Viele Frauen bleiben auch aus Bequemlichkeit, Angst vor Eigenständigkeit oder materiellen Gründen in Beziehungen, die gescheitert sind. Ihre Kinder – der neue Partnerersatz – lernen schnell, die Probleme der Erwachsenen zu verstehen. Besonders großes Verständnis entwickeln sie für die Sorgen und Nöte der Mutter. Sie sind zuständig für Mütterchens Wohl und sorgen dafür, dass sie mit ihrer Anwesenheit ein wenig Trost in deren Leben bringen. Nicht wenige Mütter, die sich in ihrem Leben nicht glücklich fühlen, genießen diese Aufmerksamkeit und ziehen ihre Töchter schon früh mit hinein in ihre Welt der Sorgen nur um weiter getröstet zu werden. Schon von Kleinkindern! Und das Kind, als Vertraute der Mutter, wird ihr stets das größte Verständnis entgegenbringen, jedoch um den Preis, dass es alle seine eigenen Bedürfnisse unterdrückt. Es darf die Mutter auch nicht kritisieren, da diese sich ja für eine gute, aufopfernde Mutter hält und dafür auch Dankbarkeit erwartet.

Jungs wiederum (die künftigen Zickensklaven) werden als kleine Männer umgepolt. Sie werden von der Mutter besonders dann in ihrem Sinne manipuliert, wenn sie mit ihrem Ehemann nicht klarkommt – der naturgemäß auch der Vater des Jungen ist. Der Papa wird von der Mutter entweder mit Worten oder indirekt durch ihre Haltung herabgesetzt, wobei sie dadurch häufig besonders edel, gütig und fehlerlos in den Augen des Sohnes erscheinen möchte. (Und wir alle kennen den Blick und die Stimme dieser Mütter, wenn sie sich über den Vater erheben ...)

Ein Kind kann das nicht durchschauen. Schlimmer noch: Es fühlt sich aufgewertet und sogar mächtig, nicht mehr wie ein dummes, kleines Kind. Denn es spürt, wie sehr es gebraucht wird.

Hier wird das Selbstwertgefühl in entscheidender Weise geprägt, nach dem Motto: Ich bin nur dann wertvoll, wenn ich mich um die Sorgen und Nöte anderer kümmere. Oft bemerken die Eltern nicht einmal, wie wenig die wahren Bedürfnisse des Kindes befriedigt werden. Vor allem fehlt die gesunde Distanz zwischen Elternteil und Kind. Es wird um die unbeschwerten Teile seiner Kindheit betrogen: Wirklich Kind sein zu dürfen, selbstständig seinen eigenen Kopf durchzusetzen, sich lösen und ein eigenes Leben gestalten zu dürfen.

Insgesamt kann man davon ausgehen, dass sich eine narzisstische Zicke dort entwickeln wird, wo ein sensibles Kind mit Eltern aufwächst, die nicht oder nur ungenügend in der Lage sind, es in seinen eigenen natürlichen Bedürfnissen zu unterstützen. Die Eltern einer Zicke sind im Grunde selbst schwache, unsichere und in ihrem Selbstwertgefühl labile Menschen.

Das Streben nach Macht

Keine (oder nur sehr wenig) wirkliche Liebe erfahren zu haben, macht nicht hart, sondern zuerst einmal: verletzlich.
Außergewöhnlich verletzlich.
Unheilbar verletzlich. Lebenslang.
Die fehlende Liebe der Mutter reißt eine Wunde in die Seele, die nur schwer, sehr schwer, wieder zu schließen ist. Und diese Wunde schmerzt furchtbar. Bei jedem Blick, jeder Begegnung, jeder Niederlage. Und das tagtäglich.
Ein tiefer Schmerz treibt eine Zicke vorwärts, ein Schmerz, der nach außen oft nicht erkennbar ist. Zu sehr hat sie sich in ihr Seelengefängnis zurückgezogen. Alles an ihr (außen) ist hart und kalt, selbst der Blick kann wie aus Eisen sein.
Aber um diesen Mangel auszugleichen, wird sie nach Macht streben, sich immer härter machen, Gefühle ignorieren, abspalten, verleugnen und verdrängen und somit scheinbar unabhängig werden, nach ihrem alten, gelernten Grundsatz: Ich brauche niemanden! Und jede erneute Kränkung drückt in die Wunde hinein und wird als Anschlag auf die Existenz erlebt. Auch sogenannte konstruktive Kritik trifft bis ins Mark (auch Ratschläge sind Schläge) und wirkt wie ein vernichtender Angriff. Denn eine Zicke muss ohne ein gewachsenes Selbstgefühl leben. Weil die innerseelische Welt dieser Frauen so dürftig und leer ist – sie besteht laut Kernberg nur aus dem »grandiosen Selbst, den entwerteten, schattenhaften Imagines vom Ich und von anderen, sowie den potenziellen Verfolgern«[15] – empfinden sie ein intensives Gefühl von Leere und fehlender Authentizität. Wenn eine Zicke auch im Alltags- und Berufsleben durchaus ihre Frau steht, deutlich vernehmbar, und andere Menschen oft sogar bezaubert und bezirzt, so verarmt ihr persönliches Leben doch durch die prinzipielle Abwertung aller Mitmenschen und den Mangel an Neugier ihnen gegenüber. Wodurch die subjektive Erfahrung von Leere nur noch mehr bestärkt wird.
Eine Zicke bleibt deshalb von anderen abhängig (eine gewissermaßen perverse Bindung). Sie braucht deren Bewunderung und

Anerkennung, obwohl sie diese Leute gleichzeitig verachtet. Eine gewissermaßen parasitische Existenz.

Diese Angst vor emotionaler Abhängigkeit (von eben jenen Leuten, die sie verachtet), zusammen mit manipulativer Ausbeutung persönlicher Beziehungen lässt genau diese Freundschaften (wie heißt es dann gleich so schön: beste Freundinnen, für immer!) so glatt, oberflächlich und unbefriedigend werden. Ewig gelangweilt, unentwegt auf der Suche nach Augenblicksintimität, nach emotionalen Reizen ohne Verstrickung und Abhängigkeit, erwischt man viele Zicken so peinlich promiskuitiv. Auf Deutsch: Sie bumsen sich durch die Gegend.

Sex ist übrigens nicht das größte Tabu

Um gleich mit der Tür ins Haus zu fallen (bei näherem Nachdenken überrascht es nicht wirklich): GELD ist für die Deutschen im Gespräch mit Freunden und Kollegen das größte Tabu-Thema. Sex ist (ähnlich wie Arbeit oder Politik) ein beliebtes Small-Talk-Feld, wenn es nicht zu sehr in die Tiefe geht. Zumindest ergab das eine Studie der Comdirect-Bank.

Demnach sprechen gerade einmal vier Prozent der Bevölkerung mit Bekannten über ihre Finanzen. Das eigene Bankkonto ist anscheinend auch bei bestem Willen nicht plauderfähig. Selbst schwierigste Orgasmusprobleme sind eher konsensfähig. Offen über Geld sprechen die Deutschen meist nur mit engen Vertrauten: 97 Prozent kennen demnach in etwa die Höhe des Gehalts ihres Lebenspartners, und bei 90 Prozent genieße der Lebenspartner das höchste Vertrauen bei Finanzfragen. Professionellen Finanzberatern hingegen vertraue nur jeder Zweite (52 Prozent).

> Möglicherweise – das verschweigt besagte Studie – liegen hier eigene Erfahrungen zugrunde.
> Für viele Deutsche hört beim Thema »Geld« der Umfrage zufolge die Freundschaft auf: 30 Prozent der Bevölkerung verleihen grundsätzlich kein Geld, auch nicht an Freunde. 60 Prozent sind bereit, in schwierigen Situationen zu helfen, 84 Prozent davon verknüpfen damit aber konkrete Bedingungen. Diese sind zum Beispiel Arztrechnungen (allerdings keine Schönheitsoperationen) oder die Kosten eines Rechtsstreits.
> Wer Spielschulden begleichen muss, hat hingegen unverändert schlechte Karten.

Die Wunde stillen

Der Teufelskreis besteht für eine Zicke darin, dass die fehlende innere Sicherheit, zu genügen, geliebt zu sein und sich selbst lieben zu können, immer nur von außen kommen soll, um das innere Seelenloch zu stopfen. Von Männern in Restaurants, von Frauen, die sich eifersüchtig abwenden, von Vorgesetzten, die ihr beiläufig über den Scheitel streicheln.

Ihre Seele ist löchrig, wie eine von Mäusen bewohnte Schaumstoffmatratze, und so ist eine Zicke dazu verdammt, diese Krater unentwegt zu füllen: mit Bewunderung, Anerkennung und Liebesbeweisen durch andere. Ohne ständige Zufuhr wird das Reservoir sehr schnell leer. Erfolge können daher nicht wirklich genossen werden, sondern verstärken die ohnehin vorhandene Sehnsucht nach mehr.

Mit einer unglaublichen Energieleistung, bewundernswert beinahe, kämpfen Zicken sich durch Karrieren und Abstürze. Verbissen kämpfen sie auch darum, endlich Macht zu erlangen, Erfolg zu haben, mit dem Ziel, die starke Angst vor Verletzung zu besiegen. Zicken sind häufig dabei äußerst diszipliniert und selbstbeherrscht, um sich vor Demütigungen zu schützen.

Dieses Leben, dieses Streben und Darben, ist ziemlich kräftezehrend und anstrengend, und manchmal möchte man sich fragen, wie sie das eigentlich aushalten.

»Ulrike vermittelte mir immer das Gefühl, dass sie etwas Besonderes sei«, erzählt Georg. »Wie gesagt, sie war tatsächlich sehr schön, sie hatte Manieren und verstand sich auf Konversation. Aber Fakt ist nun mal, dass sie von Sozialhilfe lebte, und dass sie im Grunde noch nie richtig gearbeitet hatte. Angeblich zwar nur zum Übergang, um in der neuen Stadt neu anzufangen, aber sie fing auch in der neuen Stadt als Erstes an, Männer zu suchen, die ihr halfen und alles für sie machten. Ich war ja auch einer von denen. Sie hatte immer und überall irgendwelche Männer, die ihr sofort halfen. Und die ihr natürlich auch ständig schmeichelten, was sie für eine tolle Frau sei, blablabla ... Genau wie ich. Auf dem sogenannten gesellschaftlichen Parkett – und das hieß in ihrem Fall: Gastronomie – da war sie perfekt. Elegant, Dame von Welt. Und während sie wieder mit einem Mann flirtete, sagte sie mir beiläufig solche Sachen, wie: ›Dein Kopf ist so klein. Aber wenigstens hast du ein breites Kreuz.‹

Und ich habe noch gelächelt, weil ich sie so toll fand.

Das ist auch der Grund, warum ich ihr im Grunde bis heute nicht wirklich böse bin – ich bin schließlich selbst schuld. Wie so viele Männer interessiert mich einzig und allein, dass eine Frau gut aussieht. Und wenn sie sogar schön ist, verzeih ich ihr alles.

Aber wie soll Ulrike verstehen, dass sie in einer völligen Traumwelt lebt, wenn sofort der nächste Mann auftaucht und ihr erzählt, dass sie toll, super und absolut in Ordnung sei.

Der Hammer ist ja: Als ich Ulrike kennenlernte, erzählte sie mir sofort, dass sie in einer psychiatrischen Klinik gewesen war. Aber ich fand auch das toll! Ich hatte irgendwelche Klischees im Kopf, von Menschen, die nach einer Therapie weise, klug und über den Dingen stehend seien. So wie in gewissen Büchern und Filmen. Und ich lebte fast ausschließlich in Büchern und Filmen.

Ich wusste damals nicht, dass es Menschen gibt, die nach einem

Aufenthalt in einer psychiatrischen Anstalt genauso bescheuert sind wie vorher. Schlimmer noch: Sie bauen ein gewisses therapeutisches Vokabular in ihren Wortschatz ein, geben sich sogar noch gesellschaftskritisch, aber sie haben nichts gelernt.« Strike. Denn: Die Wunde, nicht um seiner selbst geliebt worden zu sein, ist immer offen, und sie bleibt geöffnet, lebenslang. Genau aus diesem Grund ist bei jeder Zicke eine große Verletzlichkeit zu beobachten hinter der brutalen Abwertung.

Kritik an der eigenen Person wird deshalb kaum ertragen – Zicken fliehen lieber, um sich vor weiteren Verletzungen zu schützen.

Der Mittelpunkt der Welt

Normalerweise gibt es eine fast schon elektromagnetische Spannung zwischen dem Punkt, an dem wir gerade verschnaufen, im Leben und dem, wo wir glauben, längst stehen zu müssen, unserem Ideal.

Eine Reibung zwischen dem Menschen, der wir sind und dem Menschen, der wir gerne sein würden. (Erfolgreicher, wohlhabender, vielleicht auch durchsetzungsfähiger, beliebter, und so weiter.)

Menschen mit sogenanntem positivem Narzissmus wissen, dass sie nicht perfekt sein müssen, dass sie nicht allen überlegen zu sein haben, dass sie auch versagen dürfen – und trotzdem richtig sind. Trotzdem liebenswert sind und eine Aufgabe haben. Bei Menschen mit einer narzisstischen Persönlichkeitsstörung wird dagegen das Selbst aufgeblasen wie ein Luftballon. Das, was sie sind (aus der Hubschrauberperspektive betrachtet) und das, was sie glauben, sein zu müssen, ist verschmolzen zu einem grandiosen Selbst. Sie identifizieren sich in der Fantasie mit dem eigenen Idealbild, um auf diese Weise Unabhängigkeit von der Bewertung durch andere herzustellen. Die negativen Anteile, die nicht ins Ideal passen, werden verdrängt und oft auf andere projiziert (»boah, schau dir mal diese fette Kuh an!«).

Wer einmal eine Zicke in Höchstform erlebt hat, weiß: Die Idealisierung der eigenen Person und der eigenen Fähigkeiten rast nicht selten kilometerweit an der Realität vorbei. Aber sie selbst können diesen Gegensatz schon lange nicht mehr erkennen.

Eine narzisstische Zicke kann sich ohnehin nicht mit jemand anderem identifizieren, ohne ihn als erweiterten Teil ihres Selbst zu sehen. Und ohne die Identität des anderen auszulöschen.

Kann eine normale Frau etwas von einer Zicke lernen?

»Ich arbeite seit einiger Zeit in einem großen Kaufhaus. Davor habe ich alle möglichen anderen Jobs gemacht, aber im Einzelhandel bin ich schon nach wenigen Tagen über den Begriff ›Zicke‹ gestolpert. Welche Kollegin eine Zicke sei und vor welcher ich mich hüten solle. Wie gesagt, davor habe ich isoliert in einem Büro gearbeitet, da wurde über persönliche Dinge nicht gesprochen. Hier, im Verkauf, ging es nach wenigen Tagen schon zur Sache. Ich wollte mich nicht so schnell in ein Lager drängen lassen und habe erst einmal naiv getan und gefragt, was denn so das Kriterium für eine Zicke sei. Die Antwort war dann meist: ›Das wirst du schon noch früh genug merken!‹ Gerade die Männer waren schnell mit ihrem Urteil bei der Sache, und ich habe nachgebohrt. ›Also, was muss denn eine Frau anstellen, damit sie eine Zicke wird?‹ Das könne man so pauschal nicht sagen, war die Antwort der Männer, aber sie spürten das angeblich schon nach wenigen Sätzen, ob eine Frau eine Zicke sei oder nicht. Okay, Männer und Gespür, das war mir total suspekt. Nur: Wenn ich da wieder weiter nachbohrte, dann kriegte ich immer die gleiche Antwort. Und ich fing selbst schon an zu nerven mit meiner Fragerei.

Als es dann wieder von einer Kollegin hieß, die sei auch so eine Zicke, da habe ich mir vorgenommen: So, und die schaust du dir jetzt einmal genauer an, warum die anderen Kollegen mit der nicht klarkommen.

Zu Beginn des Kennenlernens war ich angenehm überrascht. Irina war eine Frau, mit der ich mich sofort super verstanden habe und wir waren nach zwei Tagen die dicksten Freundinnen. Wir verstanden uns blind, hatten ähnliche Interessen und mochten auch die gleiche Mode, wir haben super viel zusammen gelacht und uns alles, selbst die intimsten Dinge erzählt. Okay, von heute aus betrachtet, denke ich, dass das alles ein bisschen zu schnell und zu viel war. Direkt die beste Freundin, von jetzt auf gleich. Irina sagte auch immer, ich sei ihr vom Universum geschickt, weil die anderen sie nur mobben würden und so weiter. Ich war aber selbst total begeistert von Irina und glücklich, in meinem neuen Job so eine tolle Freundin gefunden zu haben. Na ja, bis nach etwa zwei Wochen meine beste Freundin auch einige andere Charakterzüge offenbarte. Sie sprach hinter meinem Rücken in gemeinster Weise über mich, log mir offen ins Gesicht, wobei sie mich ständig anlächelte, war hinterhältig, klaute mir Kunden weg – ich dachte echt, ich bin im falschen Film. Und als ich dann von einem Kollegen hörte, wieso ich mich wundern würde, Irina sei halt eine Zicke, da musste ich zum ersten Mal zustimmen. Die ganzen Beschreibungen von Zicken, die ich gehört hatte, auf einmal wusste ich, was damit gemeint war. Das Wort an sich klingt fast wie ein Schimpfwort, aber auch ich als Frau würde heute sagen, es ist eher die nüchterne Beschreibung einer ganz bestimmten Gruppe von Frauen.

Andererseits habe ich von Irina auch eine Menge gelernt. Zum Beispiel, gestern musste ich zu einem Kunden, wobei ich schon vorher erfahren habe, dass ein Kollege dabei sein wird, der mir tierisch auf die Nerven geht. Nur so

Macho-Sprüche, eklig. Okay, ich habe mich daran erinnert, wie Irina mit solchen Männern umging. Also habe ich mich einfach wie Irina benommen: Total selbstbewusst, total arrogant und hochnäsig bis zum Gehtnichtmehr. Weil das habe ich bei Irina jeden Tag beobachten können. Es hatte mich oft genug selbst geärgert. Okay, also der Termin – extra noch eine schwarze, große Sonnenbrille auf den Kopf, manchmal habe ich sie auch angezogen. Und dann habe ich den Termin hinter mich gebracht. Der Typ hat nicht einen einzigen blöden Spruch gebracht. Unglaublich! Kurz habe ich sogar gedacht: Als Zicke ist das Leben einfacher, vielleicht solltest du das jeden Tag machen. Denn: Das Potenzial zu einer Zicke trage ich anscheinend auch in mir.

Auf jeden Fall fühlte ich mich plötzlich so stark und selbstbewusst, dass ich nach langer Zeit noch mal bei Irina in ihrer Abteilung vorbeiging und mich dann bei ihr bedankt habe. Einfach so, schnell im Vorübergehen. Sie hatte bestimmt von dem gemeinsamen Termin mit dem nervigen Kollegen gehört und sich wahrscheinlich gedacht, ich wäre danach am Boden zerstört. So wie früher. Stattdessen habe ich nur kurz gesagt, wenn sie mal einen Rat bräuchte, wie man mit bescheuerten Männern umgehen müsse, dann solle sie mich fragen. Solche Sprüche aus der Hüfte hatte sie früher bei mir auch immer gebracht. Aber umgekehrt, das wusste ich, kann eine Zicke das überhaupt nicht ertragen. Überhaupt: Wenn du eine Zicke überraschst und verwirrst, ohne dabei bösartig zu sein, und ohne dass sie dann zurückschlagen kann, dann ist sie wie ein kleines Kind. Völlig hilflos!
Irina glotzte mich richtiggehend bescheuert an.

Und in diesem Augenblick konnte ich alle Aggressionen gegen sie und alle Rache-Aktionen in eine Tonne kloppen und hatte wieder meinen inneren Frieden gefunden.«

Es ist das wahre Selbst, das nicht entfaltet werden kann. Vom Seelenpanzer blockiert. Und damit auch: Die Lebensfreude, die nicht frei von innen nach außen strömen kann.

»Die tiefe Verletzung ist im Grunde ein Raub der Gefühle«, so drückt es Hans-Peter Röhr aus.[16]

Ein kompletter Verlust an Liebesfähigkeit. Aber Menschen, die nicht richtig lieben können, sind auch nicht in der Lage, sich richtig zu freuen. Eine Zicke erlebt also das Weltgeschehen, das Auf und Ab, das Hoch und Runter des Lebenskarussells wie unter Narkose, sie sieht, wie andere glücklich sind und spürt immer deutlicher, dass sie von all dem ausgeschlossen ist. Dass sie nicht mithalten kann bei der unerträglichen Leichtigkeit des Seins.

»Aus heiterem Himmel«, erinnert sich Georg, »gab es für und mit Ulrike tiefschwarze Situationen. Plötzlich war alles scheinbar unlösbar und verwickelt. Nur ich habe nicht verstanden, was jetzt wieder los war. Außer, dass sie wieder kurz vor der Trennung stand, das war mehr als eindeutig.« Gerade in der Anwesenheit von fröhlichen Menschen wird eine Zicke sich nicht lange wohlfühlen (und gemeint sind wirklich fröhliche Menschen, keine betrunkenen Karnevalisten, lustige Menschen), es sei denn, sie knallt sich mit Alkohol (gerne hochprozentig) oder kleinen bunten Pillen zu, um die inneren Blockaden zu lockern, um die Zunge wieder in Schwung zu bringen und die Umgebung zu täuschen. Das Tückische ist: Eine Zicke hält ihre hochprozentigen Spirituosengefühle für echt und übersieht völlig, dass andere jetzt nur über sie lachen während sie lallt.

Dabei soll sich schließlich alles um ihre Person drehen, als sei sie der Mittelpunkt der Welt.

Rache ...

Sie muss sich schützen, wieder einmal schützen. Und um das wahre Selbst zu verteidigen, entsteht der Mechanismus der Spaltung – in Schwarz und Weiß. Alles, was das wahre Selbst bedrohen könnte, wird abgewehrt und bekämpft, ist schwarz, falsch, bösartig und schlecht – es wird entwertet. Alles, was das grandiose Selbstgefühl unterstützt, fördert und bestätigt, wird begrüßt und idealisiert. Eine Zicke im Alarmzustand kann sich selbst nicht vollständig wahrnehmen, sie kann aber längst auch andere Personen nicht mehr sehen, wie sie wirklich sind, und daher kann sie diese Menschen nicht wirklich verstehen, auch nicht einordnen, nicht charakterisieren. Stattdessen wird sie jeden Menschen immer nur nach dem einen öden Muster betrachten: Ist der Blödmann dahinten für mich oder gegen mich? Freund oder Feind?

Damit ist ihre Sicht der Dinge und Menschen beschränkt auf bestimmte Anteile der Persönlichkeit, meist nur auf die guten oder nur auf die – von ihr aus gesehen – schlechten.

Und sie wird dementsprechend zurückschlagen (obwohl niemals ein Angriff vorlag). Seit Jahrtausenden beschäftigen sich weise Menschen (nicht unbedingt die Philosophen) mit diesem einen Punkt: Verlieren zu können. Eine Niederlage in Würde zu ertragen. Im Staub zu liegen und nicht an Rache zu denken.

Seit Jahrtausenden sagen weise Menschen, dass der innere Zustand (okay, der spirituelle Reifegrad) eines Menschen daran abzulesen sei, ob er in der Lage ist, verlieren zu können und damit Kränkungen in Gleichmut zu ertragen.

Menschen mit gestörtem Selbstwertgefühl können das auf jeden Fall nicht. Sie fürchten sich geradezu vor Erniedrigungen und sie schlagen blind vor Wut zurück.

»Ich erinnere mich an ein typisches Beispiel«, sagt Georg und nickt. »Wir hatten im Urlaub ein Spielkasino besucht, wie man das halt so macht. Aus Spaß! Aber Ulrike konnte nicht verlieren, auch nicht im Urlaub, nicht aus Spaß – und erst recht nicht, wenn man Geld verliert. Also gab sie am nächsten Tag die Losung aus, dass wir ab sofort kein Frühstück mehr essen würden, wir müssten sparen. Klar, diese Maßnahme traf nur mich.

Und wenn ich aufgemuckt hätte, dann hätte sie all ihre Wut und ihre schlechte Laune in einer Grundsatzdiskussion ausgelassen, warum ich so wenig Geld verdiente ... Und das war ihr Totschlagargument.«

Das grandiose Selbstbild, das viele Zicken deutlich vor sich hertragen und das auf keinen Fall beschädigt werden darf, ist notwendig, um sich vor (vermeintlichen) Angriffen oder Erniedrigungen zu schützen. Zicken wollen unangreifbar erscheinen und haben

Verteidigungsstrategien in der Hinterhand, die das amerikanische Pentagon mit Ehrfurcht erfüllen würde. Weil sie aber unangreifbar sein müssen, können sie andere Menschen nicht wirklich an sich heranlassen und bleiben selbstsüchtig auf die Befriedigung der eigenen Bedürfnisse fixiert, obwohl ein starkes Bedürfnis nach Liebe und Zuneigung vorhanden ist (das manchmal, kurzzeitig, in etwas peinlichen Momenten zutage tritt).

In aller Deutlichkeit gesagt (weil sie auch gerne jammern): Zicken tragen unbewusst selbst dazu bei, dass sich ihr Leid, ihr Elend wiederholt. Und mit jeder Kränkung werden die Seelenpanzer noch dicker geschmiedet. Mit jeder Niederlage werden Gefühle noch stärker abgespalten und das eigene Ego immer weiter aufgeblasen.

Zicken sehen sich als den Mittelpunkt der Welt und spüren nicht, dass ihre Erwartungen an sich selbst und andere völlig unrealistisch und überzogen sind. »So habe ich immer wieder narzisstisch Gestörte zu behandeln«, schreibt Raymond Battegay, »die an diesem Größenselbst, auch wenn sie dadurch in Isolierung geraten und darunter leiden, festhalten, um so keinen neuen Weg gehen zu müssen und sich immer desintegriert fühlen zu können. Sie profitieren von einem sekundären Krankheitsgewinn, der darin besteht, immer die anderen hasserfüllt anklagen zu können, an ihrer mangelnden Selbsterfüllung schuld zu sein.«[17]

Die gefühlte Ablehnung führt also nicht zu einer Verhaltenskorrektur. Eine Zicke wird immer wieder mit denselben ungeeigneten Mitteln versuchen, ihr Leben selbst in die Hand zu nehmen.

Um wieder auf die Schnauze zu fallen. Bösartiger zu werden. Wieder auf die Schnauze zu fallen. Noch bösartiger zu werden ... Letztlich: Einsam und verlassen dahin zu vegetieren. Das ganze Leben wird immer liebloser, wirklichkeitsfremder und hoffnungsloser. Sie lernt bloß immer perfekter, Gefühle abzuschalten, einzufrieren, bis sie zu wirklichen Empfindungen kaum noch in der Lage ist. Eine Zicke kommt nicht heraus aus ihrer Haut.

Der Blumenstrauß ins Büro

Konflikte an sich sind nicht krankhaft, das muss betont werden. Konflikte gehören zu jeder normalen Entwicklung – und auch in jede Partnerschaft. Der Punkt, an dem es krankhaft wird, ist die Versteifung auf ein starres Entweder-Oder. Ohne Ausweg. Ohne Kompromiss.

Und das ist die Gedankenwelt narzisstischer Zicken. Sie erleben ihr berufliches oder sonstiges Umfeld durchsetzt von bedrohlichen Konkurrentinnen. An jeder Ecke. Wortwörtlich hinter jedem Baum. Diese extreme seelische Labilität führt zu ausgeprägter Empfindlichkeit und Kränkbarkeit, durchsetzt mit heftigen feindseligen Tiraden für (scheinbar) erlittene Demütigungen. »Außerdem sind viele Narzissten unfähig, wirklich zu verzeihen und damit oft nachtragend.« (Volker Faust) [18]

»Absolut«, sagt Stefan und schüttelt heftig den Kopf. »Umgekehrt musste ich mich aber ständig entschuldigen. Schon nach wenigen Tagen Partnerschaft wollte sie sogar testen, ob ich in der Lage bin, mich zu entschuldigen. Für totale Lächerlichkeiten wollte sie eine Entschuldigung. Ich war verunsichert, auch weil ich sie noch kaum kannte, und dachte, ›komm, schick ihr einen Blumenstrauß ins Büro, Frauen sind so.‹ Caroline zeigte den Blumenstrauß auch gleich allen Kolleginnen. Das fand sie toll. Die Sache selbst war vergessen.« Das innere Gefängnis (in Wahrheit: ein Zuchthaus) verursacht nämlich nicht nur Gefühle der Leere und Langeweile, sondern auch und vor allem solche der Wut und des Hasses. Kombiniert mit Neid sind dies die dominierenden und alles andere übertünchenden Gefühle einer Zicke. »Keine Wut ist tiefer«, schreibt Raymond Battegay, »keine dauert länger als jene, die narzisstischen Ursprungs ist.« [19] Voller Neid stiert eine Zicke auf andere Menschen, denen es eventuell besser geht. Allein die Zufriedenheit eines anderen Menschen kann zu starken Hass- und Neidgefühlen führen, ohne weiteren Anlass. Selbstverständlich werden diese Gefühle geleugnet, weggelacht, denn Neidischsein würde bedeuten, schwach zu sein. Nicht perfekt. Sondern klein und bedürftig.

Also arbeitet eine Zicke vielmehr daran, das Positive zu zerstören. Sie verbreitet eine negative aggressive Stimmung, regt sich über alles Mögliche auf, versucht die Laune ihrer Mitmenschen herunter zu ziehen, sieht nur negativ, tratscht immer und immer wieder über die Fehler anderer Menschen, um mit den eigenen Gefühlen nicht mehr allein zu sein.

Eine Zicke gibt erst dann Ruhe, wenn ihre zerstörerische Aktion Erfolge zeigt.

Wohlgemerkt: Das Hassobjekt ist oft und bevorzugt der eigene Mann. Oder die beste Freundin. Die liebste Kollegin. Die Aggression gegen den Partner erfolgt, weil Madame Diva an eine Grenzsituation gelangt, in der sie es nicht erträgt, es sie kränkt, dass der andere sich endgültig andersartig als sie erweist. Weil sie sich nicht genügend von ihm abzugrenzen vermag, fühlt sie sich durch ihn bedroht. Wie automatisch erfolgt die Aggression, »weil sie das böse gewordene, früher als gut erlebte Objekt aus der Welt schaffen wollen.« (Raymond Battegay)[20]

Es folgt ein »Komm her – hau ab«-Spiel in tausenden Varianten. Denn der Partner kommt, wie dressiert – und lässt sich vertreiben. Oder er bleibt stehen und lässt sich dafür anschreien. Gleichgültig, was er auch anstellt – es wird falsch sein. Garantiert.

Denn kommt er zu Hilfe, hört er zu, dann wird er als Schwächling verachtet. Oder als Eisblock. Ohne Meinung. Kommentiert er dagegen ihre Aussagen, will er mit ihr reden, ist er ein Schwätzer. Ein Egoist. Aber sie lässt ihn nicht gehen.

Es ist eine Liebe, eine sogenannte Liebe, die jederzeit, innerhalb von wenigen Augenblicken in puren Hass umschlagen kann.

»Mit Ulrike ging das nur so ab«, erzählt Georg. »Vom ersten Tag an. Damals habe ich noch frei erzählt, wie ich das gewohnt war, und ich merkte zwar, dass sie meine Ausführungen zum Kotzen fand, aber sie wurde nur immer stiller. Ich wusste damals noch nicht, was das bedeutet. Wir fuhren damals mit einer gemeinsamen Bekannten zu einer Party. Die Bekannte hieß Sandra und schlief hinten im Auto. Während ich also erzählte, zischte Ulrike mir plötzlich entgegen, Sandras Eltern würden tief enttäuscht sein, über das, was ich gerade gesagt hätte. Es sind Arbeiter, die ihr Leben lang malocht haben. Sandra saß hinten im Auto und schlief. Und ich dachte auf der Stelle angestrengt nach, was ich so Verwerfliches gesagt haben könnte. Doppelt perfide, weil meine Eltern selbst Arbeiter waren – und Ulrike hasste normalerweise solche Menschen ...«

Die Double-Bind-Theorie

Entwickelt wurde diese Theorie ursprünglich von einer Gruppe um den Anthropologen und Kommunikationsforscher Gregory Bateson als Vorstellung zur Entstehung schizophrener Erkrankungen.[21]

Es geht dabei nicht um eine abgehobene Wissenschaftstheorie, sondern um ein Kommunikationsmuster, das bei uns allen im Alltag zu finden ist. Zumindest dann, wenn das gemeinsame Miteinander irgendwie gestört ist.

Sogenanntes »paradoxes Kommunizieren« nämlich als der Auslöser für die kleinen und großen Kriege in der Partnerschaft oder im Beruf.

Okay, worum geht es?

Wer etwas sagt, kann das bekanntlich ausdrücklich formulieren (explizit) oder eben indirekt. Er legt dann eine Bedeutung hinter die Sachebene, die »implizit« enthalten ist, aber nicht direkt ausgesprochen wird. Außerdem kommen bei direkten Begegnungen zwischen Menschen neben den verbalen Anteilen noch nonverbale Kommunikationsaspekte hinzu. Gerade die sogenannten »impliziten Inhalte« werden meistens über die nonverbalen Botschaften übertragen.

So, und der Krieg beginnt meist kurz nachdem sich herausstellt, dass die verbalen (expliziten) und die nonverbalen (impliziten) Nachrichten nicht übereinstimmen.

Der Klassiker ist wohl die altbekannte Frage: »Wie geht's?« Wenn dann nämlich die Antwort: »Sehr gut« in Tonfall und Mimik einen einzigen Widerspruch darstellt. Möglichst noch mit zittriger, unsicherer Stimme und verheulten Augen. Der Fragende weiß nun nicht mehr, welcher Botschaft er Glauben schenken soll. Aber dieser Klassiker ist noch die harmlose Variante. Was Doppelbindungen so gefährlich macht, ist die Beeinflussung der Selbstwahrnehmung, die das Opfer von sich hat. Brutal, im wahrsten Sinne des Wortes, sind beispielsweise die Folgen, wenn ein Kind von klein auf gequält und geschlagen wird und zur Begründung immer wieder hört: Es müsse geschlagen werden, weil es böse sei. Und weil Mutti es gut mit ihm meine ...

Ein Kind, das einer solchen Situation ausgesetzt ist, lernt nur schwer eine stimmige Identität zu entwickeln. Auch bei Erwachsenen schafft die Angst vor Bestrafung, Folter oder Liebesentzug die Bereitschaft, eine bestehende Identität aufzugeben.

Bei gewissen psychotherapeutischen Verfahren wird das sogenannte Double-Bind sogar bewusst verwendet als »paradoxe Intervention«. Einem Patienten, der unter einem Symptom leidet, wird dann empfohlen das als störend empfundene Verhalten sogar noch zu verstärken. Sobald der Patient dies tut, bemerkt er, dass er sein Verhalten zum Teil unter bewusster Kontrolle hat – und das ist ein Fortschritt für ihn.

Auch bei der sogenannten »Gehirnwäsche« wird mit Doppelbindungen gearbeitet. Im maoistischen China, während der Kulturrevolution, wurde zum Beispiel von einem Folteropfer nicht nur eine Anpassung an die vorherrschende Ideologie durch sein Denken und Handeln erwartet, sondern auch die Überzeugung, diese Umwandlung sei freiwillig und in Würde vollzogen worden.

Der Mensch wird also nicht nur gebrochen, sondern man nimmt ihm auch noch den Status als Opfer. Und man will ihm verbieten, den Folterer als Täter wahrzunehmen. Aber auch in einer freien Partnerschaft besteht die Gefahr, sich in den Fallstricken der Doppelbindung zu verstricken. Wenn die Liebste beispielsweise säuselt: »Schatz, ich habe ein neues Rezept ausprobiert. Wie schmeckt es dir?«

Kaum problematisch ist diese Frage, wenn das neue Rezept tatsächlich klasse schmeckt. Dann reicht ein ehrliches, erfreutes: »Super!« Genau so unproblematisch ist die Angelegenheit, wenn es dem Esser ziemlich gleichgültig ist, was er seiner Frau an den Kopf wirft. Dann rotzt er ihr ein schnelles: »Widerlich« entgegen und trollt sich.

Nein, schwierig wird die Sache ausschließlich dann, wenn ein Mann seine Frau liebt, aber der Meinung ist, sie kann nicht kochen. Zumindest nicht dieses neue Rezept. Aber er will sie nicht verletzen. Puh ...

Auf der sogenannten Inhaltsebene, (meint: die sachliche Bewertung der Rezeptur) müsste seine Antwort: »Nein. Schmeckt nicht.« lauten. Auf der Beziehungsebene müsste er: »Ja. Schmeckt gut« sagen, denn er will seine geliebte Frau bekanntlich nicht verletzen. (Und sie wird verletzt sein, davon ist auszugehen.)

Was antwortet also ein klassischer Mann? »Schmeckt interessant.« Worauf seine Frau ihm die Ohren lang zieht, was denn das nun heißen solle. (»Da steht man den ganzen Tag in der Küche, und du sagst: Es schmeckt interessant!«) Und es schließt sich ein weiterer Ehestreit an.

Noch brisanter ist selbstverständlich die verfängliche Frauenfrage: »Schatz, findest du, ich habe zugenommen?« Aber ich erspare mir mögliche Antwortkatastrophen. Auch im Zen-Buddhismus bedient man sich gewisser Doppelbindungsstrategien, um das Ziel der Erleuchtung zu erreichen. Beispielsweise hält der Meister des Klosters seinem Eleven einen Stock über den Kopf und droht: »Wenn du sagst, dieser Stock sei wirklich, werde ich dich damit schlagen. Wenn du sagst, dieser Stock sei nicht wirklich, werde ich dich damit schlagen. Wenn du nichts sagst, werde ich dich damit schlagen.«

Ebenso wie bei den berühmten Zen-Koans – scheinbar widersinnigen Meditationsaufgaben à la: »Wie klingt das Klatschen einer einzelnen Hand?« – geht es weniger um eine Reprise auf einer logischen Ebene. Es gibt sogar mehrere Möglichkeiten zu antworten.

Jedoch ist das Ergebnis immer das Gleiche: Was man auch sagt, es ist falsch.

Der Unterschied zwischen einem schlagenden Zen-Meister und einer brüllenden Zicke besteht allerdings darin, dass der Erleuchtete aus Mitgefühl handelt, um seinem Schüler wesentliche Erkenntnisse über das Leben zu lehren. Während einer Zickengefolgschaft aber verhindert das Double-Bind Erkenntnis und Liebe.

Der blinde Fleck

Eine wiederkehrende, immer wieder beschriebene Zickeneigenschaft ist ihr Heizkraftwerk: Ärger und Wut für einen ganzen Stadtteil hoch zu kochen. Im Minutentakt. Über alles und jedes, über alle und jeden können sie sich aufregen. Im Minutentakt. Zicken sind erst dann zufrieden, wenn sich auch ihre Umgebung ärgert und die Stimmung schlecht ist.

»Oh ja, ihre Wutausbrüche«, sagt Georg und öffnet beide Hände. »Ihre Wutausbrüche zeichneten sich insbesondere dadurch aus, dass dir alle positiven Eigenschaften abgesprochen werden, und zwar wirklich alle, und dir nur noch Übelstes unterstellt wird. Da wird dann nicht mehr differenziert, Blödsinn. Du bist dann im

Ganzen, als kompletter Mensch, ein einziges Stück Dreck.« Diese starken Gefühle sind derart kraftvoll, dass sie sich verselbstständigen. Eine typische Zicke verliert also die Kontrolle über sich selbst, über die Fähigkeit, Wut und Ärger zu steuern, was sie nach der Entladung wieder ärgert, erneut wütend macht, weil es eine Form von Schwäche ist.

»Die Streits wurden derart absurd«, erzählt Georg, »dass wir uns am Ende der Beziehung, nicht mal mehr auf ein Restaurant einigen konnten, wenn wir beschlossen, gemeinsam essen zu gehen.«

Zicken sind dabei unversöhnlich. Einmal gekränkt bedeutet für sie: Lebenslängliche Feindschaft. Und das ist nicht mal eben dahin gesagt. Sondern todernst: Feindschaft! Bis ans Lebensende! Ohne Ausnahme.

Weil, ja nun, weil jemand vielleicht schief geguckt hat. Egal! Todfeind!

Innerlich lassen sie andere Menschen einfach sterben. Aus die Maus. Bis gestern noch Lebenspartner oder zumindest beste Freundin – ab morgen: Totstellreflex. Übergehen, überhören, spalten. Auf jeden Fall begegnen sie ihren Todfeinden (den unzähligen) mit einem distanzierten Verhalten, das sie unnahbar und arrogant wirken lässt. Denn die Welt – wir erinnern uns – besteht in Zickenlogik nur aus Schwarz und Weiß. Aus Komplizen oder Feinden. Für sie oder gegen sie. Alles oder nichts. Und weil sie nur wenig Zuneigung zu sich selbst spüren, fällt es ihnen schwer, großzügig und tolerant mit ihren Mitmenschen umzugehen, Fehler zu verzeihen und Unzulänglichkeiten zu akzeptieren. Zicken suchen und finden die Schwächen ihrer Mitmenschen mit traumwandlerischer Sicherheit und scheuen sich nicht, dieses Wissen radikal für die eigenen Zwecke auszunutzen. Beinahe immer ist eine Zicke eine Frau, die austeilen kann. Ohne zimperlich zu sein. Ihr abwertendes und verletzendes Verhalten schafft Distanz und vermittelt ihr ein Gefühl der Überlegenheit. Aber umgekehrt, nur ein klein wenig Kritik an der eigenen Person – nie und nimmer! Eine Zicke sitzt im Elfenbeinturm, ganz weit oben, und leidet tief im Inneren an ihrer Einsamkeit.

»Tatsächlich ist der Narzisst ein Fachmann für fremde Leistungsgrenzen«, schreibt Volker Faust. »So lassen sich Narzissten mit Vorliebe darüber aus, was die anderen schlecht oder falsch machen, wo ihre Fehler, Defizite und Unzulänglichkeiten liegen, in welch engen Grenzen sie denken oder sich bewegen und was sie alles nicht verstehen oder können.«[22] Eine Zicke schaut also einmal kurz hin – und findet den kleinen Ketchupfleck auf der Lieblingsbluse der Kollegin. Vor der Betriebsfeier. Und deckt diesen vermeintlichen Fauxpas vor der kompletten Belegschaft auf.

»Narzissten haben ein scharfes Auge für die Schwächen der anderen und einen blinden Fleck für ihre eigenen.« (Volker Faust)[23]

»Über dieses Kapitel alleine könnte ich Stunden reden«, steigt nun auch Stefan ein und schüttelt den Kopf. »Caroline war schon sauer, wenn ich auf einer Party mit Freunden über ein Thema sprach, von dem sie nichts verstand. Überhaupt ihre Tobsuchtsanfälle. Legendär: Wir hatten uns den ersten gemeinsamen Schrank gekauft, und beim Aufbauen klappte irgendwas nicht direkt. Da hat sie einen derartigen Anfall bekommen, dass sie aus der Wohnung verschwunden ist. Ich habe das Teil dann in aller Ruhe alleine aufgebaut. Oder: Weil sie in dem Viertel, in dem wir unsere erste Wohnung hatten, abends manchmal nur mühsam einen Parkplatz fand, da ist sie abgedüst und hat bei ihren Eltern übernachtet. Mein Gott, im Nachhinein wird mir klar, dass ihre Ausraster die einzige Konstante sind, die sie schon in der Zeit der Verliebtheit hatte. Ich habe das nur nicht richtig verstanden. Schon nach einer Woche: Wir kamen von einem Kurztrip zurück, und während sie den Wagen fuhr, fragte sie mich nach der Strecke, und ich hatte nicht aufgepasst und wusste nicht genau, wo wir waren. Sie rastete daraufhin aus, als hätte ich ein Kind überfahren! Ich rief sie also abends an, weil ich wissen wollte, was mit ihr los war – und das Einzige, was sie hören wollte, war eine Entschuldigung! Wofür?

Aber ich sag dir was, ich habe mich natürlich entschuldigt, für nix. Um Frieden zu haben. Es war nicht die letzte Entschuldigung, für nix ...«

Weil Zicken erwarten, dass man ihnen grundsätzlich entgegenkommt, und sie sind erstaunt bis erbost, wenn dies nicht geschieht. Oder nicht so, wie sie es erwartet haben.

»Entsprechend sind Patienten mit narzisstischer Persönlichkeitsstörung typischerweise nicht in der Lage, andere Menschen als getrennte Objekte, das heißt als mit einer eigenständigen Bedürfniswelt und mit eigenen Rechten und Ansprüchen ausgestattete Wesen wahrzunehmen«, erklärt Wolfgang Wöller diesen Umstand.[24] Zicken sind dabei nicht nur anspruchsvoll, wie eine Prinzessin auf der Erbse, sondern gleichzeitig synchron, vollständig unsensibel gegenüber den Wünschen und Bedürfnissen anderer Menschen. Ihnen ist gar nicht klar, was sie im Einzelnen verlangen, voraussetzen, durchzudrücken versuchen – und deshalb reagieren sie auch so genervt, wenn man sie darauf anspricht. So aufbrausend, mit einer Art verzweifeltem Hass, wenn man ihnen eine bewusste oder zumindest unabsichtliche, aber immer wiederkehrende Ausnutzung der anderen vorwirft.

Vorsicht ...

Zicken wird es schwer fallen, bei einer erlittenen Kränkung auf Rache zu verzichten. Kränkungen, auch geringfügige, erleben sie als extrem schmerzhaft und als eine Vernichtung der gesamten Persönlichkeit. Das ist keine blumige Metapher, sondern blutiger Ernst: Sie fühlen sich vernichtet. Weil über sie gelacht wurde, beispielsweise, oder getuschelt. Oder geschwiegen.

Denn sie brauchen vor allem und unablässig Bewunderung. Eine Zicke ist geradezu geil nach Bewunderung, gierig nach Lob und Anerkennung. Prinzipiell ausgehungert. Auch wenn sie dafür eine Geschichte erfinden muss, um Zuspruch zu finden.

Nur: Sie begibt sich mit ihrer Sucht nach Bewunderung schon wieder in eine neue Abhängigkeit, die sie doch vermeiden muss, um jeden Preis – nur ja keine Abhängigkeit.

Sie will bekanntlich stark sein, niemals Schwäche zeigen, immer überlegen sein, aber sie ist abhängig von der Bewunderung anderer Menschen.

Abwehrmechanismen im Rahmen einer narzisstischen Persönlichkeitsstörung

PROJEKTION

Der Ausdruck erinnert nicht zufällig an das Prozedere im Kino, wo ein Film an eine gegenüberliegende Wand projiziert wird. Ähnlich arbeitet auch das Unterbewusstsein, wenn Menschen innere Probleme oder Befürchtungen nach außen verlagern.

Das Gemeine dabei ist: Wir alle machen das.

Ein klassisches Beispiel: Schlechte Laune, nach dem Frühstück – und die ganze Welt wirkt irgendwie düster und brutal. Umgekehrt: Wir haben uns verliebt, nach dem Frühstück – und die ganze Welt ist schön und liebreizend.

Somit wird ein Mensch, der seiner Umgebung aus irgendwelchen Gründen misstrauisch gegenübersteht, Misstrauen oft auch in der Umwelt gegen ihn gerichtet sehen. Und zwar hundertprozentig begründet!

Es klingt (anfänglich) provokant, wenn man sagt, dass eine Störung im persönlichen Umfeld, im zwischenmenschlichen Bereich, hauptsächlich in uns selbst begründet liegt. Bei allen Menschen. Manche würden restlos verzweifeln, wenn ihnen klar würde, mit welcher Energie sie ihre inneren Wünsche und Aggressionen auf diese Weise entledigen wollen. Und woher sie in Wahrheit das Wissen über den widerlichen Charakter eines sogenannten Feindes beziehen. (Darin liegt übrigens eine tiefere Bedeutung des Bibelwortes: »Liebet eure Feinde«. Denn nur unsere Feinde zeigen uns, wer wir wirklich sind.)

Mit zunehmender Reife sollte ein Mann gelernt haben, seine Projektionen zurückzunehmen und nach deren Ursachen im eigenen Inneren zu fahnden. (Und das kann dauern ...)

Ohne Achtsamkeit, gewissermaßen eine spirituelle Schulung, nimmt ein Mensch ansonsten seine inneren Vorgänge nur in Lust-, Unlustempfindungen oder in Projektionen wahr. Kleine Kinder zum Beispiel haben gar keine anderen Mittel zur Verfügung, als eben Projektionen, um mit ihren Triebregungen fertig zu werden. Dann ist halt die Mama böse oder gerne auch mal der Löffel oder die blöde Treppenstufe, über die es gefallen ist.

Beim Erwachsenen – besonders tückisch – werden die vom Über-Ich als verboten, gefährlich und schuldhaft eingestuften erotischen, aggressiven Triebregungen in die mitmenschliche Umwelt – also die Leute um einen herum – verlegt. (Prima!) Wir versuchen uns vor dem Über-Ich ein Alibi zu verschaffen und es zu täuschen. Und wenn diese Täuschung dann gelingt – Tusch – dann sind nicht wir schuldig, sondern die Leute um uns herum.

Zicken wiederum sind Meisterinnen darin, ihr Fehlverhalten zu verwischen und ihr hartes Schicksal irgendwelchen äußeren Umständen zuzuschreiben. In Wahrheit ist das die Verlagerung eines gefürchteten, peinlichen oder unangenehmen Triebimpulses auf die Außenwelt, auf eine Person oder einen Gegenstand.

Und nicht nur das. Besagte Triebimpulse werden dort auch noch kritisiert oder gar auf das Heftigste bekämpft – und dabei meint eine Zicke in Wahrheit sich selbst.

SPALTUNG

Ein Vorgang, der bereits im Säuglingsalter beginnt und die Welt in Gutes und Böses teilt. Oder noch extremer: In total gute – und total böse Aspekte des Lebens (ob nun Menschen, Gegenstände, Situationen und so weiter). Ohne Zwischentöne. Zur Vermeidung des Zusammentreffens inkompatibler Inhalte. Dadurch wird zum Beispiel vermieden, dass das Bild einer gütigen, versorgenden, Wärme ausstrahlenden Mutter mit dem Schema einer bösen, strafenden, kalten Hexe in Berührung kommt. Der Vorteil dabei ist: Das zweite Bild kann das erste nicht zerstören. Da diese Extreme aber nicht gleichzeitig nebeneinander her bestehen können, werden zur Erhaltung des inneren Gleichgewichtes entweder die guten oder bösen Repräsentanten projiziert (siehe oben) oder verleugnet. Das heißt: Es gibt keinen Kompromiss, wie bei seelisch gesunden Menschen, es gibt nur einseitige und ewig wechselnde Notlösungen, die natürlich keine seelische Stabilität ermöglichen.

»Folgenschwerer noch ist die Tatsache, dass die Objekte abrupt von der einen in die andere Kategorie verschoben werden«, schreibt Stavros Mentzos. »Man ist immer wieder darüber erstaunt, mit welcher Geschwindigkeit und scheinbaren Unbekümmertheit dieselbe Bezugsperson heute hochgelobt, bewundert und imitiert und morgen verdammt, gehasst und abgelehnt wird.«[25]

Die beiden Magneten

Ob es im Leben wirklich keine Zufälle gibt, ohne jede Ausnahme, das sollte vielleicht an anderer Stelle erörtert werden. Aber bei der Partnerwahl trifft diese These uneingeschränkt zu. Und deshalb sei es noch einmal klar und deutlich gesagt: Es ist kein Zufall, wenn ein Mann auf eine Zicke trifft. Und es ist noch viel weniger ein Zufall, wenn eine Zicke ausgerechnet ihn erwählt. (Spätestens, wenn Du zum dritten Mal in die gleiche Falle tappst, solltest Du Dich von dem undurchdringbaren Geheimnis der Liebe oder anderen Schwulsttiteln verabschieden.)

Aus den vorangegangenen Kapiteln lässt sich vermutlich auch schon erahnen, dass beinahe alle Zicken Partnerschaftsprobleme haben. Denn wer immer nur an seinen eigenen Vorteil denkt, an seine eigenen Bedürfnisse, seinen Profit, mehr bekommen als geben will, darf sich nicht wundern, wenn das Ende vor der Tür steht. So funktioniert nun mal keine Freundschaft, keine Partnerschaft, keine Ehe – zumindest nicht auf Dauer.

»Ich habe mich trotzdem gewundert«, erzählt Frank. »Zu Anfang dachte ich wirklich, Martina sei meine Traumfrau; sie sah gut aus, hatte eine gute Figur, wir hatten sehr guten Sex. Sie war einerseits häuslich, andererseits konnte man aber mit ihr auch um die Häuser ziehen und gut Party machen. Dann war noch der Wunsch nach Familie und Geborgenheit da. Dazu kam, dass meine letzte Freundin vor meiner Exfrau so unfassbar schräg drauf war, dass ich dann quasi, ohne groß zu prüfen, bei der nächsten ins Verderben gelaufen bin.

Und – ganz wichtig: Meine Exfrau hatte mir Dinge erzählt, die ich ihr auch abgenommen habe. Das waren Sachen, wie zum Beispiel: ›Du bist mein Traummann, ich will mit dir eine Familie gründen, ich werde dich nie verlassen, wir gehören zusammen, ich werde dich in allen Lebenslagen mit all meinen Kräften unterstützen, gemeinsam gehen wir durch dick und dünn‹, und so weiter und so weiter ... Das ging damals natürlich runter wie Öl. Sie hatte eine Wohnung von ihren Eltern geschenkt bekommen und war auch recht nett eingerichtet, sodass ich mich ins ›gemachte Nest‹ gesetzt habe, und es war alles einfach zu diesem Zeitpunkt sehr bequem – und mein Verhängnis ...«

Psychotherapeuten sprechen in solchen Fällen weniger von einem Verhängnis, aber auch ihr Fazit einer Zickenfalle klingt nicht gerade anheimelnd. »Narzissten sind auf sich selbst bezogene Menschen«, schreibt Werner Stangl, »die andere vernachlässigen, egoistische und egozentrische Wesensmerkmale zeigen. Der Eigennutz geht ihnen vor Gemeinwohl und wenn sie lieben, dann nur, um selbst geliebt zu werden.«[26]

Volker Faust betont zudem, dass Narzissmus in der Partnerschaft ein meist still erlittenes Drama sei. Selbst in weniger ausgeprägter Form könne er »eine Wunde nach der anderen aufreißen« und vor allem »oft nicht wieder verheilen lassen«.[27]

Nun ist es auch in einer sogenannten normalen Beziehung (lieber verwendet: Partnerschaft) so, dass sich zwei Menschen einander ausliefern. Wir vertrauen uns einem anderen an, und je mehr wir diesen Menschen in unsere Geheimnisse einweihen, ihm (ihr) unsere Seele, unser Herz öffnen, umso verletzlicher werden wir werden. Und das kann (und wird) schmerzen.

Aber so ist das Leben. Wir sind geprägt von unseren Erfahrungen, unseren Gedanken, Wünschen, Ängsten, und dünsten diese Prägung förmlich aus. Mit traumwandlerischer Sicherheit, wie zwei Magneten, finden dann Menschen zueinander, die scheinbar entgegengesetzte Probleme haben. Therapeuten berichten immer wieder davon, dass sie den Partner eines Patienten beschreiben können, ohne ihn (oder sie) jemals gesehen zu haben. Alleine deshalb, weil der Partner mit großer Sicherheit Persönlichkeitsmerkmale aufweisen wird, die dem betreffenden Patienten fehlen. Auf dieses Buch bezogen heißt das: Traut sich ein Mann zum Beispiel nicht, seinen Ärger laut zu äußern – wird seine Partnerin (eine Zicke) dies wahrscheinlich sehr gut bis übertrieben vermögen. Und Männer, die sich nicht durchsetzen können, also viel zu duldsam sind, suchen sich Frauen, die mit Vehemenz ihre Meinung vertreten. Erst mal klingt das ja auch gar nicht schlecht, von wegen: Gegensätze ziehen sich an, Gegensätze ergänzen sich.

Das Problem ist nur, dass besagter Gegenpart besagte Vehemenz auch gnadenlos durchzieht, ohne Rücksicht auf Verluste. Bis es in einem Terror-Regime endet. Und die anfänglich romantische Hoffnung, vielleicht vom durchsetzungsfähigen Partner zu profitieren, kehrt sich ins krasse Gegenteil um.

Deshalb neigen Zicken auch dazu, Beziehungen (gleich welcher Festigkeit) nur dann einzugehen, wenn sie sicher sein können, dass die andere Person nicht querschießt. Also brav bleibt. Also nichts anderes vollbringen wird, als das Selbstwertgefühl der Zicke zu stärken.

Und sei es durch die Rolle als Fußabtreter. Wie Stefan und Georg es im ersten Kapitel beschrieben haben, entlarven Therapeuten immer wieder dasselbe Muster: Die Partner spüren, dass sie eigentlich nicht zueinander passen, aber da ist irgendetwas, das

Nutzen verspricht. Auf der Seite des Mannes das alte Cowboy-Gefühl. einer Frau helfen zu können, und auf der weiblichen Seite die Erleichterung, bei einem unlösbar erscheinenden Problem den richtigen Helfer gefunden zu haben. Diese Nutzen-Rechnung wird von uns meist mit »Liebe« beschrieben.

Heißt: verwechselt.

Dabei richten sich nur die Seelenatome aus.

»Es ist auch typisch, habe ich jetzt gelesen«, sagt Stefan und schüttelt den Kopf, »dass Caroline anfangs noch parallel zu mir einen Freund hatte. Was sie mir aber erst nach drei Wochen gestanden hat. Und ich habe davon nichts bemerkt. Das mit dem anderen sei ohnehin nur eine Wochenendbeziehung, für den Übergang gewesen. Und das hätte der auch gewusst. Blablabla. Der andere ist fast durchgedreht, als ihm von heute auf morgen eröffnet wurde, sie hätte jetzt einen anderen. Ich habe das am Rande mitbekommen, wie der noch um Caroline kämpfen wollte, und ich fand es ein bisschen albern von dem. Es war doch angeblich nur eine Wochenendbeziehung. Caroline hat nicht mal bei dem übernachtet, ist meist noch mitten in der Nacht 300 Kilometer zurückgefahren. Der entscheidende Punkt ist aber: Mir war völlig klar, dass der keine Chance hat, weil ich mehr Status hatte. Damals. Sie hat mich bewundert. Damals. Und als ich später dann auf die gleiche Art und Weise abgeschossen wurde ... da habe ich auf jeden Fall nicht um diese Ehe gekämpft. Nein, ich wusste, wie sie tickt ...«

Zwei Magneten richten sich aus: Eine Zicke fühlt sich also beinahe hypnotisch angezogen von einem Mann, der fähig ist, Gefühle zu zeigen. (So was gibt's doch gar nicht ...) Dieser Mann kann zum Beispiel traurig sein und weinen, etwas, was eine Zicke nur in melodramatischer Theatralik hinkriegt. Aber bei aller Bewunderung sucht sie einen Mann, der früher oder später abhängig ist und der sich klein und unterlegen fühlen wird. Wäre es nicht so traurig, könnte man das Unterbewusstsein für diese geradezu prophetische Gabe rühmen: In die Zukunft schauen zu können. Und zwar beinahe fehlerfrei. Mit traumwandlerischer Sicherheit finden Menschen zueinander, die ihre Kindheitstragödien miteinander inszenieren.

Eine Zicke muss allerdings so handeln. So und nicht anders. Denn hinter ihrer großartigen Fassade ist sie erschreckend klein und verletzlich.

»Heute ist mir das klar, wie berechnend sie vorgegangen ist«, erzählt Andreas, der Hamburger Leidensgenosse, dem die Vielzahl an Lügen seiner Ex-Frau immer noch schwer zu schaffen macht. »Aber mit 24 Jahren, als ich sie kennengelernt habe, hätte ich geschworen, dass Amor persönlich uns beide erkoren hatte. Unter Millionen Menschen. Annegret war damals – angeblich 25. Aber sie hatte sich drei Jahre jünger gemacht, auch eine absurde Geschichte. Wir hatten das gleiche Seminar an der Uni. Sie war sehr hübsch, als Mann guckst du erst mal auf so was. Bei Frauen ist das angeblich anders, sie achten bekanntlich bei Männern auf Humor und so, jaja. Nun denn, sie sah gut aus, war interessant, machte ein bisschen auf geheimnisvoll. Ich bin später auf den Trichter gekommen, dass Frauen so etwas gerne machen, also die Unnahbare, Kühle. Ein Trick, okay, und ich bin drauf reingefallen. Annegret hat sich auch nicht gleich ansprechen lassen, da musste ich schon einiges für tun. Sie hat abgecheckt, ob ich für sie standesgemäß bin, und das war wohl schnell klar. Ich hatte als Student eine eigene Wohnung, Auto, und sie wusste, dass mein Elternhaus nicht unvermögend ist. Also: Freilos. Das Problem am Anfang: Sie konnte immer nur werktags, nie am Wochenende. Viel zu beschäftigt – als Studentin? Nach vier Monaten kam dann raus, sie war noch verheiratet. Ihr damaliger Mann hat im Ruhrgebiet gearbeitet und kam nur am Wochenende. Angeblich wollte sie sich schon lange von ihm trennen, aber man hatte noch die gleiche Wohnung ... Das erste Geheimnis war gelüftet, aber trotzdem blieb der Punkt: Schaffe ich es, diese Frau zu erobern?

Letztlich hat es geklappt – allerdings so gut, dass sie direkt schwanger geworden ist. Nach vier Monaten, die wir zusammen waren. Viel später habe ich durch einen Zufall herausbekommen – sie hat einfach die Pille abgesetzt. Annegret wollte halt ein Kind. Unbedingt.

Ich bin dann mit 25 sehr früh Vater geworden, obwohl ich das gar nicht wollte. Sie wusste von Anfang an, dass ich nicht der Typ bin, der jemanden im Regen stehen lässt.«

Zicken träumen häufig von idealer Partnerschaft (und reden auch gerne unentwegt davon), dabei ist letztlich niemand gut genug. Männer sind bekanntlich Abschaum. Trotzdem investieren Zicken eine Menge Energie in jede neue Eroberung, zumindest am Anfang. Sobald jedoch die Sache in trockenen Tüchern ist, verliert das Gewusel seine Spannung. Also die Sache an sich, die Eroberung, aber auch der Mann. Vorher aber vergöttern sie oftmals den Partner. Zicken projizieren ihre tiefsten idealisierten Bedürfnisse nach Liebe auf den Partner, der diese natürlich nicht erfüllen kann. Bald erfolgt die Ernüchterung, denn diese Partnerschaft (die streng genommen nie eine solche war) wird fade, uninteressant, langweilig und vor allem als Einschränkung der persönlichen Freiheit erlebt. Also muss eine neue Eroberung für neue Bestätigung und neue Reize sorgen. Abenteuer! Stefan nickt: »Zu Beginn, als wir uns kennenlernten, war ich ein toller Mann für sie. Der Größte. Okay, das hielt Caroline nicht davon ab, sich über mich zu ärgern, unentwegt, aber ich war ein Held. Auch weil ich mit ihren Launen zurechtkam. Damals habe ich ja auch noch widerstanden ... Zum Beispiel erinnere ich mich, waren wir auf einer Feier eingeladen, auf die sie nicht wollte. Weil sie keine Menschen ertrug und weil sie wusste, dass da auch andere Frauen waren; der übliche Zickenwahnsinn eben. Sie wollte allerdings auch nicht alleine sein. Ich habe mich nicht erweichen lassen und sie ging murrend mit, aber als wir aus der U-Bahn ausstiegen, blieb sie plötzlich heulend auf der Straße stehen. Die Leute starrten uns an, das war irre. Caroline schrie mich vor allen Leuten an, noch ohne Aggression allerdings, nur verletzt. Aber ich habe ihr in ruhigem Ton klargemacht, dass ich auf diese Party gehen werde, auch wenn sie mich deshalb verlasse. Der einzige Kompromiss wäre, dass ich bereit sei, gemeinsam mit ihr nach einer Stunde wieder zu gehen. Was soll ich sagen, sie ging mit, fing sich selbstverständlich auf der Party, weil da Leute waren. Und später war sie froh, es gemacht zu haben. Das muss ich auch erwähnen, dass Caroline zu Beginn unserer Beziehung noch eine deutliche Ahnung davon hatte, dass sie nicht ganz dicht war, und dass sie mich damals noch dafür geliebt hat, weil ich mit ihr diese Problematik angehen wollte. Und so etwas, wie diese Party war dann scheinbar ein Erfolgserlebnis, jaja ... Die Fallhöhe ist sowieso interessant. Zu Beginn hat sie mich idealisiert, wie ich das noch nie bei einer Frau erlebt habe. Der Sex war natürlich das Großartigste, das sie jemals erlebt hatte, die Beziehung das Tollste! Der Mann gottgleich! Was ich alles wusste, was ich alles erlebt hatte, meine philosophischen und spirituellen Erkenntnisse ... Wirklich nett, von heute aus betrachtet, wo ich für sie ein bemitleidenswerter Versager bin ... menschlicher Abfall ...«

Eine Zicke ist nun mal nicht wirklich an einem anderen Menschen interessiert, sondern lediglich an dem schönen Gefühl der Verliebtheit. Sie will sich sonnen in Bewunderung und Bestätigung, die sie dringend zur Stabilisierung ihres brüchigen Selbstwertgefühls braucht. (Und verliebte Zicken, in all der pathetischen Lautstärke – wer dieses Theater einmal in seiner näheren Umgebung erleben durfte, weiß, das ist für die Umgebung nur äußerst schwer auszuhalten.)

Narzissten bekommen meist mehr als sie geben, so lautet ein immer wiederkehrender Therapeutenspruch. Folglich lassen Zicken auch bevorzugt andere (und das sind fast immer die Partner) um ihre eigenen Probleme kreisen. Was auf Dauer nicht nur eine Zumutung, sondern auch lästig bis belastend ist – und risikoreich.

Denn wenn der andere, der Partner, aus unerfindlichen Gründen, von heute auf morgen keine Lust oder Kraft mehr hat, dann drohen Konsequenzen – von fein dosiert bis massiv (Zickenterror!). Dabei kann eine Zicke ohnehin kaum begreifen, dass man nicht vierundzwanzigstündig ein offenes Ohr für sie hat. Ihr Mangel an Gefühl, Zuwendung und Herzenswärme verbaut einer Zicke die simpelsten Erkenntnisse von Geben und Nehmen, die sonst schon Grundschüler verinnerlicht haben. Wenn aber der männliche Simpel, der Volltrottel, plötzlich sogar (wie von Stefan beschrieben) mit Trennung droht, dann brennen bei ihr alle Sicherungen durch. Fräulein Diva befürchtet eine Verlassenheitsdepression, einen Zustand, den sie auf gar keinen Fall ertragen kann und will. Also versucht sie mit allen (legalen und illegalen) Mitteln, die Beziehung zu retten. Eine Zicke passt sich dann (scheinbar) an, gibt sich zur Abwechslung sogar mal charmant und liebenswürdig, verspricht Besserung. Wenn die Beziehung dadurch aber wieder gekittet wurde, der Kerl wieder eingeordnet ist, dann kehren die alten Ängste zurück, und weiter dreht sich das Karussell des Schreckens.

Als einzige Konstante begleiten während der Berg- und Talfahrt grundlegende Stimmungswechsel (irgendwo zwischen Depressivität und Euphorie; ohne inhaltliche Substanz allerdings) das Schaukeln. Stefan erinnert sich nur zu gut: »Ich dachte wirklich an hormonelle Abläufe bei ihr. Weil es ziemlich regelmäßig immer drei furchtbare Monate und dann wieder drei brauchbare Monate gab. Ich wartete eigentlich immer nur die Zyklen ab.«

Begründet (um es noch einmal zu unterstreichen) in der fehlenden Sicherheit, als Kind wirklich geliebt worden zu sein. Damit fehlt das Fundament, auf dem sich ein Selbstwertgefühl aufbauen könnte. Es fehlt das Wurzelwerk, die Verankerung – und somit führt die geringste Kränkung zu panischen Ängsten.

Es fehlt der Glaube an den eigenen Wert, als Mensch, als Frau, auch wenn alle Menschen lachen oder nur blöde tuscheln. Unabhängig davon, dass eine Zicke nach außen hin einen entgegengesetzten Eindruck vermittelt. Wenn es nämlich darum geht, um den ersten Eindruck, da ist sie grandios, überlegen, steht sie über den Dingen. Und zwar kilometerweit.

Ansonsten: Pustekuchen. Je mehr ein Mensch glaubt, seine Bedeutung beweisen und demonstrieren zu müssen (auch das ist eine alte Therapeutenweisheit), desto sicherer ist, dass hinter der großartigen Fassade jemand zutiefst an seiner wirklichen Liebenswürdigkeit zweifelt. Und dass diese These auch bei den meisten Zicken zutrifft, lässt sich mit zwei weiteren Merkmalen belegen: Zum einen mit ihrer Unfähigkeit, wirkliche Nähe und Intimität zu ertragen, und zum anderen mit ihrer unglaublichen Eifersucht.

»In der Tat«, assistiert Stefan. »Caroline war die personifizierte Eifersucht. Extrem hoch zehn! Prinzipiell, wenn eine schöne Frau im gleichen Raum anwesend war. Es reichte schon, dass diese Frau irgendwo am Ende des Raumes saß. Einmal, bei einer Geburtstagsfeier, hatte ich auch eine ehemalige Freundin eingeladen, eine Schauspielerin, mit einer weiteren Freundin, ebenfalls Schauspielerin. Wir waren gerade erst zusammen, es war unsere erste Party. Caroline hat die beiden einfach angeranzt und verachtet, vom Feinsten. Zur Begrüßung, vor allen Gästen. Ich habe mich dann später bei den beiden entschuldigt. Caroline hatte sich nicht mehr unter Kontrolle. Sie hätte am liebsten den ganzen Abend gesprengt.

Kein Wunder, dass später nie mehr eine schöne Frau auf einer unserer Partys war und dass wir nur noch in Kneipen gingen, wo garantiert keine schöne Frau anwesend war. Außer Caroline! Und sie durfte natürlich hemmungslos flirten ...

Oder ein anderes, typisches Beispiel: Bei einer riesigen Firmenfeier stand eine angetrunkene Frau im Türrahmen und ließ mich nicht passieren. Diese Frau lachte. Ich schob die betrunkene Frau ebenfalls lachend zur Seite. Caroline macht daraufhin eine Riesenszene. Was hätte ich denn tun sollen? Die Frau schlagen?

Das Traurige bei der ganzen Sache ist, wie sehr ich mich durch Carolines Eifersucht habe einengen lassen, immer mehr. Ich beeilte mich bei abendlichen beruflichen Terminen, traf mich ohnehin nicht mehr privat mit Freunden, war möglichst nur noch mit ihr zusammen.

Auch unsere erste Trennung war eine Folge ihrer Eifersucht gewesen. Wir hatten ein Abendessen gegeben und sie hatte – in meiner Wohnung – die Leute rausgeekelt, weil ihr eine Frau auf die Nerven ging und ihr nun angeblich der Rücken wehtat. Mein damaliger bester Freund hatte mich daraufhin am nächsten Tag angesprochen, dass er Carolines Verhalten ziemlich grenzwertig fand. Er sprach mir natürlich aus der Seele. Also redete ich mit Caroline. Ich sagte ihr, dass Albert das auch nicht gut gefunden hatte. Daraufhin packte sie auf der Stelle ihre Sachen und wollte gehen. Für immer! Sie verschwand im Bad. Ich habe nichts gemacht. Damals konnte ich das noch. Es war meine Wohnung, wir hatten getrennte Konten, Berufe und so weiter.

Caroline ist dann auch übrigens nicht für immer verschwunden. Sie kam zwar heulend aus dem Bad, aber bat um eine Lösung. Gut, das war ganz am Anfang. Schon ein Jahr später hätte sie sich diese Blöße nicht mehr gegeben, da hätte sie mich lang gemacht. Aber in diesen Anfangsmonaten sagte sie mir noch, wie toll sie das fände, wie sie von mir behandelt werde. ›Sie könnte das nicht‹, sagte sie anfangs voller Bewunderung ... Genau. Später, als sie sich meiner sicher war, da war sie ohne jede Erklärung bis morgens mit irgendwelchen Männern unterwegs. Angeblich hätte man gemeinsam Sport gemacht und sei danach noch was trinken gegangen. Mit wem? Immer die gleichen: die ›Kennst-du-nicht‹. Ihr Handy war natürlich aus. Und jede Frage diesbezüglich konterte sie cool mit: ›Spionierst du mir etwa nach?‹ Erklärungen gab es sowieso nicht, war ihr alles zu doof. Oder sie rief mich pro forma vom Handy aus an, angeblich von der Straße vor einer Kneipe. Aber man konnte an den Hintergrundgeräuschen hören, sie stand in einem kleinen Zimmer. Keine Autos, kein Wind, keine Menschen.

Und je mehr ich darüber nachdenke, desto mehr merke ich, wie sehr ich tatsächlich erleichtert bin, dass ich dieses Arschloch nicht mehr sehen muss ...«

Therapeuten berichten immer wieder, dass der Narzisst zwar eifersüchtig seinen Partner kontrolliert, zugleich aber nichts dabei findet, fremde Beziehungen einzugehen. »So vermag der Narzisst zwar eine stabile Ehe führen«, schreibt beispielsweise Volker Faust, »die aber nicht selten nur eine soziale Fassade darstellt, hinter der er seine Beziehungsunfähigkeit und damit die Unfähigkeit wirklich zu lieben verbirgt. Und oft genug eine fast schon sehnsüchtige Gier nach emotionaler und nicht zuletzt sexueller Nähe, was ihn aber nicht von realer Untreue, wenn nicht gar Promiskuität (also häufig wechselnden Partnerschaften) abhalten muss. Dabei der eigenartige Widerspruch zwischen extremer Eifersucht mit entsprechenden Kontrollmaßnahmen und dem eigenen Fremdgehen. Beides wiederum aus der bekannten Selbstwertproblematik resultierend, die sowohl Sicherheit und Geborgenheit durch feste Bindung als auch den Reiz der Affäre fordert.«[28]

Der kalte Reiz

»Frauen mit narzisstischer Charakterstruktur«, schreibt Otto Kernberg, »wirken in ihrer herausfordernd kokettierenden und exhibitionistischen Art auf den ersten Blick manchmal etwas hysterisch; man erkennt jedoch bald an ihrem verführerischen Verhalten einen kalt berechnenden Zug, der von der viel gefühlswärmeren, emotional engagierten Pseudohypersexualität hysterischer Frauen wohl zu unterscheiden ist.«[29]

Das klingt nicht unbedingt einladend, aber erstaunlicherweise (oder auch nicht) ist der Sex mit Zicken für viele Männer ein herausragendes Ereignis.

Frank bestätigt diesen Eindruck schon mal: »Am Anfang hatte Sex mit ihr so was Nuttenmäßiges. Martina war als ganze Person aufregend, alleine dass sie – Ende der 1980er Jahre – tätowiert und gepierct war. Aber vor allem wusste sie, wie Männer gerne Sex haben. Okay, es war wie in einem Pornofilm, auch genauso kühl. Professionell eben. Aber geil!

Sie war sich ihrer Wirkung total bewusst. Einmal hat sie mir auch gesagt: Eine Ehefrau muss ihrem Mann sein, wie eine Mutter und wie eine Hure.

Ja, nur relativ schnell war der ganze Sex weg, wie ausgelöscht. Sie hat das nur noch dann und wann gemacht, um mich ruhig zu stellen.«

Georg bestätigt diesen Eindruck von Kühle und Professionalität, aber für ihn war das eher bizarr. »Mittendrin«, erzählt er, »sagte Ulrike plötzlich mit ganz nüchternem Ton: ›Können wir mal langsam aufhören, ich bin schon dreimal gekommen.‹ Nur, ich habe ihr nichts davon geglaubt. Außer, dass sie keinen Bock mehr hatte. Und immer ihr Spruch: ›Erst duschen‹, wenn wir uns küssten, vor dem Sex, mit so einem angeekelten Gesichtsausdruck.

Leidenschaft – Fehlanzeige.

Sex gab es sowieso nur mit Kondom. Es ging ihr um dieses Stück Plastik, das hat sie mir ganz offen gesagt, ihrem sogenannten Partner, sie bräuchte diese Distanz. Und dann wollte sie auch ständig oben sitzen; es war grausam. Küssen konnte sie dabei auch nicht, völlig unbegabt zu einem einzigen Zungenkuss. Und dabei heißt es immer, Männer seien so unsinnlich. Aber ganz ehrlich, der schlechte Sex ist für mich nicht entscheidend gewesen, damit konnte ich leben. Aber die fehlende Nähe, das fand ich schlimm. Und ständig aufpassen zu müssen: Ein falsches Wort, auch ein falsches Kompliment, und die ganze Stimmung war kaputt. Kuscheln oder Zärtlichkeiten wurden von ihr sowieso total abgeblockt. Sie hat mich und meine Versuche dann eher ins Lächerliche gezogen, ich wäre ein Muttersöhnchen oder so ein Mist.

Sie konnte sich auch partout nicht gehen lassen. ›Das könnte schließlich eine Verletzung nach sich ziehen‹ – so was hat sie mir original mal gesagt! Ihrem Mann!« Oftmals allerdings ist gerade distanzierte Sexualität reizvoll. Für Männer und Frauen. Ein spielerischer Umgang mit Rollen und Masken, Fantasien und Sehnsüchten, weil nicht das verschmelzende Element der Liebe im Vordergrund steht. Sondern Bilder im Kopf plastisch werden, Hirnkino dreidimensional entsteht. Oftmals ist es reizvoll, zu schauspielern. All das ist eine besondere Stärke von Zicken, die sich auch sonst darauf verstehen, eine Rolle (oder gleich mehrere Rollen) im Leben zu spielen – und dann eben auch noch im Bett. Und Leistung erbringen können. Weil dann der technische Aspekt einer Sache im Vordergrund steht, also etwas Lernbares, Verbesserbares.

In so einem Fall entwickelt sich das intime Aufeinandertreffen schnell zu ritualisierten Zusammenkünften, die auch einen sadomasochistischen Charakter annehmen können. Entgegen des Klischees ist es für eine Zicke gerade erregend, sexuell eine devote Haltung einzunehmen, was aber niemand jemals erfahren darf. Nur im Bett ist sie bereit, einen Mann als gewaltig und beherrschend anzusehen. (Das Klischee schreibt vor, dass eine kalte Frau auch im Schlafzimmer kalt und beherrschend sein wird. Es ist meist anders. Wenn auch schambehaftet: Kalt ja, aber sie kommandiert nicht.)

Gleich nach dem Akt allerdings kontrolliert sie wieder das Geschehen.

Stefan erinnert sich. »Sie hatte merkwürdige Schmerzen beim Sex. So stark, dass sie nicht mit mir schlafen konnte. Ein Phänomen, das sie bei jedem Mann am Anfang hatte; bei manchen ging es nie mehr weg. Bei uns funktionierte es erst, als ich nicht mehr in ihrem Herzen war, das ist zumindest meine Interpretation. Dazu passt, dass wir immer erst so kleine Vergewaltigungsspiele machen mussten, wo sie laut und deutlich ›nein‹ sagen musste, damit sie Sex haben konnte. Erst wenn ihr Widerstand gebrochen wurde, von einem Mann, dann konnte sie sich in ihr Schicksal ergeben und Spaß am Sex haben.

Aber ich kann auch bestätigen, dass Caroline einen sehr professionellen Eindruck machte. Sie war sogar richtig stolz darauf, dass sie gewisse Sexualpraktiken beherrsche, die nicht jede Frau drauf hätte. Das erzählte sie mir schon am ersten Abend. Es stellte sich auch bald heraus, dass sie eigentlich nur an richtig hartem Sex Interesse hatte, mit Peitsche, Brustklammern und Handschellen. Aber sie hasste Zärtlichkeit.

Dieses ganze Sexspielzeug ist zwar (angeblich) eine Männerfantasie – aber wenn ich ehrlich bin, war es irgendwann doch für mich abturnend, weil es nur noch darum ging. Es war alles immer nur kalt und herzlos. Sie brauchte den körperlichen Schmerz, um Lust empfinden zu können und um ihre Gedanken auszuschalten, um von ihren Gefühlen weg zu kommen. Dann konnte sie auch problemlos zu mehreren Orgasmen kommen. Zu Anfang ihrer Beziehung war Caroline von diesen Fesselspielen so erregt, dass sie kaum noch arbeiten konnte, weil ich ihr Mails schreiben musste, was wir alles tun würden.

Dieser Sadomaso-Sex ist das Einzige, was in den ganzen Jahren zwischen uns funktioniert hat. Bis zum Schluss. Wenn Sex, dann mit Klammern, Gewichten, Peitsche.«

Masochismus ist deswegen rätselhaft, sagen Psychologen, weil er in einem fast skandalösen Gegensatz zum Lust-Unlust-Prinzip steht. Denn wie ist es überhaupt möglich, dass etwas, was schmerzhaft ist, was Unlust bereitet, gleichzeitig auch als lustvoll empfunden wird?

Manche Theoretiker, wie zum Beispiel Wilhelm Reich, versuchen folgende Erklärung: Nicht der Schmerz wird als lustvoll empfunden, sondern er ist die Bedingung dafür, dass Lust empfunden werden kann. Danach ist der Masochismus das notwendig gewordene »Prä-Requisit« der sexuellen Lust, sozusagen der Preis, der gezahlt werden muss, um Lust empfinden zu dürfen. Übrigens – ein Randaspekt – hatten viele Zicken zeitweise eine bisexuelle Affäre mit einer Frau. Es bleibt beinahe immer bei solchen Affären. Besagte Zicken sind nicht lesbisch, weisen das auch weit von sich – spielen aber mit der angeblichen Überlegenheit, auch der größeren sexuellen Attraktivität von Frauen. Das ist auch insofern interessant, weil sich aus einer ursprünglichen Männerfantasie eine Zurschaustellung entwickelt hat, die sich heutzutage sogar in Dorf-Discos findet: Mädchen, die sich gegenseitig provokant in der Öffentlichkeit küssen. Auch, um Kerle scharfzumachen.

Britney Spears und Madonna waren sicherlich nicht die Ersten, aber sie initiierten mit besagter Bühnenknutscherei ein globales Gesprächsthema. Fotomodelle wie Kate Moss posieren gerne lasziv mit Frauen. Katy Perry landete mit Girl-On-Girl-Action sogar den Hit des Jahres (»I kissed a girl«). Auch viele andere Promis, wie Fergie von den Black Eyed Peas, Nelly Furtado oder Drew Barrymore kokettieren seit Neuestem gerne damit, schon mal mit Frauen rumgemacht zu haben. Oder das One-Hit-Wonder Tatu: Zwei pubertierende Mädels, die später bekannten, dass sie ihre Knutschereien nur gespielt hatten und dass ihnen das Ganze mittlerweile ziemlich auf die Nerven gehe.

Die plakative Bekanntmachung: »Ich habe in meiner Vergangenheit schon lesbische Erfahrungen gesammelt« hört anscheinend unter weiblichen Größen des Showbusiness (und damit im Herzen der Zickenwelt) mittlerweile genauso zum guten Ton wie das Geständnis, früher mal mit Drogen experimentiert zu haben. Stefan schmunzelt und sagt: »Auch hierbei ist Caroline voll im Raster. Nach einer unerwarteten, schmerzhaften Trennung hatte sie eine Beziehung zu einer Frau, von der keiner wusste. Die übrigens auch verhaltensgestört war. Beide Zicken reden heute selbstverständlich kein Wort mehr miteinander – wie überhaupt auch alle ihre Ex-Freunde kein Wort mehr mit Caroline wechseln. Der Punkt ist nur: Caroline ist null bisexuell. Sie findet Frauen doof.

Aber sie war mit einer Frau im Bett und hatte eine Beziehung mit ihr.«

Frank bestätigt diesen Eindruck. »Martina war fasziniert von Frauen. Sie sammelte sogar Fotos von Frauen.«

Eine Zicke erzählt

»Ich habe eine Zeit lang in diversen Internetforen Beiträge veröffentlicht. Schon ziemlich exzessiv, also manchmal war ich drei bis vier Stunden täglich nur damit beschäftigt, die Texte zu schreiben. Und wovon handelten die Sachen, mit denen ich so viel Zeit verbrachte? Klar, natürlich ausschließlich von mir selbst.

Einmal habe ich das auch meiner Thera erzählt (ja, ich mache inzwischen eine Psychotherapie), und ich hatte gehofft, sie würde mich dafür loben. Stattdessen hat sie nur ganz nüchtern darüber doziert, dass ich im Internet anonym bleibe – und dass es wichtiger für mich wäre, dass ich mich endlich mal einem lebendigen Menschen gegenüber öffnen würde. Wenn es nach ihr ginge, sollte ich diese Foren-Schreibereien sein lassen, weil mir die Anonymität nur wieder die Möglichkeit bietet abzutauchen.

Ich habe sie reden lassen. Bullshit! Ich erzähle doch nicht einem Kerl oder irgendeiner Tusse, was in mir vorgeht. Welche Überraschung: Meine Welt wird von Oberflächlichkeit und Geld bestimmt. Ja, es stimmt: Ich bin kein nettes Mädchen, aber ich werde bestimmt niemanden hinter die Kulissen schauen lassen. Ich kann nicht – und ich will nicht! Basta!

Es gab eine einzige Freundin, wo ich es kurz überlegt habe. Welche Überraschung: Ich hatte eine Affäre mit ihr. Klar, ich musste ihr schon aus dem Grund hinterhersteigen, weil alle Kerle hinter ihr her waren. Aber ich habe sie geküsst! (Und noch mehr, aber das spielt hier keine Rolle)

Rosi war der einzige Mensch, den ich ertragen konnte. Ich habe sie bewundert! Ihre Familie ist schwer reich und hat mehrere Häuser rund um den Globus. Ihr Bruder ist ein ziemlich hohes Tier in der Plattenindustrie. Warum sie sich mit mir abgegeben hat, weiß ich, ehrlich gesagt, auch nicht so ganz. Na ja, außer: Rosi ist laut, frech und hundertprozentig zickig. Wahrscheinlich hat uns das beide verbunden.

Angeblich ist sie lesbisch, aber ich glaube ihr kein Wort. Ich bin es auch nicht, obwohl wir beide immer wieder im Bett gelandet sind. Aber sie wirkte tatsächlich in mich verliebt.

Ich glaube, sie spürte, dass ich anders als die anderen Menschen bin! Und dass das Leben noch viel mit mir vorhat!

Das Problem ist nur: Durch ihre bescheuerte Verliebtheit wollte sie immer genauer wissen, wer ich in Wirklichkeit bin. Ich hasse das! Ich könnte den ganzen Tag kotzen! Es beginnt mit der typischsten aller typischen Fragen: ›Was denkst du gerade?‹ Was soll man auf so eine Scheiße antworten?

Aber das Ende hat sie damit eingeleitet, als sie anfing mich zu analysieren. Hey, ich bezahle eine Therapeutin dafür, da brauche ich nicht noch irgendwelche Amateure, die in mir rumfummeln wollen. Rosi sprach mit ganz leiser Stimme, ›da sei etwas an mir, dass ihr Angst mache‹. Gleichzeitig würde sie sich total nahe fühlen, fast zu nahe, aber es würde ihr auch Angst machen.

Ich habe natürlich geschwiegen.

Und dann sagte sie diesen bescheuerten Satz, den ich ungelogen schon mindestens zehn Mal irgendwo gelesen habe: ›Augen sind die Fenster der Seele. Und deine Augen sind kalt und leer.‹

Das war der Moment, wo bei mir alle Schotten zugingen. Aus und vorbei. Ich will nicht analysiert werden, auch nicht von einer sogenannten Freundin! Während sie noch da saß und meine Augen betrachtete, schmiss ich sie in Wahrheit aus meinem Leben. Ich plante, wie ich meine Telefonnummer ändern, und dass ich sie nie mehr sehen oder anrufen würde. Die restliche Zeit habe ich keinen Satz mehr gesprochen, bis sie abgedampft ist.

Und genauso ist es geschehen. Es sind Schutzmechanismen, das weiß ich selbst. Aber diese Muster sitzen so tief in mir drin, dass ich mich gar nicht mehr dagegen wehren kann.

Sie springen an, wie automatische Feuermelder.

Ich will Rosi nie mehr wiedersehen – und ich werde Rosi nie mehr wiedersehen.«

Die drohenden Gespenster

Das Lebensmotto einer Zicke lautet nicht nur: »Ich brauche niemanden«, sondern konsequent zu Ende formuliert: »Und ich tue alles, damit dies auch so bleibt!« Im Umgang mit einer Zicke zeigt sich diese Haltung deutlich, weil sie während eines solchen Umgangs nicht wirklich greifbar scheint. Eher über den Dingen stehend (ohne ein philosophischer oder träumerischer Mensch zu sein).

Zicken funktionieren meist recht unauffällig, sind auch begabte Schleimer (nach oben hin), vor allem aber bestrebt, ihre Arbeit perfekt zu verrichten und nur ja keinen Fehler zu machen. Aber wie angedeutet: Im Umgang schwingen sie nicht wirklich mit – sie tun nur so als ob. Sie haben eine Mauer errichtet, die niemand durchbrechen kann.

Übereinstimmendes Credo der meisten interviewten Männer diesbezüglich: Die Mauer muss weg!

Es ist diese Sprachlosigkeit, Gefühlskälte und die unterschwellige beziehungsweise offene Bosheit, die Zicken ihren Männern gegenüber zelebrieren, und die diese am stärksten verletzt. Es existiert zwar ein gemeinsames Zusammenleben, über Jahre, auf engstem Raum, und trotzdem fühlen sich Zicklein und Mönchlein wie auf zwei weit entfernten Planeten stationiert.

Georg bringt diesen Zustand noch deutlicher auf den Punkt: »Wenn ich abends die Mülltonnen rausstelle und mit meinen Nachbarn quatsche, habe ich stärker das Gefühl von einer gemeinsamen Wellenlänge, als wenn ich an die Zeit mit Ulrike denke. Sie wollte aber auch keine Freunde. Sie hatte irgendwann eine 35-Minuten-Freundin im Pendelzug, morgens zur Arbeit. Das fand sie toll. Genau die richtige Länge, die richtige Distanz.« Je enger eine Zicke mit einem Mann zusammenlebt, umso schwieriger ist es, sich wirklich auf sie einzulassen. Die gegenseitigen Kränkungen führen in einen Teufelskreis, der mit immer neuen Schuldzuweisungen pausenlos aufrechterhalten wird.

Eine der Kränkungsgrundlagen ist dabei das Lebensmotto einer Zicke: Ich brauche nichts! Ich brauche niemanden! Etwas von anderen anzunehmen (und das schließt in jedem Fall den Partner mit ein, auch nach zwanzig Jahren Ehe), selbst nur eine Kleinigkeit, würde bedeuten, dankbar sein zu müssen. Und das geht nicht! Hilfsbedürftig zu sein ist in ihren Augen ein Zeichen für Schwäche. Und das geht gar nicht! Sich klein und abhängig zu fühlen ist unerträglich.

Das Tückische daran ist, dass einer Zicke der Ursprung dieser Gedanken und Ängste überhaupt nicht bewusst ist. Sie ist mit aller Kraft und Strategie damit beschäftigt, ihre (vermeintlich) unangreifbare Fassade aufrecht zu erhalten und alle Angriffe abzuwehren, die ihren inneren, sehr verletzlichen Kern erreichen könnten.

Das Tückische (zum Zweiten) ist, dass eine Zicke erst recht am Rad dreht, wenn es nichts zu kämpfen gibt. Im Urlaub beispielsweise, oder am Wochenende, wenn Ruhe einkehrt. Der Horror!

Dann melden sich die Dämonen ihres Unterbewusstseins: Leere und Langeweile. Und die einzige exorzistische Gegenmaßnahme, die den Dämonen Einhalt gebieten könnte (vergeblich, leider) ist: Mega-Extrem-Power-Activity.

Entweder Sport bis zum Umfallen oder Ausgehen bis in den frühen Morgen, Tanzen bis zum Dehydrieren. Oder Saufen. »Sehr früh in unserer Beziehung«, erzählt Stefan, »hat Caroline mir Hobbys diktiert. Es stand zur Auswahl: Reiten oder Segelfliegen. Sie war sehr extrem, wenn es um den höchstmöglichen Radius an Gefahrenkitzel ging. Wenn sie Inline-Skaten ging, dann überholte sie alle anderen und ohne Rücksicht auf mögliche Stürze. Auch wenn Angst im Spiel war – egal. Hauptsache schnell! Skifahren nur mit Speed die Berge runter. Es ging nur um Geschwindigkeit und Adrenalin. Wenn sie joggen ging, dann musste es Marathon sein. Aber dann wollte sie sich auch nicht durch Lappalien wie Winter aufhalten lassen. Es musste auch dann gehen – weil sie laufen wollte. Das musste reichen. Also versuchsweise durch Schnee und Eis und durch völlige Dunkelheit. Und ich Blödmann immer hinten dran ... Später: Tennis. Doppel mit Freunden. Die Idee kam von mir. Aber Carolin musste dann stets mit mir spielen, sonst war sie mies gelaunt. Und wir mussten immer gewinnen, sonst war sie auch mies gelaunt.

Einmal war sie krank, aber wir hatten als Gruppe jeden Freitagabend einen Platz gebucht, mit mehreren Doppelbegegnungen. Sie war tief getroffen und sauer, dass ich es wagte, alleine mit der Gruppe spielen zu gehen.

Eine ähnliche Bedeutung wie Sport hatte bei ihr übrigens Urlaub. Sie musste ständig in Urlaub fahren und auch ständig Urlaub planen. Am besten alle zwei, drei Monate und wenn nur für ein paar Tage. Und genau dieses Muster konnte ich auch bei meinem Nachfolger und bei meinen Vorgängern sehen. Erst mal mit dem neuen Mann in Urlaub ...«

Dabei – sich auf die faule Haut zu legen, einfach mal fünf gerade sein lassen: Unmöglich! Selbst im Urlaub. Nichts tun heißt in Zickensprache: Depression, Niedergeschlagenheit, Verzweiflung. Und führt zu bitteren Tränen – der Wut. Diese Tränen steigen aus den tiefsten Kerkern ihrer Seele empor, »aus einer Quelle, die nicht versiegen will und durch nichts aufzuhalten ist«, so Heinz Peter Röhr.[30]

Stefan erinnert sich: »Caroline konnte in ihren schwarzen Phasen nicht allein sein, unmöglich. Andererseits hasste sie mich dann besonders stark und wollte ansonsten auch keine Menschen sehen. Nicht gerade einfach ... Ich hatte schnell gelernt, in diesen schwierigen Phasen, wenn sie dann tanzen wollte, ausging, sie völlig in

Ruhe zu lassen. Nur ja nicht ansprechen. Wir gingen meist mit einem befreundeten Pärchen aus, und ich hielt mich den ganzen Abend im Hintergrund, kaufte ihr höchstens die Getränke.

Im letzten Jahr unserer Ehe beschleunigten sich die Wechsel der Phasen. Trotzdem hatte ich genauso die Hoffnung, dass auf ein schnelles Tief auch wieder ein schnelles Hoch folgen möge. Dabei waren Hoch und Tief immer an meine Person gekoppelt. Ein Tief in ihrem Leben kam daher, weil ich als Mensch ›tief‹ war und damit ihr Leben belastete. Es ging irgendwann nur noch darum, durch diese Phasen zu kommen. Ich hatte fast schon so etwas wie einen Mondkalender in meinem Kopf, also: Die letzte Phase hat einen Monat gedauert, dann war ein Monat neutral, einen Monat oben, dann wieder runter ...«

Eine Zicke beherrscht in dieser Phase besonders nachdrücklich die Kunst, dem Partner zu signalisieren, wie viele andere Männer sich permanent und bewundernd um sie scharen. Ein kleines Schmankerl dabei ist der beiläufig eingefügte Nebensatz, dass sie ohnehin nur auf einen Besseren warte. Georg nickt. »Sie erzählte mir ständig von Männern, die sie begehrten. Ich konnte es echt nicht mehr hören. Wieder ein Flirt auf der Autobahn, mit total lächerlichen Sportwagen-Fritzen. Von Ulrike natürlich stets lächelnd abgetan, nach dem Motto: So sind sie halt, die Männer, das gehört halt dazu, wenn man eine attraktive Frau ist. Sie hatte selbstverständlich nichts damit zu tun. Sie war selbstverständlich nur völlig zufällig an der gleichen Raststelle abgefahren. Aber wehe, wenn ich das nur einziges Mal getan hätte, was dieser coole Sportwagen-Fredy gemacht hätte. Mit einer anderen Frau ...«

Das alles ist nur noch zu toppen (und leider alltägliche Zickenrealität) von der beiläufigen Spitze, die Stefan nach der Trennung erleben durfte: »Caroline habe jetzt endlich einen richtigen Mann kennengelernt und sie sei sooooo glücklich, überhaupt führe sie jetzt die beste Beziehung ihres Lebens, alles sei sooooo toll und supi, und endlich verstehe sie ein Mann, und der sei auch nicht so ein Loser, wie ich es war ... Das hat sie überall signalisieren lassen. Wobei nicht nur ich, auch die Männer davor – alles Loser. Wobei ... früher, da bin ich ja noch der Traumprinz gewesen ...«

Eine Welt voller Versager

»Der Narzisst«, schreibt Christopher Lasch, »teilt die Gesellschaft in zwei Gruppen ein: die Reichen, Großen und Berühmten auf der einen Seite, die Menge der gewöhnlichen Menschen auf der anderen«.[31] Und Otto Kernberg führt weiter aus: »Narzisstische Patienten sind ständig bemüht, selbst auch zu den Großen, Reichen und Mächtigen zu gehören, und fürchten dauernd, es könne sich herausstellen, dass sie auch nur mittelmäßig sind, was für sie nicht nur ›durchschnittlich‹ im üblichen Sinne heißt, sondern praktisch gleichbedeutend ist mit einer wertlosen und verächtlichen Existenz.«[32]

Zicken wollen und können nicht »durchschnittlich« sein – dabei wirkt ihre rastlose Hektik und vor allem ihre egoistische Art selten beeindruckend.

Menschenekel ist eine Erscheinungsform dieses Strebens nach Überdurchschnittlichkeit und eine andere panische Angst vor Gewöhnlichkeit. Nur: Menschenekel ist ironischerweise selbst schon wieder gewöhnlich, weil das Verächtlichmachen anderer Menschen mittlerweile in weiten Teilen der Bevölkerung verbreitet ist. Allerdings würde ein solcher Einwand, dass Zynismus inzwischen schließlich zum »guten Ton« selbst einer Thekenschlampe aus Recklinghausen gehöre, bei der Zicke reaktionslos verpuffen. Solange sie nur vor sich selbst den Eindruck aufrechterhalten kann, durch Verachtung zu den »Großen, Reichen und Mächtigen« zu gehören – oder aber durch deren radikale Bewunderung.

Zicken verehren ihre erkorenen Helden, kritiklos, um von deren Kraft zu profitieren, um sogar dadurch selbst ein Held zu werden, beinahe schon kannibalistisch – wenden sich aber sofort gegen die angebeteten Idole, wenn diese auch nur kurzzeitig enttäuschen. Zicken bewundern und identifizieren sich mit den sogenannten »Gewinnern«, den »Siegern«, suchen Wärme im Lichtkranz der Scheinwerfer auch und vor allem aus Angst, selbst als Versager etikettiert zu werden.

»Gleichzeitig hatte Caroline aber nichts dagegen«, so Stefan, »ihrerseits andere Menschen durch die Bank als Versager zu bezeichnen«.

Dabei enthält die Bewunderung einer Zicke immer auch ein starkes Element Neid, und diese Mischung schlägt sofort in blanken Hass um, wenn das angebetete Idol irgendetwas veranstaltet, das sie an ihre eigene Bedeutungslosigkeit erinnert. Und dieser Hass ist grenzenlos. (Vor allem auch: grenzenlos gerecht – in ihren Augen.) »Und damit sie auch nur ja nie in die Gefahr geriet, für einen Versager gehalten zu werden«, so Stefan, »musste sie Äußerlichkeiten derart überbetonen. Und zusammengefasst war das: Geld ...«

Eingefasst ist das: eine glänzende Fassade.

Ein glänzendes Äußeres. Strahlend, leuchtend, hell. Von Markenartikeln internationaler Luxusdesigner umrahmt, wie eine kostenlose Werbeplattform. Aber eine Zicke glaubt zu wissen (und wird dieses Wissen auch ungefragt um sich schmeißen), dass das Aussehen eines Menschen alles ist. Nebst Image. Und durch den Besitz von prestigeträchtigen Edelmarken soll sich das Fluidum des Produktes, das Flair der Exklusivität auf die Käuferin übertragen, wodurch sie sich wiederum von den »gewöhnlichen« Menschen abgrenzen kann. Nur so lässt sich auch die für Außenstehende mitunter arg kindische Reaktion verstehen, wenn eine Zicke auf einer Party eine Frau mit einem ähnlichen Outfit entdeckt: Ihr Hass daraufhin, ihre Verzweiflung, ihr Entschluss, die Party auf der Stelle zu verlassen. Sie fühlt sich in diesem Moment nicht mehr einzigartig. Sondern gewöhnlich (und beinahe möchte ich schreiben: sterblich).

Immer wieder erstaunlich ist auch die Plumpheit, mit der sich Zicken an die von ihnen idealisierten Allergrößten heranschmeißen. Wie sie über jeden Helden-Witz lachen, jede noch so beiläufige Helden-Äußerung aufsaugen, als sei der Messias zurückgekehrt und dabei auch Verhaltensweisen bewundern, die sie bei anderen Menschen – den Gewöhnlichen – in Grund und Boden verdammen. Und letztlich zum restlos glücklichen, dankbaren, kleinen Mädchen mutieren, sobald irgendeine Form von Gratifikation in

Aussicht steht. Und wenn es nur ein feuchter Händedruck ist. Nur (wie nicht anders zu vermuten): Diese besinnungslose Idealisierung kennt kein Haltbarkeitsdatum. Kommt es zu einer klitzekleinen Irritation, oder schlimmer noch: Ist keine Gratifikation mehr zu erwarten – dann schrumpfen Helden zu Mikroben, zum Abschuss freigegeben. Die neuen Würmer werden hemmungslos entwertet und verachtet. (Und wehe, jemand wagt zu bemerken, dass vor einigen Tagen noch ganz anders gedacht, gesprochen wurde ... Du lebst sehr, sehr gefährlich!)

An dieser Scheidemarke offenbart sich besonders das rücksichtslose Vorgehen einer Zicke. Sie nimmt für sich das Recht in Anspruch, über andere Menschen nach Belieben zu verfügen, sie zu beherrschen und diese auszunutzen. Schuldgefühle natürlich ausgeschlossen.

Dabei könnte es doch (im Idealfall) so einfach sein, Teil dieser idealisierten Oberschicht zu werden: Einfach nur gute Noten schreiben, fleißig sein, aufpassen und aufsteigen.

Aber interessanterweise vertragen Zicken keine Prüfungssituationen. Weil sie unfähig sind, bei einer miesen Präsentation die möglicherweise zu erwartende Scham oder Demütigung zu ertragen. Und damit ist die eigene Karriere meist schon beendet, bevor sie überhaupt erst hätte beginnen können. »Karriere«, sagt Stefan, »war neben Geld das einzige, für das sich Caroline in der Welt interessierte. Wobei sie davon ausging, dass Karriere und Geld sowieso Hand in Hand gingen. Sie kam zum Beispiel mit blendender Laune nach Hause, wenn sie es geschafft hatte, mit dem Vorstand in der Kantine Mittag zu essen. Und alle anderen in der Firma konnten das sehen! Diese halbe Stunde hatte für sie eine fast schon sakrale Bedeutung. ›Die anderen sind neidisch‹, sagte sie immer, weil ihre Kolleginnen darüber schon mal Witze machten. Der Punkt ist, ich bin mir sicher, dass ihre Kollegen vor allem in Ruhe essen wollten. Denen war das ziemlich piep, ob Caroline schon das dritte Mal mit dem Vorstand zusammensaß. Die haben vermutlich nicht mal hingesehen.

Aber für Caroline gab es nun mal klare, unzerstörbare fest betonierte Vorstellungen von gesellschaftlichem Aufstieg: Haus, Auto,

Wohlstand. Und Status war ihre zweite Haut.«

Zicken sind aber leider nicht nur davon überzeugt, einzigartig zu sein, vor allem erwarten sie (und an diesem Punkt wird es meist richtig schwierig), dass jeglicher Zufallspassant eben diese, ihre Besonderheit, auf der Stelle und mit größtmöglicher Bewunderung teilen müsse.

Und da diese Spontanerkenntnis nur wenigen Menschen zuteilwird (Banausen!), drehen Zicken einfach den Spieß um und sind nunmehr der Meinung, in ihrer Einzigartigkeit nur von solchen Menschen erkannt, verstanden und gewürdigt werden zu können, die ein ähnliches Niveau aufweisen. (Schon mal eine ausufernde Diskussion mit einer Frau über das vermeintliche Niveau einer Person, einer Veranstaltung, einer Stadt geführt? Dieses Wort birgt ungeahnte Definitionswelten.) Aus diesem Grund beschränken Zicken ihren gesellschaftlichen Umgang auch so rigoros, nämlich einzig auf diejenigen Weltenbürger (mit ähnlichem Niveau), die entweder über Ruhm, Ansehen oder Geld verfügen. Und selbstverständlich bestehen sie darauf, jeweils nur von den führenden Experten ihres Faches beraten zu werden – und wenn es sich um den Kauf eines neuen Lippenstiftes handelt. Oder einer Klobürste. Ganz zu schweigen von: Zahnärzten, Rechtsanwälten, Köchen. Ganz wichtig: Friseure! Oder Therapeuten, selbst Automechaniker. Stets und ausnahmslos die Besten ihres Faches, international gesuchte und prämierte Nobelpreisträgeranwärter, deren Terminkalender nur darauf wartet, von einer Vollblutzicke aus Recklinghausen belangt zu werden.

Nur das und der Beste sind gut genug für eine Zicke, und alleine schon der Verdacht, sich mit einer möglicherweise zweitklassigen, minderwertigen Koryphäe eingelassen zu haben, ist ein Grund für einen juristischen Streitfall. »In eine solche Zweitklassigkeit kann man übrigens auch als zuvor hochgelobter Spitzenvertreter seines Faches oder Standes absinken, ja, sich geradezu im freien Fall verlieren, wenn man den narzisstisch Gestörten in irgendeiner Weise enttäuscht, frustriert oder auch nur nicht adäquat behandelt – aus seiner Sicht, wohl gemerkt.« (Volker Faust)[33]

»Bei mir war das so«, erzählt Frank, »dass es relativ schnell damit losging, dass sie mich vor allen Leuten schlecht gemacht hat. ›Ach, der Frank, das ist ein Idiot, aber lieb.‹ Hinter meinem Rücken war sie sogar noch derber.

Beliebt auch ihr Vorwurf: ›Du arbeitest nur noch, du bist nie zuhause!‹

Der Witz ist, nachdem ich mich selbstständig gemacht hatte, war ich zeitlich viel flexibler und gar nicht mehr so viel in der Welt unterwegs – aber der Vorwurf blieb! Du hast nur deine Firma im Kopf.« Auch Georg erinnert sich an den freien Fall, vom Helden seiner Branche zum Klon eines Langzeitstudenten: »Es war ihr einfach nicht ausreichend, was ich tat oder versuchte. Zum einen mein Verdienst, obwohl ich gut verdiente, aber ich war freiberuflich, und so was zählte nicht für sie, das war ja kein richtiger Job. Weil es da keine klaren Hierarchien und Chefs gab. Meine Wohnung war natürlich auch zu klein, und da konnte ich noch so sehr erklären, dass ich ein Junggeselle war und auf der Suche nach einer größeren Wohnung. Als ich von diesen ganzen Angriffen ziemlich down war, hielt ich ihr – und im Nachhinein ist mir das ziemlich peinlich – einen Kontoauszug von meinem Festgeldkonto unter die Nase. Nach dem Motto: ›Sieh dir die Zahlen an, dann siehst du, dass ich ein liebenswürdiger Mensch bin‹. Sie nahm es ruhig zur Kenntnis – aber zum ersten Mal zeigte sie tatsächlich Interesse an meiner Person.

Ganz anders ihr Verhalten, als eine Fernsehreportage lief, in der ich vorkam. Genau in der Zeit, als wir uns kennenlernten. Ich war furchtbar stolz, sah mir das gemeinsam mit ihr an. Sie sagte nichts dazu, starrte schweigend in den Kasten, als müsse sie sich Nachrichten aus Kinshasa ansehen. Nicht mal Höflichkeitsfloskeln, gar nichts ...«

Um ein Missverständnis aus der Welt zu räumen: Zicken sind nicht selten erfolgreich. Viele Zicken arbeiten auch überdurchschnittlich lange und hart, oft auch am Wochenende und am Abend. Kurz: Sie leisten in nicht wenigen Fällen deutlich mehr als andere. Und haben damit auch vermehrt Erfolge. Zicken sind anstrengend, nervig, mitunter unsympathisch, aber noch lange nicht erfolglos. Das macht die Situation natürlich noch komplizierter.

Denn die Jagd nach Erfolg, nach Prestige, Macht, Einfluss, Geld, Besitz, Schönheit und Unsterblichkeit stehen im Zentrum ihres Lebens. In einem Zustand ruhelosen, ewig unbefriedigten Begehrens. Psychoanalytisch gesprochen: »Der Narzisst versucht mit äußeren Objekten, Identifikationen und Symbolen die fehlende Ich-Struktur, das mangelhafte Sich-selbst-sein-Können zu ersetzen. Darin liegt das spezifische Bewältigungsmuster des Narzissmus: das Nach-außen-Gehen, das Ersetzen des Ichs durch Identifikationen, durch Objekte, die als Ich-Repräsentanten dienen. Mit ihnen ist der narzisstische Mensch umgeben wie von einem Wall, der ihm von außen den Halt zum Überleben gibt, ihn aber auch auf eine unnahbare Distanz zu den anderen bringt.« (Friedrich-Wilhelm Deneke)[34]

Aber die Jagd nach Erfolg und Schönheit, nach Macht und Geld steht im Zentrum (fast) der gesamten Menschheit. »Was willst du mir also vorwerfen?«, würde eine Zicke fragen. Wenn sie sich tatsächlich rechtfertigte, in einer diskussionsfähigen Tonlage.

Lieben zu lernen sei hingegen eher so eine Hippie-Attitüde, außerdem ergäbe sich das schon von selbst. Liebe brauche man schließlich nicht zu lernen, das könne jeder. Angeblich. Man müsse nur den richtigen Partner finden, der einem die ewige, die große Liebe schenkt.

»Die Jagd nach Geld«, betont Stefan, »war für Caroline das Wichtigste im Leben, und zwar umso mehr, je mehr sie selbst verdiente. Ihr neuer Mann ist bezeichnenderweise ihr oberster Chef. Zu Anfang ein netter Trottel, den sie um die Finger wickeln konnte, kein richtiger Mann. Es war ihr eher unangenehm, dass so jemand sie attraktiv fand. Typus: Mamas Liebling. Aber gut für die Karriere. Sogar an eine Kollegin wollte sie ihn vermitteln, weil er anscheinend schon ewig keine Freundin hatte. Nun war es aber so, dass sie sich in den Kopf gesetzt hatte, eine Villa zu kaufen, und das war mit mir nicht mehr zu finanzieren. Und da wuchs in ihr wohl der Gedanke: ›Mit dem Chef kann ich das alles haben‹. Innerhalb weniger Tage ist Caroline dann umgeschwenkt – und im Nachhinein war dieser Typ nun plötzlich der Größte, Tollste, Supi. Und ich war der größte Trottel.«

Eine Zicke erzählt:

»Ich glaube, ich kann ganz gut verstecken, was Geld für mich bedeutet. Ich rede also nie über Geld und tue so, als sei es für mich lediglich Mittel zum Zweck. Aber in Wahrheit ist es so, dass Geld für mich schon fast eine heilige Bedeutung hat oder von mir aus auch eine sexuelle Bedeutung – auf jeden Fall ist Geld für mich das absolut Wichtigste im Leben. Wenn ich ehrlich bin: Es ist auch das Einzige in meinem Leben. Nichts bringt meinen Blutdruck so auf Touren, als die Möglichkeit, eine größere Geldsumme zu erhalten. Ich kann wirklich sagen: Ich bin gierig nach Geld! Ohne dass ich genau angeben könnte, wozu ich es brauche. Weil ich es nicht, wie im Klischee, für Klamotten ausgebe. Aber es ist wie ein Zwang: Ich stehe morgens auf und überlege, wie ich an mehr Geld rankommen könnte und ich gehe abends ins Bett, mit dem Vorsatz, morgen irgendwo an noch mehr Geld ranzukommen. Eine Zeit lang hatte ich sogar drei Jobs gleichzeitig, kam gerade mal zum Schlafen nach Hause. Hauptsache: Geld! Dabei mache ich nichts mit dem Geld, ich kaufe keine Aktien oder so was, ich kümmere mich noch nicht einmal um die besten Anlagemöglichkeiten. Es geht mir nur darum, immer mehr Geld zu haben. Okay, es gab Tage, da kam ich mir selbst ein wenig krank vor. Ich konnte nicht schlafen, vor Erschöpfung, nach den drei Jobs, und weil ich nicht schlafen konnte, schlauchten mich die Jobs nur noch mehr. Ich war völlig ausgebrannt, aber die Vorstellung, auch nur einen Job aufzugeben und damit weniger zu verdienen, war so schrecklich, dass ich am nächsten Morgen sofort weiter gemacht habe. Einen Mann kennenzulernen ist unter diesen Umständen natürlich unmöglich. Zudem: Er müsste sehr reich sein. Nicht nur ein oder zwei Millionen. Das ist auch mein einziges Kriterium bei einem Mann. Und ich müsste über sein Geld völlig frei verfügen können.«

Die ungeduldige Patientin

Um mich zu wiederholen: Zicken sind seltenst glücklich. Was sich auch körperlich niederschlägt, wie umgekehrt glückliche, zufriedene Menschen zumeist (nicht immer; wir lieben die Ausnahmen) von einer beneidenswerten Bullenkraft profitieren. Aber wo sollte Glück auch Wurzeln schlagen? Die tiefinneren, die wahren Bedürfnisse eines Menschen werden kaum durch ein Blendwerk, neudeutsch: ein Image befriedigt. Und eine Zicke stellt nur eine mehr oder minder bearbeitete Fassade zur Schau. Von der sie zudem noch abhängig ist. Was sie innerlich letztlich immer wieder nur unsicher verbleiben lässt. Und dahinter gähnt Leere. Und Sinnlosigkeit.

Obwohl Zicken meist jünger wirken, manchmal sogar geradezu kindlich, sind sie anfällig für Wehwehchen, Schmerzchen und Grippchen. Sie beobachten ihren Körper auch mit großer Aufmerksamkeit und Sorge. Denn: So wie alles an einer Zicke einzigartig ist, so ist auch jede kleinste Störung der Gesundheit Grund zu dramatischen Existenzängsten. Mag sie nach außen noch so sehr unverletzlich und stark erscheinen, so ist sie in ihrem tiefsten Inneren von Angst geprägt. Ohne Sicherheit in sich selbst.

Die schlimmsten Themen für eine Zicke sind: Alter, Krankheit und Tod. Da steht sie auch schon mal auf und verlässt wortlos, ohne Entschuldigung, eine Feier. Unfähig, sich dem Leben zu überlassen. Und vor allem: Unwillig, sich die gesundheitlichen Probleme und Fragen ihrer Mitmenschen anzuhören. Gnadenlos unwillig.

Umgekehrt sollte sich allerdings niemand auch nur ansatzweise wagen, nicht zuzuhören, wenn sie ein Schnupfen plagt …

Etliche Experten sind im Übrigen der Meinung, dass Menschen mit narzisstischen Wesenszügen im Allgemeinen und narzisstischen Persönlichkeitsstörungen im Speziellen vermehrt krankheits- und sogar unfallanfällig seien. Dies betreffe vor allem Infekte, aber auch Magen-Darm-Geschichten, Wirbelsäule und Gelenke, Herz und Kreislauf, sowie das große Feld der (Spannungs-)Kopfschmerzen. Selbst bei den unzähligen kleinen Alltagsunfällen sehen sie eine derartige Herleitung. Die Gründe hierfür sind unklar, aber man spricht gerne von stressbedingter Immunschwäche oder dezent psychomotorischer, also einer von der seelischen Situation abhängigen Bewegungs-Unsicherheit.

Pausenloser Ehrgeiz und übersteigerte Ansprüche an sich selbst führen auf jeden Fall häufig zu einem Erschöpfungssyndrom.

Von einer Zicke werden diesbezüglich selbstverständlich nicht die eigenen Anteile gesehen, sondern äußere Ursachen wie das Kantinenessen, das Parfum der Kollegin oder gleich der neue Vorgesetzte verantwortlich gemacht. Ansonsten weit verbreitet sind funktionelle Herzbeschwerden und Sexualstörungen. »Von ihren mysteriösen Schmerzen beim Sex habe ich ja schon gesprochen«, sagt Stefan. »Medizinisch übrigens nicht erklärbar. Und ihre Frauenärztin war völlig auf der falschen Fährte. Sie vermutete, Caroline sei verklemmt und ich ein dummer Macho. Wenn die gewusst hätte, auf was für Sex Caroline abfuhr und dass sie der Macho war …Okay, aber sie hatte daneben auch noch Asthma und merkwürdige Rückenschmerzen.«

Zicken weisen beinahe alle Angst und Panik vor dem Älterwerden auf. Krank und abhängig zu sein löst Horrorvorstellungen aus …Und? Klingelt etwas? Die Massenhysterie in den Medien, wenn es um derlei Themen geht? Aktuell: Albtraum Demenz …

(Mehr über diese Verquickung im nächsten Kapitel.)

»Interessant war für mich außerdem« , so Stefan, »dass ich während unserer Beziehung extreme Kreislaufprobleme hatte, sogar Phobien. Normalerweise wuchsen mir mit einer Freundin Kräfte wie ein Stier – mit Caroline aber wankte ich von Schwindelattacke zu Schwindelattacke. Nach der Trennung war das schlagartig weg und kam seitdem nie mehr.«

Von Frau zu Frau

Das Leiden an und mit Zicken ist übrigens geschlechtsneutral, wie auch deren Kampfstrategien.

Denn Zicken kämpfen außerhalb einer sogenannten Partnerschaft bevorzugt gegen andere Frauen. Mit der gleichen Härte und

Erbarmungslosigkeit wie gegen Kerle. Nora (anderer Ort, andere Zeit, ohne Jungs am Tisch – aber wen stört das in einem Buch) erzählt von einer solchen Entwicklung, also einer ehemaligen Kollegin, die von der besten Freundin zur bevorzugten Feindin degradiert wurde.

»Angelika war hilfsbereit, immer gut gelaunt«, eröffnet Nora den Schlachtenbericht. »So unglaublich gut gelaunt, dass man das schon zwei Straßenzüge vorher hörte, weil sie so laut lachte. Inzwischen weiß ich, dass das alles nur aufgesetzt ist. Aber damals hat mir das gefallen, ich fand das toll. Das symbolisierte so eine Stärke und Selbstbewusstsein, das ich damals nicht hatte.

Es war eine schöne Zeit: Wir haben stundenlang zusammen Kaffee getrunken und stundenlang gequatscht. Ich hätte nur nicht den Fehler machen dürfen, einen neuen Freund kennenzulernen und damit für Angelika zu wenig Zeit zu haben. Sie war daraufhin bis ins Mark getroffen, schlagartig – und hasste mich.

Aus heutiger Sicht ist es mir allerdings auch viel zu anstrengend, wieder mit ihr mehr Kontakt zu haben. Anstrengend heißt: Angelika ist unglaublich auf ihren Vorteil bedacht. Dabei vergisst sie in rasender Geschwindigkeit, was man für sie getan hat – sobald etwas nicht mehr so läuft, wie sie sich gewisse Dinge vorstellt.

Anstrengend heißt auch: Es gibt nur das Beste, Tollste, Größte – oder alles ist Scheiße. Der Kakao, den wir getrunken haben, das war dann entweder der beste Kakao, den sie jemals getrunken hat – oder wir saßen eben in dem schlechtesten Café der Stadt. Heute ist mir auch ihre Psyche klarer und ich könnte nicht mehr so ungezwungen mit ihr reden. Aber näheren Kontakt lässt sie ohnehin nicht mehr zu. Da müsste ich ihr schon so was von in den Arsch kriechen, auf Knien vor ihr um Entschuldigung bitten (wofür eigentlich?) und selbst dann noch nicht. Sie empfängt niemanden mit offenen Armen.

Nachdem ich mit meinem Freund zusammen war und weniger Zeit für Angelika hatte, hat sie mich wie Luft behandelt. Sie hat mich geschnitten und komplett ignoriert. Anfänglich habe ich mich noch um sie bemüht. Das ist schließlich totale Kinderkacke, und ich habe doch nichts gemacht.

Aber das war aussichtslos.

Außerdem hat sie sehr schnell schlecht über mich geredet. Einerseits Lügen in die Welt gesetzt, andererseits – und das verletzt mich noch mehr – hat sie intimste Details herum erzählt, die ich ihr unter dem Siegel der Verschwiegenheit anvertraut habe. Heute kann ich davon ausgehen, dass diese Dinge die komplette Firma weiß.

Das sind so ihre typischen Rache-Aktionen. Schon während unserer Freundschaft habe ich immer gesagt: Das Schlimmste, was mir passieren kann, ist Angelika zur Feindin zu haben. Und von heute aus gesehen muss ich sagen: Es lässt sich eigentlich nicht verhindern. Wer sich mit einer Zicke einlässt, wird unweigerlich zur Feindin. Früher oder später.

Sobald man ihr in die Quere kommt, und sei es noch so banal, dann kippt die ganze Freundschaft. Von jetzt auf gleich. Dann macht Angelika auch nicht davor Halt kleine Kinder anzubrüllen.

An diesem Punkt ist sie wirklich gefährlich. Das macht mir Angst. Grundsätzlich macht sie dabei nie etwas falsch. Niemals! Das sind immer die anderen. Die doof oder bekloppt sind. Ich könnte mich nicht daran erinnern, dass Angelika mal irgendwann gesagt hätte, etwas tue ihr leid – aber ich kann mich an Hunderte Situationen erinnern, wo jemand anders angeblich bescheuert ist. Das ist so ihr Leib-und-Magen-Thema: Die anderen Menschen, und wie krank die alle seien.

Mein Trost ist nur, dass ich sehe, wie das auch mit anderen Leuten in der Firma so geht. Solange man ›schwächer‹ ist als sie, darf man sich auch alles erlauben. Aber wenn man glücklich ist – ich war verliebt und wurde sogar noch schwanger – dann ist alles aus. Beispielsweise hat Angelika eine Freundin, die ist nun wirklich nicht sonderlich attraktiv. Eine total liebe Frau, aber nun mal unattraktiv, sogar mit extremer Akne. Ja, da ist Angelika die beste Freundin, die man sich vorstellen kann. Mit der unternimmt sie unglaublich viel. Klar, im Gegensatz dazu sieht Angelika klasse aus.

Aber das Merkwürdigste, was mir einfällt, wenn ich an Angelika denke, ist übrigens ihre Wohnung. Die sieht aus, wie in einem Katalog. Da gibt es nicht ein einziges Staubkorn. So etwas habe ich noch nie gesehen.«

Die Friedrich-Ebert-Stiftung hat sich kürzlich in einem Seminar mit Ursachen und Formen der gezielten Schikanierung am Arbeitsplatz beschäftigt und speziell Mobbing von Frauen gegen Arbeitskollegen oder Untergebene untersucht. Dabei ergab sich, dass Frauen eher auf indirekte Weise aggressiv vorgehen – in der Durchsetzung aber genauso rücksichtslos wie Männer. Bevorzugte weibliche Mobbing-Methoden sind das Streuen verletzender Gerüchte und Andeutungen hinter dem Rücken der Betroffenen. Oftmals werden Mobbing-Opfer vom firmeninternen Informationsfluss abgeschnitten. Dagegen bedienen sich mobbende Männer eher der offenen Drohung oder bürden den Opfern Strafarbeiten auf. Genauso sind körperliche Übergriffe eher typisch für Männer. Frauen und Männer versuchen allerdings gleichermaßen, sich bei ihren Mobbing-Meucheleien mit willfährigen Arbeitskollegen zu verbünden.

Auch als Opfer reagieren Frauen anders als Männer: Evas zermartern sich nämlich den Kopf über die eigene vermeintliche Schuld an ihrer Situation (abgesehen natürlich von den Zicken) – Adams agieren pragmatischer und suchen die Schuld eher bei anderen. Und wenn Frauen professionelle Hilfe suchen, sind sie in erster Linie auf das stärkende Gespräch, die psychologische Beratung bedacht. Männer dagegen fragen viel schneller nach einem Anwalt und sind auf eine rasche Lösung ihres Problems fixiert.

Aber: Es ist immer die Arbeitsatmosphäre, die Mobbing gedeihen lässt. Und für die tragen die Firmenchefs die Verantwortung.

Mobbing gilt mittlerweile sogar als ein bedeutender Berufs- und Karrierekiller für Frauen. Eine repräsentative Mobbing-Studie für Deutschland, die von der Sozialforschungsstelle Dortmund im Auftrag des Bundesarbeitsministeriums erstellt wurde,[35] ergab, dass 75 Prozent mehr Frauen als Männer im Laufe ihres Berufslebens Opfer von Mobbing werden. Auch in den großen skandinavischen Untersuchungen, die der Begründer der Mobbing-Forschung, Prof. Heinz Leymann, in den 1980er und 1990er Jahren durchführte, waren fast immer zwei Drittel der Mobbing-Opfer Frauen.

Dabei zeigt sich eine überraschende Besonderheit: Frauen schikanieren nämlich vor allem Frauen. Werden die Mobber nach ihrer Geschlechtszugehörigkeit differenziert betrachtet, so zeigt sich, dass deutsche Frauen zu 57,1 Prozent andere Frauen mobben, jedoch nur zu 18,3 Prozent männliche Kollegen. Männer schikanieren zu 81,7 Prozent andere Männer und zu 42,9 Prozent die Frauen. Das bedeutet, dass Männer vor allem von Männern attackiert werden, während die Frauen sich kaum an sie heranwagen. Das Risiko für einen Mann, von einer Frau ins Visier genommen zu werden, ist fünfmal geringer als die Attacke durch einen Mann. Für Frauen ist das Risiko größer, von einer Frau angegriffen zu werden als von einem Mann. Ähnliche Ergebnisse kamen auch in der schwedischen Studie von Leymann ans Tageslicht: Dort griffen Frauen zu 40 Prozent Frauen an und Männer nur zu 3 Prozent.

Aber auch, wenn Zicken nicht zum Äußersten greifen und den Krieg erklären, gestaltet sich der Umgang oftmals äußerst schwierig. Einer Zicke kann auch eine Frau nicht ausweichen, wie Lena erzählt. Sogar, wenn es sich um eine Berufsanfängerin handelt:

»Beate, meine neue Kollegin, hatte schon gleich an ihrem ersten Arbeitstag den ersten großen Auftritt. Meine Kolleginnen erzählen bis heute: ›Wisst ihr noch, wie Beate damals reingerauscht kam, mit ihrem roten Kleid und völlig overdressed?!‹ Mit einem Gehabe, als hätte sie schon eine gigantische Karriere hinter sich und würde hier die Führung übernehmen. Dabei war sie gerade mal Anfang zwanzig und hatte gerade mal Abitur. Aber so war alles an ihr: Ein einziger großer Auftritt.

Sie meinte allerdings tatsächlich, sie wäre der Mittelpunkt des Bankgeschäfts. Mal unter uns, das ist eine internationale Großbank – aber Beate vermittelte pausenlos das Gefühl, ohne sie liefe gar nichts. Dabei konnte sie nix. Und das hat sie anderseits ständig genervt – und raushängen lassen, dass es sie nervt, nämlich: Dass sie bei uns völlig unterfordert wäre. Meilenweit unter ihren Fähigkeiten und Talenten. Der ganze Arbeitsalltag eine einzige Zumutung. Nur – ich wiederhole mich da – kein Mensch wusste, was denn vielleicht ihre Fähigkeiten und Talente gewesen wären, weil sie davon nichts zeigen konnte.

Mit einem Wort: Sie ging uns allen sehr schnell auf die Nerven.

Beate hielt sich für etwas Besseres. Auch wenn sie versuchte ›nett‹ zu spielen, sie hat jedes Verhalten gespielt, dann war das immer von oben herab, obwohl Beate die Jüngste war und fachlich keine Ahnung hatte. Sie war auch nicht die Einzige mit Abitur; es gab keinerlei Grund für ihr überhebliches Getue.

Irgendwann hatte sie sich in den Kopf gesetzt, sie müsse neben der Arbeit noch ein Jura-Studium absolvieren. Weil die Arbeit – die sie bis zum Schluss nicht wirklich überzeugend ableistete – sie angeblich nicht auslastete. Auch hier ist der Punkt: Es gibt in dem Unternehmen immer wieder Mitarbeiter, die noch ein Abendstudium absolvieren. Die machen das alle mehr oder weniger leise, sie lassen nur ab und zu durchsickern, dass das schon eine ziemliche Belastung ist.

Bei Beate hingegen war dieses Studium ein weltbewegendes Thema. Als ob noch niemals ein Mensch vorher sich an so ein Experiment gewagt hätte, und ja, auch kein anderer Mensch auf Erden diese Herausforderung bestehen könnte.

Blöd war nur, dass auch eine Beate offensichtlich unter dieser Doppelbelastung ziemlich einbrach. Von da an wurde es immer schwieriger mit ihr. Völlig normale Arbeitsabläufe wurden von Beate pausenlos hinterfragt und boykottiert. Alles war albern und überflüssig, in ihren Augen. Sie hat die Arbeit letztlich zwar erledigt, aber immer widerwillig, leicht angewidert und pampig. Es war offensichtlich unter ihrer Würde. Mir war das alles zu blöd. Da hast du eine Kollegin, die dich nur von oben herab behandelt und jede deiner fachlichen Anmerkungen mit hasserfüllten Augen abnickt. Oder sie zieht deine Bemerkungen ins Lächerliche, verzieht den Mund, wie ein freches Kind. Und du sitzt da, völlig fassungslos, und fragst dich, wie du mit dieser Frau länger zusammenarbeiten sollst.

Beate hat sowieso keine von uns Frauen ernst genommen. Sie hatte ein prinzipielles Problem Hierarchien anzuerkennen, und Frauen standen in ihrer subjektiven Vorstellung prinzipiell unter ihr. Erst recht, wenn Frauen nur unwesentlich älter waren. Männern gegenüber benahm sie sich etwas lockerer, weil sie die mit ihrem Charme einwickeln konnte. Nur dem Chef gegenüber, der auch dreissig Jahre älter war, konnte sie eine Form von Respekt zeigen.

Während wir Kollegen ansonsten fast schon befreundet sind, uns zumindest weitgehend mögen, war Beate von Anfang an Aussenseiterin. Sie wollte es aber auch nicht anders. Mit einer Ausnahme: Weil sie die Jüngste war, hatte sie oft Kontakt zu den Praktikanten im Haus. Und einige von denen schauten bewundernd zu Beate auf, da ist sie aufgeblüht. Hui, da wurde Beate richtig zuckersüss. Allerdings mussten die auch bei ihrer Bewunderung bleiben und in einer Position der Schwäche. Schwierig war dabei auch im Umgang für mich, dass sie immer nur gespielt hat. Beate war nie sie selbst. Jeden Tag eine andere Rolle, immer eine Maskerade. Aber eine schlechte Maskerade. Und eine drittklassige Schauspielerin. Ihre Paraderolle: Ich bin ja sooo glücklich und zufrieden. Und dabei spürte ich, dass sie mit ihrem Leben unglücklich war, obwohl sie alles hatte. Wenn sie gewusst hätte, wer sie ist und was sie will, dann hätte sie vielleicht sogar wirklich etwas erreichen können. Aber so war es nur anstrengend.

Der entscheidende Umschwung begann damit, dass sich ihr Freund von ihr trennte. Da habe ich sie zum ersten und einzigen Mal kurz weinen gesehen, da war sie auch für einige Augenblicke menschlich. Aber kurz nach dieser Sache hat Beate gekündigt und ist in eine andere Stadt gezogen, um dort nur noch zu studieren.

Wenn ich ehrlich bin, war diese Entscheidung für mich eine riesige Erleichterung. Ich hatte schon lange keine Lust mehr Beate zu sehen, weil sie so anstrengend und dabei vor allem so unberechenbar war. Man wusste nie, was sie sich wieder einfallen lässt, um die Arbeit zu boykottieren. Wenn ihr irgendwas gegen den Strich ging, dann fing sie mit Grundsatzdiskussionen an, anstatt einfach zu arbeiten. Wir hatten aber keine Zeit für dieses Gelaber! Vor allem: Weil immer nur ihre Meinung zählte. Jedes Gegenargument verhallte ungehört. Es war schrecklich. Nachdem sie das Unternehmen verlassen hatte, entdeckte ein Kollege zufällig, dass Beate sich in diversen Internetforen produzierte, in denen sie voller Verachtung über die Bank und die Mitarbeiter herzog. Das war wirklich die Krönung. Aus ihrer Sicht waren wir allesamt Vollidioten und sie war die Einzige, die Ahnung vom Leben hatte. Ein paar Mal fiel dabei auch das Wort Burnout, als Selbstdiagnose. Aber die Art und Weise, wie sie diesen Ausdruck benutzte, lässt mich arg zweifeln, ob sie wirklich weiß, wovon sie redet. Also ich bin davon überzeugt, dass Beate große psychische Probleme hat, aber ich bezweifle, dass sie sich denen wirklich stellt. Ich hatte eher das Gefühl, das ist auch wieder nur so eine Masche von ihr, um sich interessant zu machen und wichtig zu sein. Hey, ich bin Neurotikerin – ihr seid nur Normalos. Auch so eine Art Freifahrschein, um sich ungestraft über andere Menschen zu erheben und sie zu verachten.

Pikant ist, dass sie während der Semesterferien in einem anderen Unternehmen gearbeitet hat – und dort hatte sie nach wenigen Tagen schon die gleichen Probleme wie bei uns. Man hat über sie gelächelt und sie hat sich unmöglich benommen.« Eine 1999 veröffentlichte Studie ergab, dass die Anzahl der Frauen in Führungspositionen, die sich über Mobbing beklagen, wächst. Mobbing unter Frauen gedeiht inzwischen in alle Richtungen: Es gibt sowohl die Chefin, die ihre Mitarbeiterin terrorisiert, als auch die Untergebene, die jede Gelegenheit nutzt, um ihre Vorgesetzte bloßzustellen, und unverändert den Klassiker – die Angestellte, die eine gleichrangige Kollegin schikaniert. Die Folgen für den weiteren Berufsweg für gemobbte Frauen sind allerdings gravierend. In mehr als der Hälfte aller Mobbingfälle (Männer und Frauen) wurde das Mobbing durch Kündigung beendet und bei 14,6 Prozent durch Versetzung. Das bedeutet, dass Mobbing-Opfer in 67,4 Prozent der Fälle ihren Arbeitsplatz verloren haben. Bei dem seit Jahren herrschenden Arbeitsplatzmangel bedeutet dies früher oder später den Absturz in die Arbeitslosigkeit, zumindest aber einen Karriereknick. Wobei wiederum auffällig ist, dass weibliche Betroffene mit über 40 Prozent mehr als doppelt so häufig wie männliche Opfer »freiwillig« ihren Arbeitsplatz im Betrieb wechseln, um dem Terror zu entgehen. Sie wählen auch doppelt so häufig die »freiwillige« Kündigung. (Absurde Formulierung, weil so eine aktive Kündigung in den seltensten Fällen wirklich freiwillig ist. Meist scheint die Abwesenheit von Psychoterror das kleinere Übel zu sein. Die Alternative hieße: seelische Vernichtung.)

Und welche Überraschung: Zicken sind beinahe immer die Gewinner dieses Kampfes.

Denn: Zicken bleiben in der Firma. Und triumphieren.

Sie machen als Letzte das Licht aus.

ÜBUNG
(für den Fall, dass Sie eine Zicke als Kollegin haben)

Die vier »Gesichter« einer Zicke
(und wie man während der Arbeitszeit damit umgeht)

1) Das Opfer-Gesicht

Wie bitte? Eine Zicke – ein Opfer?

Selbstverständlich. Beinahe täglich. Und zwar an allen Fronten und in allen Abteilungen. Und selbstredend ohne eigenes Verschulden. Entweder wird sie als Einzige benachteiligt oder ausgegrenzt, oder andere Kolleginnen sind schrecklich unfair zu ihr. Pausenlos leidet eine Zicke an der vermeintlichen Rücksichtslosigkeit und Selbstsucht ihrer Mitmenschen.

Und wenn man sie dann mal um einen Gefallen bittet, um eine Lappalie, dann wird sie heldenhaft zustimmen (an einem guten Tag). Mit gebrochener Stimme wird sie einflechten, dass sie ohnehin noch etliche Überstunden im Unternehmen abarbeiten müsse, als Einzige, und in dieser Zeit auch noch den besagten Gefallen erledigen werde. Wenn also alle anderen Kolleginnen ihren Feierabend genießen. Oh ja, sie opfert sich auf, für die ganze Welt, will aber selbstverständlich nicht klagen – wie sie jedem klagend erzählt.

Wie geht man damit um?

Jammern, klagen, also theatralisches Selbstmitleid verschafft einer Zicke Lustgewinn. Das Wissen, gebraucht zu werden, gibt ihr das Gefühl, wichtig zu sein. Und sie fühlt sich umso wichtiger, je mehr dringliche Vorgänge sie auf ihrem Schreibtisch auftürmt. Es hilft also überhaupt nicht, einer Zickenkollegin alle Arbeit abzunehmen, im Gegenteil. Hören Sie der Dame lieber kurz zu, wenn sie jammert und klagt, das genießt sie. Und nicken Sie viel, weil die Welt so ungerecht ist. Das braucht eine Zicke. Der Mangel an Arbeit wäre nämlich nur ein weiterer Grund für eine Zicke zu jammern und zu klagen. Sie brauchen übrigens diesbezüglich keine Angst davor zu haben möglicherweise zu übertreiben. Eine Zicke geht völlig auf in ihrem Selbstmitleid und suhlt sich darin.

2) Das Hollywood-Gesicht

Sie gehört ins Show-Business, das sagt jeder. Gut, eigentlich sagt das niemand oder höchstens mal ein gerissener Playboy, der genau weiß, wie er solche Frauen ins Bett quatschen kann. Aber eine Zicke ist im tiefsten Inneren davon überzeugt, dass sie auf die Bühnen der Welt gehört.

All das wäre nicht weiter bemerkenswert, wenn eine Zicke nicht einen Großteil ihrer Arbeitszeit damit zubrächte, das Leben einer Diva zu zelebrieren. Und: je mehr Aufmerksamkeit sie bei ihren Kolleginnen gewinnt, je mehr die sich nämlich über das Getue und Gequatsche aufregen, desto besser fühlt sich eine Zicke. Ob sie den anderen mit ihren Star-Allüren, ihrem Mode-Fimmel und ihren permanenten Sonderwünschen auf die Nerven geht, ist ihr herzlich egal. Hauptsache, sie steht ausdauernd im Mittelpunkt und alles dreht sich um sie.

Wie geht man damit um?

Mit Humor, um sich von dem Stress, den eine Zicke verbreitet, nicht anstecken zu lassen. Es gibt nichts Besseres. Humor nicht im Sinne von Albernheit. Sondern als überlegene Fähigkeit, die konkrete Situation, also den Zickenterror, zu ironisieren, aber dabei nicht überheblich zu wirken. Wir relativieren die Wirklichkeit, weil wir sie von einer anderen Perspektive aus betrachten. Vor allem der britische Humor ist ja für eine solche Grundstimmung der heiteren Gelassenheit auch den widrigsten Umständen gegenüber bekannt. Also das Unvollkommene an sich selbst und den anderen erkennen – aber darauf nicht zynisch, nicht kalt, sondern liebevoll und warmherzig zu reagieren. Lächelnd.

3) Das Richter-Gesicht

Eine Zicke ist die letzte Instanz. Immer und überall. Auch bei Themenfeldern, von denen sie keinerlei Ahnung besitzt.

Im täglichen Arbeitsalltag heißt das, dass eine Zicke, selbst bei der besten Idee, das sprichwörtliche Haar in der Suppe findet. Auch, wenn das niemand von ihr verlangt hat.

Ihre Ansprüche an eine perfekte Arbeit, an ideale Kollegen oder eine reibungslose Zusammenarbeit sind so hoch, dass jeder, der versuchen will, sie zu erfüllen, von vornherein auf verlorenem Posten steht. Selbstverständlich ist das – aus Zickensicht – aufopfernde Gutmütigkeit, wenn sie einer übergewichtigen Kollegin täglich neu deren Kilos vorhält. Wenn sie auch alle anderen Kollegen auf deren Schwachstellen zurückstutzt und ihrer Umgebung die Freude an jeder Art von Unternehmung vermiest.

Wie geht man damit um?

Niemals widersprechen. Es geht dabei nicht um Feigheit oder Hinterhältigkeit, aber einer Zicke während der Arbeit zu widersprechen löst einzig endlose Diskussionen aus. Denn sie würde niemals zugeben, dass sie einen Fehler begangen haben könnte. So etwas machen immer nur die anderen. Und zwar prinzipiell.
Besser: eine Zicke loben, egal wofür. Das macht sie umgänglich. Und dann fragen, ob man nicht trotz zu erwartender Fehler die Unternehmung in Angriff nehmen könnte.

4) Das Trotzkopf-Gesicht

Eine Zicke kann tatsächlich auch mal mehrere Tage einfach nur arbeiten, fast schon umgänglich und nett wirken. Bis, ja, bis eine Kollegin ein Wort sagt, beiläufig, oder einen Anspruch stellt, der einer Zicke sich die Nackenhaare aufrichten lässt. Mit einer Zicke zu diskutieren, hat bekanntlich keinen Zweck. Sie schmollt, verzieht ihr Gesicht und wer ihr eine simple Begründung für ihr Sich-Quer-Stellen entlocken will, redet gegen eine Betonwand.

Wie geht man damit um?

Der Königsweg heißt: Akzeptieren. Und zwar unverzüglich. Ohne Nachfragen. Ihre Verweigerungshaltung hinnehmen, auf etwaige gemeinsame Vorhaben verzichten oder auf Umwegen verwirklichen. Sobald eine Zicke auch nur den harmlosesten Versuch spürt, sie bloß rudimentär umerziehen zu wollen, reagiert sie zunehmend bockiger, bis hin zur völligen Katastrophe.

Der nette Schleicher

Was macht eigentlich die ganze Zeit der Partner unserer Göttin?
Er schleicht.
Ein Zickensklave tastet sich möglichst leise durch die Wohnung, um seine Partnerin nicht zu einem Tobsuchtsanfall zu animieren. Er ist auch immer pünktlich zuhause. Und wenn er doch einmal länger bei einer Besprechung aushalten muss, dann ruft er pausenlos an, entschuldigt sich vielmals und versucht, mit Geschenken, die unvermeidliche Bestrafungsaktion zu umgehen. Selbstverständlich schauen sie gemeinsam nur noch die Filme, die seine Zickenkönigin sehen will. Falls es doch einmal dazu kommt, dass sie beide einen Streifen auswählen, den er bevorzugt – dann langweilt eine Zicke sich demonstrativ, tuschelt unentwegt und lässt nicht locker, bis beide vorzeitig aus dem Kino gehen. Dabei fordert sie unentwegt, er solle seine Meinung artikulieren, denn Ja-Sager fände sie grauenhaft. Wenn eine Zicke sich mit Nachbarn oder Freunden aus nichtigen Anlässen überwirft, dann muss ihr Gatte ihre Position verteidigen – »sonst liebst du mich nicht« – und er tut es. Er trifft sich ohnehin nicht mehr mit seinen Freunden, macht auch keinen Sport mehr. Weil sie das als Zeitverschwendung ansieht.
Außerhalb der Partnerschaft ist der Zickensklave beliebt, umschwärmt, gilt als durchsetzungsfähig und stark. Innerlich fühlt er sich leer.
Frank nickt. »Leider«, sagt er. »Jetzt ist mir das klar, aber damals habe ich das nicht verstanden. Ich spürte nur, dass wir fast nie so was wie einen gemeinsamen Alltag hatten. Kinder, Hochzeit, Umzüge, Hunde, Pferde, ständig Leute im Haus, wenn möglich Partys. Auch Weihnachten, zu Besuch bei den Eltern. Dort ging es ihr nur darum, die Kinder abzugeben und abzuhauen. Sie wollte nicht mal mit ihren Eltern essen oder reden. Ich war total erledigt, nach 600 Kilometer Autobahnfahrt.
Vordergründig sagte Martina total nett: ›Bleib doch da‹. Also alleine bei den Schwiegereltern, die mich ablehnten. Natürlich bin

ich dann mit ihr auf die Piste gegangen und vor Erschöpfung fast eingeschlafen.

Sie war immer unglücklich. Auch das ist mir inzwischen klar. Okay, sie ist es heute noch. Latent unzufrieden mit ihrem Leben. Und ganz entscheidend, finde ich von heute aus betrachtet: Sie hat noch nie in ihrem Leben gearbeitet – glaubt aber alles zu wissen. Sie war immer nur Hausfrau und Mutter. Ich will das nicht abwerten – aber sie kann nicht nachvollziehen, wie das ist im Berufsleben. In der letzten Stadt, wo wir wohnten, waren die Kinder im Kindergarten und in der Schule. Bis 16 Uhr. Und sie hat sich gelangweilt. Also hat sie sich – haben wir uns: Hunde angeschafft, zwei Stück. Als ich meinen Job verloren habe – war sie immer in Bewegung. Es hatte nur nichts mit mir zu tun. Zudem: Sie hatte unentwegt Leute zu Besuch. Immer Einladungen. Ich kam nie zur Ruhe, auch nie Gespräche unter vier Augen.

Und buff war Martina wieder schwanger. Die beiden Kinder sind 20 Monate auseinander.«

Und während er schleicht und flüstert, der Zickengespiele, kann es sein, dass seine Ehe-Zicke mit großem Hallo anrauscht, grundlos, nicht liebevoll, nur dramatisch, und von einer begeisterten Jubel-Armada begrüßt werden möchte – und dann rasch erstaunt bis frustriert, wenn nicht gar wütend oder bösartig reagiert, wenn das einmal nicht zu ihrer Zufriedenheit ausgeht.

Auch wird sie – häufig mit schamhafter Abwehr garniert – ständig auf Komplimente aus sein. Wenn es daran mangelt, dann ist es rasch vorbei, mit der Scham, dem Charme jeglicher vorgeschobenen Bescheidenheit und es geht wieder ab. In aller Heftigkeit. Dann droht eine Reaktionsartillerie, die bis zum blinden Hass reicht. In einem solch extremen Ausmaß, dass Freunde es nicht glauben mögen.

»Ich habe sie deshalb zum Beispiel auch möglichst nie etwas Berufliches gefragt«, erzählt Georg. »Ulrike hatte nämlich mehr Ahnung, was den Umgang mit Computern betrifft. Und ich hatte, entgegen dem männlichen Klischee, kein Problem jemanden zu fragen. Nur nicht mehr meine Frau ... Beim ersten Mal war sie noch nett, aber zunehmend unwirscher, zum Schluss drohte eine

Hass-Attacke. Sie war übrigens auch unfähig etwas zu erklären, ohne gleich sauer zu werden. Denn: Etwas nicht zu können, das war eine Schwäche. Eine Schande.«

Worin besteht also das Hauptaugenmerk des Zickengatten? Darauf hin zu arbeiten, vierundzwanzig Stunden täglich, dass es ihr möglichst gut gehe. Dass ihr der Abend gefalle, dass sie lache, dass sie sich wohl fühle. Und sein Denken besteht darin, im Vorfeld alles auszuschalten, was ihr nicht gefällt.

»Zu Beginn waren ihre legendären Aussetzer ausschließlich ihr Problem«, erzählt Stefan. »Das war uns auch beiderseitig klar. Caroline litt darunter und ich war verständnisvoll, manchmal haben wir beide darüber gelacht. Aber wir wollten das gemeinsam in den Griff kriegen, ob nun ihre extreme Eifersucht oder ihre Tobsuchtsanfälle.

Irgendwann aber – vermutlich habe ich einen Fehler gemacht – war es so, dass ich an allem schuld war. Nicht sie war eifersüchtig, sondern ich hatte mich falsch benommen. Und ihre Anfälle waren von da an berechtigt. Von da an war ich gnadenlos verloren.

Einmal noch habe ich aufgemuckt. Es war auch zu absurd: Mein Zahnarzt hatte mir eine Schiene verschrieben, weil ich angeblich mit den Zähnen knirsche. Sie fand: Geschäftemacherei. Knirschen würde sie nachts hören. Dieses Argument war nicht ganz falsch. Aber Caroline verlangte nun, dass ich das Ding nicht anziehen dürfe. Na ja, ich habe die Schiene heimlich nachts in den Mund getan. Dann kriegte sie das mit. Tobsuchtsanfall! Du hast mich belogen, du hast mich betrogen! Sie legte ihre Hände um meinen Hals und drückte zu. Da habe ich zum ersten und letzten Mal geschrien, sie solle mit der Kinderscheiße aufhören. Da war Ruhe ... Für eine ganze Woche.« Andreas nickt. »Von Anfang an gab es bei uns das Problem«, sagt er, »dass sie nichts alleine entscheiden konnte. Sie brauchte dazu zwei Freundinnen. Sogenannte Freundinnen. Die eine seit Jahren in der Ehekrise, aber vier Kinder, und die andere ein fürchterliches Arschloch, mit einem Waschlappen als Ehemann. Der war leicht zu behandeln und musste als Jurist vor allem Geld nach Hause bringen und seine Frau bedienen. Dafür durfte er zuhören, wie seine Frau Männer verachtete. ›Männer müssen zahlen‹, das war so ein Standard-Spruch. Ich war für die auch nie der Freund – sondern die ganzen Jahre hindurch: der Typ.

Auch als Annegret schwanger war, kam von dieser Freundin der Ratschlag: ›Zieh das durch, scheißegal, was der Typ denkt oder sagt‹.

Vor der Schwangerschaft lebten wir noch in getrennten Wohnungen. Wir hatten uns vor der Schwangerschaft mal an der Uni gesehen, abends, aber keinen Alltag gelebt. Das kam erst nach der Geburt des ersten Kindes. Wir sind auch nur wegen der Kinder zusammengezogen, um die Tochter zu sehen. Es war allerdings ein einziges Hin und Her, erst wollte Annegret nicht, dann wollte ich nicht mehr. Da wurde es schon schwierig.

Ich habe dann im Studium fürchterlich Gas gegeben, Prüfungen, Lernen, Abschluss, war auch sehr schnell fertig und hatte das große Glück, dass ich direkt danach einen Job bekommen habe.

Ich habe dann gearbeitet, um das Geld nach Hause zu bekommen – Annegret hat die erste Zeit noch vom Unterhaltsgeld ihres Ex-Mannes gelebt. Als das auslief, wollte sie plötzlich auch ihren Abschluss machen. Glorreiche Idee. Sie wollte, dass ich aufhöre zu arbeiten und mich um die Kinder kümmere. Völlig absurde Vorstellung! Wovon sollten wir denn leben?

Von da an erlebte ich den blanken Neid darüber, dass ich fertig studiert hatte, mit Abschluss und Beruf. Sie war vor Neid zerfressen! Zeigte aber selbst keinen sonderlichen Antrieb, es mir nachzumachen. Während ich immer schweigsamer und vorsichtiger wurde, nahm bei ihr das Lästern immer mehr zu. Sobald jemand aus der Türe war. Annegret lehnte Leute brüsk ab, mit denen sie sich nach außen hin nett unterhielt. Scheinbar nett. Umgekehrt hatte sie eine riesige Angst, dass man über sie redete.

Das war auch ihre größte Angst nach der Trennung: Was würden die Leute jetzt über sie denken? Weil ich sie verlassen hatte.

Immer ging es darum: Sie war die Gute, und ich musste der Böse sein. Einmal, nach der Trennung, sagte sie auf dem Balkon: ›Kinder geht schnell rein, euer Vater brüllt wieder rum‹. Dabei hatte ich noch nicht mal den Mund geöffnet. Aber sie hatte Nachbarn auf deren Balkon gesehen und jetzt inszenierte sie wieder ein Theaterstück ...«

Die verschobene Grenze

Ein Zickensklave lernt schnell, dass seine Ehezicke keinerlei – und das heißt wirklich: keinerlei – Kritik an ihrer Person erträgt. Und das beginnt schon mit einer vorsichtigen Frage. Alles ist Kritik, schon eine unvorsichtige Bemerkung über ein defektes, technisches Gerät, das blöderweise aber von ihr besorgt wurde, zieht sofort eine Kanonade an Beschuldigungen, Anfeindungen, Strafaktionen und vor allem schlechte Laune nach sich. Also achtet der Zickengespiele tunlichst auf jedes seiner Worte. Gerade am Wochenende. Und sehnt sich dabei nach nichts so sehr, wie einem gemeinsamen Wochenende voller Harmonie und Eintracht. Dieses Sehnen bestimmt im Folgenden sein Leben. Über Jahre und Jahrzehnte.

»Oh ja«, ergänzt Frank, »über Jahre. Klar ist man nach der Geburt des ersten und dann des zweiten Kindes harmoniebedürftig. Wozu sonst ist eine Beziehung gut, wenn nicht zur Pflege von Harmonie, gegenseitiger Akzeptanz, Nachsicht? Beziehung als Machtkampf widerstrebt meinem Empfinden.«

Thomas (ein weiterer Mann, der sich unserer wechselnden Runde spontan anschließt und aus dem Stegreif erzählen kann, über Stunden, wenn es sein soll, wie er vorwarnt; ein gebildeter, studierter, höchst attraktiver Mann in den Vierzigern, verbeamtet, wenngleich optisch eher als Lebenskünstler zu beschreiben) kann da nur zustimmen und nicken. »Angelika, meine Ex-Frau, hat sich fürchterlich in Dinge reingesteigert, ich bin eher der Harmoniebedürftige. Ich habe dann immer wieder die Wogen geglättet. Es ging ihr immer nur darum, ihren Willen durchzuboxen. Schwachsinnige Sachen, das hätte man mit einer kleinen Diskussion regeln können, aber nein.

Ich gebe zu, ich bin sehr harmoniesüchtig. Du kommst von der Arbeit, du willst dann nicht zuhause noch den großen Streit haben. Und du weichst den Minenfeldern immer mehr aus, immer mehr – und triffst trotzdem eine Mine und denkst, was habe ich denn jetzt gemacht?!

Als Beispiel: Wir mussten etwas entscheiden, bezüglich der Wohnung, es ging um einen Schrank. Also nehmen wir Modell A. Nein, wollte sie nicht. Gut, dann nehmen wir Modell B. Nein, das wollte sie auch nicht. Wir haben aber keine andere Alternative. Das fand sie erst recht Scheiße. Und daraufhin war ich an allem schuld! Angelika wollte irgendetwas haben und hat so lange gebrüllt und getobt, bis ich irgendwann auf sie eingegangen bin und sie beruhigt habe. Aber sie hat sich nie entschuldigt. Nie!

Warum hat es dann überhaupt Jahre funktioniert?

Ganz einfach ... Weil ich mich unglaublich anpassen kann.«

Einige grundlegende Regeln für einen Streit

(für eine funktionierende Partnerschaft)

Eines lässt sich vorausschicken: Die Mücke ist schuld. So lautet das Destillat aus unzähligen Partnerkonflikten. Der berühmte Elefant wird aus einer simplen Mücke geschaffen, und der graue Riese tobt dann ungebändigt herum, bis sämtliches Porzellan zertreten wurde.

Oder anders ausgedrückt: Das hysterische Endergebnis steht meist in keinem Verhältnis zu dem mickrigen Ausgangspunkt. Nun ist das vielen Paaren auch klar – allerdings erst nachdem es wieder einen fatalen Streit gegeben hat. Und der graue Riese zum wiederholten Mal durch die Wohnzimmereinrichtung getrampelt ist.

Aber wie konnte es überhaupt dazu kommen?

Weil wir nicht gelernt haben, Konflikte zu lösen.

Beziehungsweise: Weil wir nicht gelernt haben, Konflikte gemeinsam zu lösen. Denn wie man den Gordischen Knoten zerteilen kann, das wissen wir jeweils perfekt – nur der jeweils andere, in jedem Fall allerdings tumbe Partner, kapiert wieder mal nix. Die einen hassen laute Worte und ziehen sich sofort zurück, wenn es ein bisschen wilder zugeht, die anderen leben hingegen erst richtig auf, wenn sie in einem Streit mal richtig Gas geben können. Und dann gibt es noch eine andere Gruppe: In der alles, und zwar wirklich alles, und vor allem alle Nebenschauplätze, gnadenlos ehrlich und total offen bequatscht werden sollen. Und müssen. Über Stunden. Basisdemokratisch, bis der Arzt kommt. (Oder der Scheidungsanwalt.)

Hier gilt es also schon einmal anzusetzen. Wir sollten bestimmte Unterschiede zwischen uns Menschen akzeptieren lernen (auch und gerade im Streit), denn vieles ist oft fest in der Persönlichkeit verwurzelt und daher so gut wie nicht mehr zu ändern.

Andererseits ist ein Streit nicht unbedingt schädlich, sondern kann auch wichtige Impulse für die Selbsteinschätzung liefern.

Meinungsunterschiede sind wichtig und normal. Wir werden auf unsere Schwachstellen hingewiesen (und das kann manchmal äußerst schmerzhaft sein).

Des Weiteren ist es sinnlos, aus Harmoniesucht Wut und Ärger in sich hineinzufressen. Freundliche Worte passen schlecht zu verkrampften Händen und verbissenem Gesicht. Sprache, Gesten und Blicke gehören zusammen. Also, wenn schon Ärger und Wut, dann auch ehrlich ansprechen und erklären, was diese Gefühle hervorgerufen hat.

Zu einem konstruktiven Streit gehört aber auch die richtige Stimmung. Coolness, Männer! Denn steht die Küche einmal in Flammen, ist der Lautstärkepegel schon am Zenit, dann gibt es kaum noch eine Möglichkeit für eine faire Auseinandersetzung. Also unbedingt darauf achten, welche Wölkchen das Streitgewitter vorausschickt. Es ist eine uralte Erfahrung, dass ein Streit meist nicht aus heiterem Himmel ausbricht, sondern sich langsam, manchmal schon über Wochen hin aufstaut. Es geht bei diesem Tipp nicht darum, die drohende Auseinandersetzung im Vorfeld zu vermeiden, aber vielleicht einige Eskalationsstufen.

In diesem Zusammenhang (so banal wie wichtig): Nicht unter Alkoholeinfluss fetzen! Bekanntlich der Enthemmer Nummer Eins – für all die Worte, die immer schon mal gesagt werden mussten (und nie mehr gut gemacht werden können), für die berühmte ausgerutschte Hand, nebst Filmriss.

Prinzipiell gilt (so schwierig, wie wesentlich): Es ist nicht wichtig, wer schuld an irgendetwas ist. Vorwürfe führen ohnehin nur zu Rechtfertigung und erschweren jedes konstruktive Gespräch. (Zusatz: Zuhören! Immer wieder einüben. Wirkt Wunder.)

Deshalb sollte es auch nicht das Ziel einer Argumentationsstrategie sein, den anderen schachmatt zu setzen. In vielen Partnerschaften erweist sich der eine als geschickterer Redner, der schnell auf vermeintliche (oder tatsächliche) Unlogik hinweist und den anderen an die Wand nagelt. Tödlich! Der andere, meist zunehmend emotional, wird einen Teufel tun und sich nie mehr auf irgendeine Form von Einigung oder Lösung einlassen.

Zu guter Letzt: Sollte auch jeder Streit einmal ein Ende kennen. Und zwar von beiden Seiten gewollt. Es gibt einen Punkt, an dem man sich zum dritten Mal über die gleiche Zahnpastatube aufregt – und dann muss es auch mal gut sein. Ein konstruktiver Streit endet mit einer Einigung.

> Über irgendetwas, der Inhalt ist nicht so wichtig. Aber ein konstruktiver Streit endet niemals mit einem »Sieg« des einen Partners über den anderen.
> Eine solche »Niederlage« beschwört den nächsten Streit schon gleich wieder herauf. Stichwort: den anderen das Gesicht wahren lassen.

Manchmal unterläuft dem Zickenunterhalter ein diabolischer Geistesblitz: sich zu trennen. Aber er weiß genau: Weder seine Eltern noch seine Freunde würden diesen Schritt verstehen. Denn nach außen hin gibt sich eine waschechte Zicke oftmals makellos. Gut, sie wirkt unnahbar und arrogant, aber es gibt Schlimmeres. Im Falle einer Trennung würde man ihm vorwerfen, er sei zu wählerisch, und man würde auf seine vorherigen Trennungen verweisen. Außerdem habe er wohl offensichtlich Probleme mit »starken Frauen«.

Letztlich will er auch keine Trennung. Er will dieses Ideal einer heilen Familie, mit Kindern und einem Haus.

Jeder Versuch eines Gesprächs (das versteckt nur auf ein Gespräch über ihr Verhalten hinausläuft) wird von ihr mit einer Trennungsdrohung boykottiert. Allerdings zieht sie den Schritt nie durch.

Stattdessen hat sie Geheimnisse ... »Leider regelmäßig in der ›kritischen Phase‹, wie ich es genannt habe«, sagt Stefan. »Plötzlich tauchten überall Männer auf, die sie angeblich bedrängten. Caroline machte angeblich überhaupt nichts. Sie konnte sich das alles auch gar nicht erklären. Aber aus heiterem Himmel veranstalteten wildfremde Männer plötzlich die absurdesten Sachen. Aus heiterem Himmel wollten Männer sie auch beruflich kennenlernen, beruflich eine Tasse Kaffee trinken, und es war selbst in der coolen Business-Sprache völlig klar, dass es nur ums Ficken ging.

Wie gesagt, alles gebündelt zu einem Zeitpunkt, wo sie ohnehin wieder merkwürdig drauf war. Und ich traue ihr zu, dass sie ein Doppelleben hatte. Und dass sie selbstverständlich diese Signale aussendete.«

Frank ergänzt: »Wir hatten einen Punkt erreicht, an dem man fast überhaupt nicht mehr miteinander redete. Es gab nur noch Alltag. Es war eine irrsinnige Belastung für mich, was mit der Familie zu organisieren, denn Martina hat sich für rein gar nix interessiert und fand alle meine Vorschläge bescheuert. Ich habe dann oft an Trennung gedacht. Obwohl ich jahrelang sehr unglücklich mit meiner Beziehung war, habe ich allerdings diesen Gedanken nie ganz zu Ende gesponnen, da ich meine Familie nie im Stich gelassen, beziehungsweise sie nie wegen einer anderen Frau verlassen hätte. Oder sagen wir mal so: Eine Frau, in die ich mich so verliebt hätte, für die es sich gelohnt hätte, die Familie zu verlassen, ist mir leider nicht über den Weg gelaufen.« Woraufhin Stefan einflechtet: »Ich habe das am Anfang nicht verstanden: Die Beziehung zu meinem Vorgänger – den Caroline immer nur am Wochenende gesehen hatte, um mit ihm irgendwohin zu fahren – die hatte nur Bestand, weil der sie permanent angebrüllt hatte. Und sie hatte permanent zurückgebrüllt. Das fand sie toll! Folglich hasste sie meine Ruhe. Und der Clou ist, ich erinnere mich, dass sie mir gesagt hatte, ganz am Anfang hatte sie das gesagt: Man müsse ihr Widerworte geben. Nur, wenn du es dann tust, dann wirst du erst recht von ihr gehasst. Auch meinen Vorgänger hat sie ja verachtet, es war nicht so, dass sie ihn wegen seiner Brüllerei geliebt hatte. Aber das Schreien hatte sie entlastet. Und ich – bewusst – schenkte ihr nicht diese Befreiung.

Andererseits war ich auch zu feige. Ich erinnere mich, wir waren mit Freunden aus, tanzen, und Caroline war die Einzige, die partout nicht nach Hause wollte. Sie hatte wieder ihre Depri-Phase. Ich habe dann zu ihr gesagt: Die Gruppe will nach Hause. Ich traute mich nicht, als Fahrer – alle anderen waren betrunken, auch Caroline – zu sagen: Ich bin müde. Weil sie das Tanzen in ihrer schwarzen Phase so brauchte. Sie hätte mich nur wieder gehasst ...«

Das ewige Lied vom Hampelmann

Manchmal überkommt so einen liebevollen Zickentröster trotzdem die lieblose Vorstellung, einmal so richtig auf den Tisch zu hauen und ihr die Meinung ins Gesicht zu brüllen. Es gibt meist auch Freunde, die ihm zu so einem Schritt raten. Aber er hat so etwas noch nie bei einer Freundin getan.

Eine Zicke ist allerdings auch geschickt (das muss immer wieder betont werden). Immer dann, wenn eine Situation dahin gehend zu eskalieren droht, dass ihr Gemahl brüllen könnte, dann entschärft sie blitzartig die Gewitterfront und wird geradezu kuschelig lieb. Damit kommt er nicht klar. Außerdem erinnert er sich an frühere Beziehungen, in denen es möglich war, Konflikte zu lösen, ohne sich anzubrüllen. Wenn es denn überhaupt Konflikte gab.

Ein Zickendiener will nicht akzeptieren, dass es die einzige Alternative sein solle, in einer Partnerschaft nur noch herumzuschreien (gute Einstellung) – aber er weiß auch nicht, was er anstelle dessen tun könnte.

»Leider«, schaltet sich wieder Frank in diese Gedankengänge ein. »In der Zeit, zum Beispiel, als ich arbeitslos war und viele Bewerbungsgespräche nicht funktionierten. Das Einzige, was ich von Martina in dieser Zeit zur Unterstützung bekam und zwar reichlich, waren: Vorwürfe! ›Du machst nichts, du hängst nur rum, du lässt dich gehen!‹

Als ich dann die Überlegung hatte, mich selbstständig zu machen, bestand ihr einziger Diskussionsbeitrag aus: Vorwürfen. ›Wie kannst du nur? Bist du wahnsinnig? Du bist verantwortungslos!‹

Super Hilfe. Du sitzt dann da.

In dieser Zeit habe ich – stressbedingt – Gürtelrose und Gastritis bekommen. Da fing es spätestens an, dass ich unterbewusst spürte, dass es mit uns beiden schwierig wird. Weil: Anstatt mich zu unterstützen, Druck wegzunehmen, hat sie noch mehr Druck aufgebaut. ›Du kümmerst dich nicht um uns‹, Vorwürfe, ›du arbeitest nur‹, Vorwürfe, ›ich habe die Kinder‹.

Und ich dachte: Hey, ich reiß mir für uns den Arsch auf und du hast nichts anderes im Kopf, als zu meckern.

Aber ich habe nichts gesagt. Wir haben uns auseinander gelebt. Kaum gesprochen. Ich wurde auf direktem Wege zum Hampelmann.« »Wir Männer hier sind wirklich ziemlich gleich«, antwortet Georg. »Manchmal erzählte Ulrike Freunden, dass wir beide uns nie streiten. Das stimmte auch. Es gab keinen Streit, weil das eine Form von Gleichberechtigung vorausgesetzt hätte. Aber ich war nur eine Art Befehlsempfänger. Und ihre Ausraster, die waren schließlich schnell alle vergessen. Von ihr!

Es gab auch deshalb keinen Streit – weil es überhaupt keine Gespräche gab. Und es gab keine Gespräche, weil sie nur eine minimale Toleranzschwelle hatte, bis zu der ein Anflug von Majestätsbeleidigung möglich war. Und das hieß vor allem: Keine Widerworte.« Auch Thomas kann nicht still sitzen und ergänzt: »Es fing damit an, dass Angelika vermehrt über meine Zeit verfügte. Am Wochenende hatte ich oft noch nicht die Augen auf, da war mein Tag von ihr schon verplant. Nachdem das erste Kind da war, wurde es immer schlimmer. Alles Denken und Handeln wurde danach beurteilt, ob es auch optimal für unser Kind wäre. Eheleben fand de facto nicht mehr statt. Das Kind in fremde Hände zu geben, um mal ein Wochenende für uns zu haben, war nicht mehr möglich. Niemand war gut genug für ›Frau Perfekt‹. Und dann trat Rudolf Steiner und die Anthroposophie in unser Leben. Das eheliche Zwiegespräch wurde von ihr durch die Lektüre diverser Lebensratgeber ersetzt. Als diese Lehren auf ihre Orientierungslosigkeit trafen, war der tägliche Konflikt unvermeidbar. Permanente Beobachtung und Kritik an meinem Denken, Reden und Handeln haben mich irgendwann so zermürbt, dass ich psychisch die Kontrolle verlor. Ich bekam Herzprobleme, Panikattacken und Depressionen. Nach einem Zusammenbruch, Notarzt, Krankenhaus, Gespräch mit einer Psychologin wurde mir klar, dass ich etwas ändern musste. Ich beschloss auszuziehen, mir eine kleine Wohnung zu nehmen und zur Ruhe zu kommen.«

Eine Zicke erzählt:

»Ich glaube nicht, dass meine aktuelle Beziehung noch lange läuft. Es liegt nicht mal an dem Typen, das ist mir klar. Er ist klasse, liebevoll, und er hat superviel Verständnis für mich. Nein, es liegt an mir. Es gibt beinahe jede Woche eine Sache, wo ich ihn ganz bewusst verletze. Ich verachte ihn, auch vor Leuten. Ich mache ihn ganz klein. Ganz bewusst. Und genauso hasse ich mich dafür, aber ich komme nicht raus aus meiner Haut. Es geht nicht ...

Früher war mir das egal, jetzt ist es zum ersten Mal, dass ich einen Kerl nicht verlieren will. Außer, wenn ich kurz überlege, dass es vielleicht am besten wäre für ihn, wenn er nicht mehr mit mir zusammen wäre.

Manchmal wache ich morgens auf und denke dann, es wäre für alle am besten, wenn ich komplett alleine bliebe. Ich müsste dann niemandem Rechenschaft ablegen, könnte niemanden mehr verletzen und würde selbst auch nicht mehr verletzt. So bin ich für die Menschheit eine Katastrophe. Ich bin nur zu gebrauchen, wenn ich Leuten was schreiben kann, weit weg, dann bin ich klasse und locker. Sobald Menschen mich aber an sich ranlassen, tue ich ihnen weh. Es ist fast wie ein Naturgesetz.

Gleichzeitig kotzt mich das auch an! Und es macht mich supertraurig. Ich will das nicht! Ich will doch eine Beziehung und ich will den Mann nicht verlieren, mit dem ich jetzt zusammen bin. Er gibt mir so viel, und ich liebe ihn wirklich, aber ich weiß auch genauso sicher, dass ich ihn bald wieder verletze. Wie ich jeden Menschen verletze, der mir zu nahekommt.

Vielleicht sollte ich ein T-Shirt anziehen, auf dem in roter Schrift steht: Vorsicht Zicke! Nur, dann lachen die Leute. Dabei ist es ernst.

Ich kann mich selbst nicht ausstehen.

Mein Freund weiß, was in mir vorgeht. Na ja, ein paar Sachen. Er sagt dann zwar, dass ihn meine Ausraster nicht verletzen, aber ich sehe doch seinen Gesichtsausdruck.

Das ist schließlich auch meine Absicht, zumindest in dem Moment. Ich bin dann voller Verachtung und sehe den Wald vor lauter Bäumen nicht mehr. Ich sehe auch meinen Freund in diesen Momenten nicht als meinen Freund, er ist dann nur irgendein Scheißkerl. Wie alle Menschen. Alles bescheuerte Kreaturen. Ratten.

Danach verkrieche ich mich in eine Ecke und verfluche mich selbst. Oh, ich wünschte, ich könnte anders denken.

Aber ich weiß nicht, wie das klappen soll. Ich war schon immer so. Mein ganzes Elternhaus war so. Es gab immer nur Verachtung und Kälte. Die Männer, mit denen ich früher zusammen war, die habe ich schon deswegen verachtet, weil sie sich alles von mir gefallen ließen. Und wenn sie denn tatsächlich einmal die Schnauze voll hatten und kurz mit Trennung drohten, mein Gott, dann habe ich ein paar andere Register gezogen und sie wieder umgestimmt. Das war keine große Leistung. Nur: Dafür habe ich die Männer nur noch mehr verachtet. Und was wirklich in mir los war, das haben sie alle nicht geschnallt. Okay, wie auch, ich habe es ja selbst nicht verstanden.

Vorher hatte ich auch nie das Gefühl, einen Mann zu lieben. Vorher ging es immer nur darum, dass ich nicht alleine sein konnte, und weil ich einen Typen brauchte, um mein Selbstbewusstsein zu polieren.

Wobei ich richtig aus dem Herzen nicht sagen könnte, dass mein jetziger Partner mich wirklich liebt. Da gehe ich davon aus, dass mich letztlich niemand wirklich gern hat. Und wenn ich lange genug darauf starre, dann finde ich auch eine Menge Beweise dafür, dass mich niemand liebt.

Und wenn mich schon niemand liebt, dann kann ich auch hemmungslos zurückschlagen ...«

»Man kann feststellen, dass unter allen großen und verehrungswürdigen Menschen sich nicht ein einziger befindet, der sich von der Liebe bis zur Unsinnigkeit hätte hinreißen lassen.«

Francis Bacon

– DRITTER TEIL –
SELBSTBETRACHTUNG

Wie wird man denn jetzt endlich zum Zickenbändiger?

Klingt doch einfach: Eine Zicke spinnt – und wir geben ihr einfach mehr Liebe, damit sie ihr »Seelenloch« wieder auffüllen kann. Gepaart vielleicht mit einigen Schrei-Exzessen, um nicht als Hampelmann zu fungieren. Klingt unwahrscheinlich einfach.
Viel Spaß!
Und herzlich willkommen in der Hölle (um wieder einmal so respektlos zu reden). Denn: Es funktioniert nicht.
Wenn es um tiefgehende Defizite aus der Kindheit geht, dann ist es nicht damit getan, ein wenig »Dutzi-Dutzi« zu machen. Und mit heilenden Händen über weibliche Hinterköpfe zu streicheln. Ganz wichtig: Wer sich mit einer Zicke einlässt, und nicht nur eine Nacht, ein Wochenende, aus Spaß, sondern länger – wer sie gar zu lieben glaubt, der sollte unbedingt auf sich selbst schauen. In sich hinein.

Da schlummert nämlich etwas.

Wie gesagt, es gibt keinen Zufall in der Liebe. Und es ist keine Laune der Natur, an eine Frau zu geraten, die schreit, schimpft und grundsätzlich mies drauf ist. Vor allem, wenn man sich schon zum wiederholten Male auf eine solche Konstellation einlässt.

»Ich wollte das aber nicht wahrhaben«, erzählt Stefan. »Ich dachte, es gäbe vielleicht Tabletten oder neuartige Therapieformen. Aber ich musste erfahren, dass die Pharmaindustrie in dieser Richtung nicht forscht. Weil man dort weiß, dass Tabletten gegen solche Charakterzüge nicht helfen.«

Täglich rennen aber Zickensklaven zu einem Therapeuten und bitten ihn um Hilfe. Verzweifelt schildern diese Männer die Verhaltensweise ihrer Frauen, in allen schockierenden Einzelheiten, und fragen den Seelenklempner, wie der Frau, wie ihrer Zicke zu helfen sei.

Die Antwort klingt dann meist ähnlich (provozierend, frustrierend, unerwartet) wie das folgende Szenario:

»Es gibt keinen Masterplan, wie sich ein Mann, eine Frau zu verhalten und keine therapeutische Befehlsgewalt, der sich eine Zicke unterzuordnen hat. Wenn sich eine Zicke entscheidet, bewusst oder unbewusst, sich wie eine Zicke zu verhalten, dann ist es ihr gutes Recht. Aber woher wollen Sie wissen, dass ihre Frau wirklich eine Zicke, eine Narzisstin ist? Vor allem: Woher wollen Sie wissen, ob ihre Frau unter diesem Verhalten leidet?

Vielleicht leidet sie gar nicht darunter, sondern für ihre Frau ist alles in Butter, der Himmel blau und das Leben ein einziges Fest. Und nur Sie, als ihr Mann, kriegen es alles nicht auf die Reihe ...«

Hey, aber das sind doch genau die Argumente, die meine Frau immer bringt!

Dann wird es Zeit noch ein wenig länger bei diesen Argumenten zu verharren.

Denn, in aller Deutlichkeit gesagt: Es gibt Therapeuten, die eine befriedigende Beziehung mit einer (untherapierten) Narzisstin für unmöglich halten – es sei denn, der Mann ist selbst beziehungsgestört. Diese Therapeuten warnen auch davor, sich einer Zicke helfend anzudienen und auf (versprochene, vertröstete) Besserung zu hoffen.

Zicken gehören – wenn sie denn überhaupt wollen – in professionelle Hände (wobei es eine Menge Psychologen gibt, die Narzissten erst gar nicht als Patienten aufnehmen, nur so am Rande).

Wer hingegen als Partner, als verständnisvoller Ehemann oder als verständnisvolle Kollegin, Freundin (Feindin) glaubt, da groß was ausrichten zu können, der irrt. Mehr noch: Er (und sie) fällt auf die Schnauze und wird sehr schmerzlich eines Besseren belehrt werden.

Auch die hier vorgestellten Männer mit ihren beispielhaften Lebensläufen zeigen, dass die sogenannten »Interaktionsprobleme« den Kern jeder Persönlichkeitsstörung darstellen, die sich selbstverständlich auch und gerade in einer Partnerschaft zeigen. Nach dem oft durchaus leidenschaftlichen und beglückenden Anfang (in der Flirt- und Jagdphase) enden alle Beziehungen mit einer Zicke konsequent im Drama. Mit einer einzigen Ausnahme: Wenn ein Mann seinerseits chaotische Verstrickungen braucht. Ein solcher Mann stellt eigene Beziehungsansprüche zurück und kreist fast nur noch um seine Frau. Gedanklich und körperlich.

Dann kann so etwas tatsächlich lange »funktionieren«.

Kernberg schreibt kategorisch, »dass narzisstische Menschen keine Einsicht in eine Notwendigkeit der Veränderung haben, wenn sie nicht durch den Druck der Symptomatik oder ihrer Umwelt gezwungen sind, sich auseinanderzusetzen. So stehen sie oft im höheren Lebensalter vor den Trümmern ihres Lebens. Wenn die Kraft der Herrlichkeit nachlässt, wenn niemand mehr die Geschichten hören will und sie beruflich nicht mehr wichtig sind, verbleiben sie in ihrer Pseudowelt, klagen über die Schlechtigkeit und Undankbarkeit der Welt und können sich nicht eingestehen, dass sie etwas dazu beigetragen oder etwas falsch gemacht haben.«[36]

Eine Zicke erzählt:

»Letzten Monat ist mir wieder einmal aufgefallen, dass ich anders bin. Wir hatten Klassentreffen, und wie schon zur Abi-Zeit lebe ich alleine. Seit damals, seit 15 Jahren! Männer ohne Ende, das ist nicht der Punkt, aber nie ein fester Freund. Dafür jede Menge verheirateter Männer, die mir nicht zu nahekommen können.

Dafür konnte ich immer machen, was ich wollte. Urlaub, Job, Freizeit, ich habe immer gemacht, was ich wollte und kann mein Leben komplett alleine bestimmen. Es gibt niemanden, dem ich Rechenschaft ablegen muss. Andererseits will ich dann aber auch wieder jemanden an meiner Seite haben. Weil ich nicht alleine sein kann. Ich hatte einen Haufen Männer, die über Tage mit mir, in meiner Wohnung gelebt haben, das war überhaupt kein Problem, das habe ich sogar ehrlich genossen – aber sobald einer von denen gesagt hat: ›Komm, dann machen wir das jetzt richtig, ich ziehe hier ein‹, oder: ›Komm, wir suchen uns zusammen eine gemeinsame Wohnung‹ – in dem Augenblick war alles aus. Schluss und vorbei.

Maximal eine Woche halte ich einen anderen Menschen neben mir aus. Auch im Urlaub geht es nicht länger. Ab dem achten Tag drehe ich durch!

Dann ist es mir sogar egal, wenn einer nach Hause fährt, zu seiner Ehefrau, und die gehen beide zusammen in die Kiste. Hauptsache, er ist weg und ich kann alleine sein.

Aber bereits ein paar Stunden danach drehe ich schon wieder durch, weil ich jetzt alleine bin. Und das kann ich auch nicht haben. Dann vermisse ich plötzlich alles und sehe die ganze Partnerschaft in rosigem Licht. Plötzlich habe ich das Gefühl, die Liebe meines Lebens weggeschmissen zu haben und vermisse die ganze Zärtlichkeit. Es ist schon geschehen, dass ich in so einer Stimmung einem Mann ein

Ultimatum gestellt habe, ›die Ehefrau oder ich‹ – und wenn sich dann einer wirklich getrennt hat und zu mir kommen wollte, dann habe ich ihn eiskalt rausgeschmissen.

Kurz habe ich mal überlegt, ob es nicht ein Modell für mich wäre, wenn ich einen Mann heirate – und umgekehrt ständig Affären hätte. Dann hätte ich beides: Die Nähe, das Vertraute, aber auch das Aufregende und die Möglichkeit zu fliehen. Aber dann habe ich auch wieder Angst, dass ich bei diesem Modell völlig zugrunde gehe. Wofür ich wirklich lebe, ist dieser Moment, wenn ich mich auf einen Mann freue. Das kann über Stunden gehe, ich steigere mich da richtig rein, ich werde teilweise so aufgeregt, dass mein Kiefer und meine Finger zittern. Heftig. Wie eine Sucht. Und wenn er dann tatsächlich kommt, dann erlebe ich das wie einen Vulkanausbruch, völlig euphorisch, für so einen Moment würde ich über Leichen gehen. Manche Männer können damit überhaupt nicht umgehen, wenn ich sie derart mit Liebe überschütte. Nur ... sobald der Vulkan ausgebrochen ist, dann ist auch schnell wieder Kälte da.

Dann möchte ich auch ebenso schnell, dass der Mann wieder geht. Die Vorstellung, er bliebe dann in meiner Wohnung, und wir hätten sogar einen gemeinsamen Alltag, ich würde kochen und er käme von der Arbeit und wir gucken Fernsehen – ich könnte kotzen!

Liebe und Alltag gehen für mich nicht zusammen. Kein bisschen! Erst recht nicht spülen, abtrocknen, Kartoffeln schälen und so was. Das geht gar nicht! Ich brauche meine Ruhe, und dort kann sich dann die Sehnsucht in mir immer weiter aufstauen, bis sie in einem gigantischen Ausbruch explodiert!

In so einem Moment fühle ich, dass ich lebe.

Wenn ich ehrlich bin: nur in so einem Moment.

Das geht jetzt schon seit 15 Jahren so. Seit einigen Jahren habe ich auch noch angefangen zu trinken. Deshalb bin ich derzeit in einer Klinik, um davon wegzukommen. Und in der Klinik ist mir zum ersten Mal bewusst geworden, dass ich diese Gefühlsexplosionen schon in meiner Kindheit kannte. Mein Vater war nämlich kaum zuhause. Der lebte wie er wollte, manchmal war er wochenlang verschwunden. Und wenn er dann plötzlich auftauchte, das war für mich als Tochter das Schönste, das es gab. Bis er plötzlich wieder weg war ...

Aber ob mir diese Erkenntnis wirklich weiterhilft, kann ich momentan nicht sagen.

Ich befürchte, eher nicht ...«

Georg nickt. »Ich habe nie wirklich Konsequenzen gezogen, wenn meine Grenzen mal wieder auf das Übelste überschritten wurden. Ich dachte mit ›darüber reden‹ könnten die Dinge ›geklärt‹ werden.

Das war eine eklatante Fehlannahme. Im anderen Fall dachte ich: Das gibt sich sicher noch. Auch völliger Unsinn: Es wurde alles bloß immer noch schlimmer. Ich saß wirklich dem Trugschluss auf, dass die ›Idiotie‹ ihres Handelns meiner Partnerin doch selbst irgendwann mal klar auffallen müsse. Wie gesagt: Eklatanter Irrtum.

Ich habe auch nie dagegen gesteuert, wenn Ulrike versuchte, mich mehr und mehr von den Freunden zu isolieren. Sie ging dabei so vor, dass es ein ›Vertrauensmissbrauch‹ war, wenn ich mit anderen Menschen über meine (!) Probleme gesprochen habe, erst recht, wenn es um meine (!) Belastungen in der Beziehung ging. Darauf stand die Todesstrafe. Aus dem, was ich inzwischen weiß, ist mir klar, dass Ulrike unbewusst voller Schuld- und Schamgefühl war, und für sie, das ehemalige Kindheits-Opfer, war der Gedanke unerträglich, mittlerweile selbst eine Täterin zu sein, also genau so ein Mensch, von dem Böses ausgeht und unter dem gelitten wird. Das wurde einfach ausgeblendet. Aber egal, denn damals hätte ich ohnehin keine klaren Konsequenzen ziehen können. Weil ich nicht gewusst hätte, wie richtiges Verhalten aussieht ...«

Ein wichtiger Punkt. Denn Männer (und Frauen), die unter einer Zicke leiden, sollten sich für einige Zeit etwas weniger um das Leiden der Zicke kümmern, und stattdessen etwas mehr um die verschütteten Schlacken in den Tiefen der eigenen Psyche. Genau um diese Art von Geschichten, die dazu geführt haben, dass sie als eine Art trockener Co-Alkoholiker ihrer Zicke auftreten.

Wobei niemand Sie davon abhalten möchte, diesen Helferstatus noch für weitere Jahre aufrecht zu erhalten. Auch liebend gerne mit einer weiteren Zicke, die ähnliche Charakterstrukturen aufweist. (Aber dann, liebe Männer, liebe Frauen, seid euch über diese Entscheidung – und jawohl, es ist eine Entscheidung! – im Klaren und nervt nicht mit weinerlichen Einzelheiten einer vermeintlich verkorksten Beziehung.)

Einen ersten, guten Anfang haben Sie gemacht mit dem Kauf dieses Buches. Im zweiten Schritt suchen Sie sich vielleicht eine fachlich gut angeleitete therapeutische Selbsterfahrungsgruppe, in der sie sich um Ihre eigenen Themen kümmern können. Ihre Zicke dürfen Sie dabei gerne behalten. Sie wird sich über ihren Mann wundern, der sich (möglicherweise; hoffentlich) verändert und dadurch auch sie verändert, und sei es auch nur dadurch, dass er sich nicht mehr für Zicken interessiert.

Eines bleibt nämlich kategorisch wahr: Man kann einen anderen Menschen nicht ändern. Nur sich selbst. Was folgt also daraus? Entweder seine Zicke annehmen, wie sie ist – sich bewusst für diese Frau entscheiden mit all ihren Fehlern und Schwächen. Oder: Gehen. (Love it or leave it. Heißt es in der unvergleichlich verknappten, amerikanischen Art.)

Es ist vergeudete Zeit, an einem anderen Menschen »herumzuerziehen«. Es bringt nichts, einen Menschen »konstruktiv kritisieren« zu wollen. (Ratschläge sind auch Schläge. Ein oft zitierter Spruch in der Therapeuten-Szene.) Meint: Eine vermeintlich konstruktive Kritik, scheinbar neutral, höflich verpackt – fühlt sich für den Gegenüber oftmals in höchstem Maße grenzüberschreitend und verletzend an. (»Was bildest du dir eigentlich ein, so über mich zu urteilen!«)

Und was ist stattdessen zu tun?

Erkennen, was man wirklich will. (Und dafür mal einige Minuten, Stunden, Tage nachdenken. Oft ist das nicht so naheliegend.)

Will ich mit dieser Zicke zusammenbleiben, auch wenn sie mich verletzt? Auch wenn sie meine Grenzen permanent überschreitet und mich zur Weißglut bringt?

Ja? Wirklich? Ja?

Okay. Dann ist es Deine bewusste Entscheidung.

Dann steh zu Deiner Entscheidung.

Dann schütze Dich vor ihren permanenten Grenzüberschreitungen, indem Du keine fruchtlosen Diskussionen und Beleidigungen mehr in Kauf nimmst, sondern aufstehst und weggehst, ohne Begründung und zwar auf der Stelle. Sobald Du merkst, es bringt nichts. Du kannst eine Zicke nicht ändern – Du kannst sie nur nehmen oder lassen. Aber entscheidend dabei ist, dass Du bei dir selbst bleibst, dass Du dich selbst respektierst und akzeptierst, ja: Dich liebst und damit auf Deine eigenen Bedürfnisse achtest. Denn niemand, auch kein verständnisvoller Ehemann, keine beste Freundin, muss auf sich herumtrampeln lassen. Es ist Dein gutes Recht, eine Grenze zu ziehen, und es ist Dein gutes Recht, sie dort verlaufen zu lassen, wo Du sie brauchst und wo sie für Dich richtig ist, ohne Mitspracherecht Deiner Zicke.

Oder bist Du dir gar nicht mehr so sicher, ob du das wirklich möchtest?

»Hätte ich mich selbst genügend geliebt«, sagt Stefan, »und hätte ich wirklich Selbstvertrauen in mich selbst gehabt, als Mann, dann wäre es mir von Anfang an klar gewesen, dass ich bei Caroline nichts hätte erreichen können. Und dass das alles nur Laberei war, bei ihr, zu Beginn. Ich hätte aus Selbstliebe diese kranke Beziehung aufgeben sollen. Heute weiß ich auch, dass ich unbewusst totale Angst hatte, was nach der Trennung aus mir werden würde. Finanziell, seelisch, alles ... Aber ich kann nur allen Männern sagen: Es geht weiter!

Aber mein Selbstwertgefühl war zu schwach. Stattdessen habe

ich mich durch eine schöne Frau aufwerten wollen ... Und das reißt natürlich einen großen Krater in die Seele ...«

Erkennen, was man wirklich will!

Verquere, neurotische Liebe hat immer einen ganz wichtigen, eindeutigen Zweck: Bindungsgewalt aufzubauen. Gerade durch die strategische Kriegsführung dieser bedingten »Liebe«, also der Liebesbezeugungen, die an Bedingungen geknüpft sind, soll der Schwächere unter Druck gesetzt werden. Punktgenau in eine Abhängigkeit hinein – und genau das ist das Ziel dieser chaotischen Verbindung. Wenn dann nämlich ein Mann die Hausregeln nicht mehr erfüllen mag, die eine Zicke diktiert, dann wird ihm eben diese »Liebe« von jetzt auf gleich wieder entzogen. Er wird fallen gelassen, wie die berühmte heiße Kartoffel. Einfach so, auch wenn zehn Minuten vorher noch über Heirat, Kinder und die ewige Liebe schwadroniert wurde.

Und warum soll der Partner abhängig gemacht werden?

Weil eine Zicke furchtbare, existenzielle Angst davor hat, dass ihr genau das widerfahren könnte, was sie selbst praktiziert: Wie eine heiße Kartoffel fallen gelassen zu werden.

Und diese Angst ist mächtiger als jede Form der (wirklichen) Liebe.

Der Zwang der Wiederholung

Beinahe alles, was ich bislang über Zicken schreiben musste, gilt übrigens ebenso für ihre Partner.

Was ist los? Es setzt gleich was!

Nicht erschrecken. Es muss nicht so sein, zeigt auch nicht so gravierende Auswirkungen, aber es ist ein wichtiger Denkansatz.

Was damit gemeint sein soll: Der Zwang der Wiederholung ist ein seelisches Gesetz. Heißt: Was Menschen während ihrer Kindheit in der Beziehung mit ihren Eltern erlebten, pflegen sie später zu re-inszenieren. Und dadurch wiederholt es sich.

Wir alle tragen zum Beispiel schwer daran, altvertraute Familienkonstellationen auch am Arbeitsplatz re-inszenieren zu müssen. Vor allem aber in einer neuen Familie, in einer neuen Partnerschaft. »Deshalb konnte ich mich zum Beispiel nicht von Caroline trennen«, erzählt Stefan. »Ich habe meine eigene Geschichte neu inszeniert. Mein Vater Alkoholiker, Mutter Co-abhängig. Ich war schon als kleiner Junge der klassische Mann-Ersatz. Und ich durfte nie so ein schlimmer Mann werden, wie mein Vater. Das musste ich meiner Mutter versprechen. Brav sein. Der Mutter ein guter Mann sein. Schon deren Mutter, meine Oma, war narzisstisch geprägt gewesen, wollte ursprünglich gar keine Kinder, bekam dann drei, die sie aber alleine großziehen musste, weil ihr Mann im Krieg gestorben war.

Ich war immer laut, sag ich mal, aber dazwischen gab es viele wechselnde Phasen von Minderwertigkeit. Meine kompletten Zwanziger zum Beispiel, der blanke Horror. Ich konnte nicht mal in angesagte Kneipen gehen, weil ich mich dazu zu klein, zu unbedeutend fühlte, wobei andere Menschen da kein Problem hatten. Auch vorher schon, in der Schule, musste ich vom Gymnasium runter, weil ich in der fünften Klasse plötzlich einen völligen Blackout hatte. Ich hatte in der Realschule, bis zum Schluss eine unbestimmte Angst – obwohl Schulbester, fast nur Einser – ich könne noch rutschen. Also wieder so einen Blackout zu kriegen, ohne zu verstehen. Ich war total schleimig zu Lehrern, ein peinlicher Streber, aber Lehrer verkörperten Autorität, und von Autoritäten wollte ich Anerkennung. (Genau im Wechsel dazu, benahm ich mich später manchmal peinlich-rebellisch, nur um gegen etwas zu sein. Aber das nur am Rande ...) Gleichzeitig war ich bemüht mit der Klasse befreundet zu sein, um nur ja nicht als blöder Streber durchzugehen, der ich war. Aber getrieben. Unentwegt bemüht, es allen Recht zu machen. So ein Beispiel: Wir sollten für den Geschichtsunterricht ein Buch mitbringen, ein einziges Buch, ich brachte zwei große Tüten von zuhause mit. Um ein Lob von der Lehrerin zu kriegen! Ich brauchte das!

Und was habe ich später als Frau bekommen ... eine strafende, autoritäre Zicke.«

Es ist leider eine Tatsache, dass in vielen gescheiterten Ehen

Kinder die emotionale Lücke füllen sollen und müssen, die der Partner hinterlässt.

»In Ehen, in denen es kriselt«, schreibt Werner Stangl, »werden die Söhne dann auch von den Müttern als Partnerersatz behandelt und erwarten von ihnen jene Aufmerksamkeit und Zuwendung, die sie vom Partner nicht bekommen. So kann es später durch diese Überforderung zu einer auffälligen Diskrepanz zwischen großer Selbstsicherheit nach außen und einer inneren Unsicherheit und Kränkbarkeit kommen. Das Kind wird mit doppelten Botschaften konfrontiert, hat Schwierigkeiten sich zu orientieren und lernt das Verhalten zu präsentieren, das ihm die meisten Vorteile einbringt. Dass er auch um seiner selbst willen geliebt wird, auch wenn er keine Leistung bringt, hat der später narzisstische Mensch nie gelernt.«[37]

Stattdessen speichern viele solcher Männer: Sei nicht böse, sei niemals wütend auf die Mama. Wenn diese Männer später dann doch mal laut werden wollen, Grenzen setzen oder eigene Forderungen wahrnehmen, dann haben sie meist mit starken Schuldgefühlen zu tun.

Und die sind so stark, dass vermeintlich starke Männer Konflikte verdrängen. Sie verschließen sich damit vor ihren eigenen Gefühlen und der Partnerin, ziehen die heimliche Wut der Konfrontation vor. Aufgestaute Wut, die solche Männer zielstrebig gegen sich selbst richten, statt ihre Wünsche zu artikulieren. Sie wirken dadurch oft handlungsunfähig, starr und zurückgenommen, während sie hinter der Fassade mit sich hadern und an sich selbst zweifeln.

Auch alleinerziehende Mütter laufen Gefahr, ihr Bedürfnis nach Zuwendung und Liebe durch ihr Kind befriedigen zu lassen. Die offene oder versteckte Botschaft an das missbrauchte Kind lautet ähnlich wie die folgende: Du musst mich lieben, weil ich deine Mutter bin. Was habe ich nicht alles für dich getan! Immer habe ich mich für dich aufgeopfert. Mein ganzes Leben habe ich immer nur für dich gesorgt. Nur du bist mir wichtig! Und dabei ahnen diese Mütter meist nicht einmal, welch verhängnisvolle Entwicklung nunmehr in Gang gesetzt wird.

Die enge Bindung an die Mutter hat scheinbar auch für das Kind Vorteile: Es fühlt sich aufgewertet und in gewisser Weise mächtig, denn es spürt, wie sehr es gebraucht wird als kleiner Ersatz-Mann. Hier wird das Selbstwertgefühl entscheidend geprägt, aber nach einem bizarren Motto, nämlich: Ich bin nur dann wertvoll, wenn ich mich um die Sorgen und Nöte anderer Menschen kümmere.

Stefan beispielsweise wurde so schon als kleiner Junge um unbeschwerte Teile seiner Kindheit betrogen. Sein schwaches Selbstwertgefühl, von dem er gesprochen hat, wurde lediglich dadurch am Leben erhalten, dass er für andere viel leistete. In so einem Fall fühlte er sich unentbehrlich und sein angeknacktes Ego erlebte eine scheinbare Aufwertung. »Aber immer dann«, fährt er fort, »wenn ich nichts für andere tun konnte, fühlte ich mich wertlos und schuldig. Bis heute hin ...« Aus diesem Grund entwickeln viele Männer (und eben nicht nur Frauen) eine merkwürdige Opfer- oder Helferidentität. Es fehlt ihnen schlichtweg am notwendigen Durchsetzungsvermögen, und sie passen sich den Erwartungen anderer immer wieder an. Bis hin zur vorgegaukelten Bedürfnislosigkeit.

»Und es ist so unglaublich schwer, da wieder rauszukommen«, sagt Stefan.

Unter dem Deckmantel der Fürsorglichkeit haben diese Kinder von klein auf eine massive Kontrolle auch der Gedanken erlebt. Mit einem einzigen (perverserweise erfolgreichen) Ziel: Die Abhängigkeit des Heranwachsenden zu verfestigen. Damit der Wurm nicht herausfindet aus der elterlichen Zwangsherrschaft, genannt: Liebe.

Und diese falsche Form der Liebe führt zu innerer Konfusion im Kind. Allgemein gilt, dass Menschen, die so eine Form des emotionalen Missbrauchs an sich selbst erleben mussten, nicht gelernt haben, ihrer Wahrnehmung zu trauen. Was sich lebenslänglich auswirkt, durch permanentes Fragen, grundlegende Unsicherheiten, Wankelmütigkeit. Sind die eigenen Bedürfnisse wirklich berechtigt? Bin ich richtig?

Pausenlos müssen solche Männer sich selbst infrage stellen. Bis sie endlich einmal den Erwartungen anderer entsprechen. Ansonsten drohen bitterliche Schuldgefühle. Grausame Hirnkämpfe.

Und was sich chronisch festsetzt, im Inneren, versteckt, ist: Angst. Oft verborgen hinter monströsen Muskelbergen. Nichts anderes als pure Angst.

Damit es nun also einem Mann gelingt, sich von den Eltern zu lösen, muss er satt geworden sein. Satt und zufrieden in dem Sinne, dass er sich der unbedingten Liebe seiner Erzeuger gewiss sein konnte. War dies nicht der Fall, bleibt eine lebenslange Sehnsucht danach. Eine häufige Folge dieser nach außen verdeckten tiefen Sehnsucht ist die Abhängigkeitskrankheit. Sucht ist eine Hungerkrankheit – der Süchtige hungert nach Zuneigung, findet keine Lösung und versucht, die inneren Defizite mit Essen, Alkohol, Tabletten oder Drogen zu bekämpfen. »Menschen, die als kleine Kinder nicht satt geworden sind an Liebe, werden häufig in der Liebe scheitern«, schreibt unmissverständlich Hans-Peter Röhr.[38]

Solche Männer haben vor allem nicht gelernt, ihre wirklichen Qualitäten und Stärken zu entwickeln, weil sie befürchten, dann nicht mehr geliebt zu werden. Aber für dieses Liebesstreben haben sie ihr verstecktes, ihr wahres Selbst geopfert. Ihr neues Ziel ist nunmehr zu gefallen, perfekt zu sein (als Mann beispielsweise, als Ehepartner), und sie glauben, dass zum Beispiel Karrierist oder der ideale Partner zu sein wichtiger sei, als authentisch und lebendig. »Die Verbindung zu den eigenen Gefühlen geht verloren«, warnt Hans-Peter Röhr, der als Sucht-Therapeut schon viele dieser Männer betreute, »die ständige Überforderung führt zu psychosomatischen Krankheiten oder psychischen Störungen wie Schlaf- oder Ess-Störungen, Süchten, Migräne, chronischer Angst bis Panik, Sinnlosigkeits- und Leeregefühlen, Depressionen.«[39]

Und um eben diese blockierten Gefühlsbereiche geht es dann in einer notwendigen Therapie. Es geht darum, Wut und Ärger zu spüren und konstruktiv umzuwandeln. Und tiefergehender vor allem darum, sich nicht mehr länger den Erwartungen seiner Eltern unterzuordnen. Diese Männer beschäftigt nicht so sehr das gern diskutierte Männlichkeitsphänomen »Schwein«, wahlweise »Macho« oder »Scheißkerl«, als vielmehr: Sohn zu sein. Lebenslänglich. Und zwar: Guter Sohn zu sein. Vorzeigesohn. Lebenslänglich.

Und damit zusammenhängend leiden sie unter ihrer inneren Überzeugung: Ich muss viel leisten, um geliebt zu werden.

Für solche Männer ist es tatsächlich wichtig, sich aus ihrer Opfer-Rolle, einer Opferidentität, zu lösen und zu lernen »Nein« zu sagen. (Als Mann. Glaubt keiner, vor allem keine Frau – aber es ist grausige Realität.) Solche Männer müssen tatsächlich lernen (unberechtigte) Forderungen anderer Menschen zurückzuweisen, auch wenn die Gefahr besteht, dass diese Menschen dann genervt, vielleicht sogar feindselig reagieren. Solche Männer müssen lernen, sich durchzusetzen, ohne zuzuschlagen.

Wiederhole: Es sind nicht selten monströse Muskelberge, die die geistige Schulbank drücken sollten.

Der unfähige Vater

Frank erinnert sich: »Das Verhältnis zu meinem Vater war nicht wirklich gut. Als er sich von meiner Mutter getrennt hat, sind leider ein paar unschöne Dinge passiert, die seitdem unsere Beziehung belasten. Abgesehen davon war er Martina gegenüber immer leicht ›anti‹. Und als wir uns getrennt haben, kam natürlich der Spruch: ›Das war ja von Anfang an klar, dass es so passiert – war ja nur eine Frage der Zeit‹. Und so weiter. Das Verhältnis zu meiner Mutter war allerdings sehr gut und sie stand immer zu mir und hat mir und uns versucht zu helfen …« Eine interessante Erfahrung. Die Väter aller Männer, mit denen ich für dieses Buch gesprochen habe, waren entweder schwach, nicht existent, oder übermächtig, narzisstisch. Es waren keine normalen, also: keine freundlichen, liebevollen Väter.

Die Väter der Zicken, mit denen ich für dieses Buch gesprochen habe, waren ebenfalls Narzissten.

Oder, wie bei Ulrike, nicht existent. Ihr Vater ist nach der Geburt verschwunden, wie sie Georg immer wieder erzählte, nie auf-

getaucht, will keinen Kontakt; sie hat das nie verwunden.
»Welcher Vater?« sagt auch Thomas bestätigend und nickt. »Meine Mutter war geschieden, bevor ich ›Papa‹ sagen konnte, und der Stiefvater, den sie mir dann mit 5 Jahren präsentierte, war ein versoffenes Muttersöhnchen, der betrunken über den Exmann schwadronierte; ein echter Hanswurst, der sich auf jeder Party zum Spaßvogel aufschwang, um nach der Party seine Eifersuchtsszenen zu spielen. Und die waren dann nicht mehr lustig.

Mutter war immer der Halt in meinem Leben. Im Rahmen ihrer Möglichkeiten hat sie für mich getan, was sie konnte, und war bis zur Selbstaufgabe während meiner Krankheit für mich da. Sie ist der beste Mensch, den ich kenne.« Auch Andreas bestätigt: »Ich hatte ein gutes Verhältnis zu meiner Mutter, eine sehr liebe Frau. Bei meinem Vater war das Problem: Der war nie da. Ein Workaholic, der immer sehr spät nach Hause kam. Viel unterwegs, und am Wochenende Tennis spielen. Ich habe den, wenn überhaupt, mit Aktenkoffer oder Tennistasche unterm Arm gesehen. Ich habe eigentlich bis heute überhaupt kein Verhältnis zu ihm. Es gab nur einen Punkt, so zu Pubertätszeiten, da sind wir sehr heftig aneinandergerasselt, als er plötzlich meinte, meine Hausaufgaben kontrollieren zu müssen. Vokabeln abhören, Mathe, und wenn was nicht saß, ist der total ausgerastet. Brüllte durch mein Zimmer.

Er hat unheimlich viel gelesen, wissenschaftliche Abhandlungen, Philosophie, der wusste alles, nur nichts über seinen Sohn.

Das war auch einer der Gründe, warum ich so einen Wert darauf gelegt habe, dass ich selbst viel Kontakt zu meinen Kindern habe.«

>»Die Liebe ist eine Tollheit.
In diesem Punkt waren sich alle Troubadours einig.«

Maurice Valency

– VIERTER TEIL –
GESELLSCHAFTLICHE HINTERGRÜNDE

Warum Zicken überall aus dem Boden sprießen

Narzisstischer Zickenzank ist keine Nischenproblematik, die vielleicht den einen oder anderen Mann, die eine oder andere Frau beschäftigt, sondern längst ein gesamtgesellschaftliches Problem (was es zu beweisen gilt). Interessanterweise ist das diesbezügliche Standardwerk eines hellsichtigen Denkers seit langen Jahren vergriffen. Schon Mitte der 1970er Jahre schrieb der amerikanische Soziologe Christopher Lasch über »Das Zeitalter des Narzissmus«[40] und prognostizierte nichts weniger als eine radikale Umwälzung unserer Werte und Wünsche. Gewissermaßen war er der Prophet des heranbrechenden Zickenzeitalters. Auch der deutsche Psychoanalytiker Stavros Mentzos betont in seinen Veröffentlichungen, dass Institutionen (unter anderem) die Funktion haben, dem Einzelnen eine Ich-Stütze zu bieten und zwar entweder in Form der Abwehr oder der narzisstischen Kompensation. Nun leben wir aber in einer Zeitspanne umgreifender politisch-historischer Wandlungen, die den Zerfall von sozialen Systemen mit sich bringen. »Spricht nicht vieles für die Hypothese«, schreibt Mentzos, »dass der massive Abbau vieler Institutionen seit der Jahrhundertwende zu der explosionsartigen Zunahme von narzisstischen Störungen geführt hat? Damit ist nicht unbedingt gesagt, dass die Menschen von damals gesünder und die Institutionen menschlicher gewesen sind! Es geht nur um die Vermutung, dass der ersatzlose Abbau der damaligen institutionalisierten Abwehrkonstellationen die vorhandenen strukturellen Mängel sichtbar gemacht hat.«[41] Salopp gesagt meint er damit, dass jede Epoche ihre eigene Neurose hatte und sie förderte. So habe die viktorianische Moral zwar bezüglich struktureller Mängel eine vorübergehende Stütze geliefert, »dafür jedoch eine explosionsartige Anhäufung von Psychoneurosen des hysterischen Typus mit sich gebracht. Die sind heute eher seltener. Wie erleben einen Abbau der klassischen Psychoneurosen – gleichzeitig haben die dekompensierten strukturellen Mängel als narzisstische Störungen erheblich zugenommen«.[42] Ohne diesen Punkt nun ausufernd zu behandeln, sei trotzdem kurz auf Richard Sennett hingewiesen, der in seinen Büchern[43] beschreibt, wie gesellschaftliche Konventionen früher das Verhalten in der Öffentlichkeit bestimmten. (Nicht wahr, wir haben uns daran gewöhnt, frühere Epochen irgendwie albern, wenn nicht gar furchtbar zu finden, die Menschen der damaligen Zeit auf jeden Fall dümmlich und ungebildet – und uns selbst heute als unglaublich frei einzustufen. Nein, nein, mein Freund ... Also Vorsicht: Wir haben uns nur neue Fesseln angelegt.) Diese Konventionen, die heute als einengend, künstlich und für die Spontanität des Gefühls tödlich verurteilt werden, schufen früher eine Distanz von Anstand und Gesittung zwischen den Menschen, schränkten die Demonstrationen von Gefühlen in der Öffentlichkeit ein und förderten Höflichkeit und Weltbürgertum. (Höflichkeit ist ziemlich verschwunden, stimmt's?) Im London oder Paris des 18. Jahrhunderts konnte jeder miteinander reden. Auch völlig Fremde. Es gab einen gemeinsamen Fundus an gesellschaftlichen Gebärden und Signalen, der es Menschen ungleichen Standes erlaubte, sich mit Anstand zu verständigen und in der Öffentlichkeit zusammenzuarbeiten, ohne sich aufgerufen zu fühlen, ihre sogenannten innersten Geheimnisse zu enthüllen. Das alles brach erst im 19. Jahrhundert zusammen – und dann kam es zu der folgenschweren Überzeugung, dass öffentliches Handeln die innere Persönlichkeit des Handelnden offenbart. »Der romantische Kult der Aufrichtigkeit und Authentizität riss den Menschen die Masken ab« schreibt Christopher Lasch, »die sie in der Öffentlichkeit getragen hatten, und trug die Grenzen zwischen privatem und öffentlichem Leben ab. In dem Maße, in dem die Öffentlichkeit als Spiegel des Ichs verstanden wurde, verloren die Menschen die Fähigkeit, sich distanziert und folglich auch spielerisch zueinander zu verhalten, was ja einen gewissen Abstand vom eigenen Ich voraussetzt.«[44]

Spricht man in der Gegenwart mit Therapeuten (was eine meiner Hauptaufgaben für dieses Buch war), dann hört man, also ich, immer wieder: Jene Entscheidungsträger, die an der Spitze der sozialen Hierarchie stehen, sind häufig gestört in ihrer narzisstischen Entwicklung, da sie in ihrer frühen Kindheit oft nur ungenügend Liebe, Zuwendung und Stimulation durch ihre Mütter oder durch beide Eltern erfahren haben. »Diese Menschen versuchen, ihren Mangel zu kompensieren, indem sie ihn mehr oder weniger vollständig auf die Individuen verlegen, die ihnen untergeordnet sind.« (Raymond Battegay)[45]

Beinahe alle Psychotherapeuten berichten von Frauen und Männern, die eine bemerkenswerte berufliche Karriere hinter sich haben, die jedoch durch Narzissmus aufs Schwerste gestört sind. »Sie können Manager einer großen Firma sein, Politiker, Universitätsprofessoren, aber nichtsdestoweniger bemerken wir, dass sie sich zu entwerten trachten, dass sie von depressiven Verstimmungen gequält werden, wenn sie keinen beruflichen Erfolg haben, und in ihrer Fantasie zu Fusionen mit anderen Menschen neigen.« (Raymond Battegay)[46]

Warum sind Zicken deshalb oftmals so erfolgreich? Weil es ihnen leicht fällt einen sogenannten persönlichen Eindruck zu hinterlassen, und weil sie Meisterinnen darin sind, die Feinheiten der Selbstdarstellung zu handhaben. Und all das kommt ihnen in politischen und wirtschaftlichen Organisationen zustatten, in denen

Leistung inzwischen weniger zählt als »Präsenz«, »Dynamik« und das berüchtigte »Erfolgsimage«. »Da das loyale Unternehmensmitglied von dem bürokratischen Spielmacher verdrängt und im amerikanischen Wirtschaftsleben die Loyalitätsepoche abgelöst wird vom Zeitalter der Manager und ihrer Erfolgsspiele kommt der Narzisst zum Zug«, schreibt Christopher Lasch, um noch eine Schippe draufzulegen: »Das neue Erfolgsideal ist jeden Inhalts bar. Erfolg ist gleich Erfolg. Man beachte die Konvergenz von Erfolg im Geschäftsleben und Berühmtheit in der Welt von Politik oder Unterhaltungsindustrie, die auch von Sichtbarkeit und Charisma abhängt und nur durch sich selbst definiert werden kann«.[47]

Anders ausgedrückt: Das einzig bedeutsame Attribut von Berühmtheit ist heutzutage, dass man eben berühmt ist. Und gefeiert wird. Warum, weiß niemand so recht, und: Es ist auch völlig egal (idealtypisch: Verona Pooth, ehemalige Feldbusch).

Statistische Zahlen über die Zunahme des Zickenvirus sind schwierig. Schätzungen liegen gerne einmal bei einer Verbreitungsdichte zwischen 1 und 25 Prozent der Bevölkerung, aber diese Näherung erinnert eher an einen ungelenken Münzwurf. Zum einen liegt das daran, dass Narzissten kaum in eine Therapie gehen. Da müsste schon »der Himmel auf den Kopf fallen«, und gerade in betuchteren Verhältnissen schmeißt man eher seinen Ehepartner raus und schimpft den Rest seines Lebens weiter darüber, dass diese Person die Ursache allen Übels war.

Zum anderen ist der Begriff zwar griffig und wird gerne verwendet (wie auch in diesem Buch), psychotherapeutisch allerdings nicht annähernd so zu klassifizieren und zu behandeln, wie ein Magen-Darm-Virus.

Aus eigener Beobachtung (hey, würde ich sonst dieses Buch schreiben!) muss ich allerdings sagen, dass es keiner großen Recherche bedarf, Menschen zu finden, und zwar Männer und Frauen, bei denen Züge von »negativem« Narzissmus anzutreffen sind. Menschen, die sich und ihrer Umgebung das Leben schwer machen. Oder eben auch: Zicken.

Das ist kein haltbarer Wert, richtig. Allerdings bin ich als Journalist viel unterwegs und habe auch einen Freundes- und Bekanntenkreis, der sich nicht nur aus den vertrauten Gemeinsamkeiten, sowie gleich gelagerten sozialen Schichten zusammensetzt. Ich möchte einmal behaupten: Ein annähernder Durchschnitt durch die Bevölkerung.

Vorsicht: Ich weiß, dass das auch sehr viele Spinner behaupten (der Leserbrief-Klassiker: »Ich spreche für die schweigende Mehrheit in Deutschland«), und ich will daraus auch keine belegbare Bedeutung ablesen.

Aber ich habe in den letzten 20 Jahren ein gutes Gefühl dafür entwickelt, ob ein sogenannter gesellschaftlicher Trend existiert oder nicht. Und in diesem Zusammenhang – nur noch mal wiederholt – sehe ich mich umgeben von Paaren, Ex-Paaren, verhassten Paaren, die in einer solchen Zicken-Spirale steckten.

Und das in allen Generationen.

Wir brauchen uns nur umzusehen: Umgeben von minderjährigen Sonnenbrillenzicken, die den Wert eines Menschen hundertprozentig ernsthaft an der Wahl seiner Kleidung ablesen möchten. Und noch von Diskotheken und Clubs bestätigt werden, die das Ritual der Rampenselektion zu einem Einstimmungsmittel in das Wochenende erkoren haben, um damit einen elitären Kreis von Auserwählten zu schaffen und die Bewunderung (wahlweise den Hass, den Neid) der Ausgegrenzten ins Unermessliche zu steigern. Zicken bilden dabei meist den innersten Kreis der Auserwählten. Denn was wäre das Nachtleben ohne eine stattliche Zickenzahl, die sich zu bewegen wissen. Ohne eine stattliche Zahl von schönen Frauen, die in jede Kamera lächeln und zu strahlen verstehen.

Diese »Mode der eingestandenen Selbstgefälligkeit«, wie der (verstorbene) Journalist Benno Kroll die Abläufe des Ausgehens definierte, markiert einen Wendepunkt in der Geschichte der öffentlichen Wahrnehmung. »Schönheit«, schreibt er über den neuen Zeitstil Anfang der 1970er Jahre, »auch männliche Schönheit, wurde zu einer Tugend ohne Unschuld, zum Marketingbonus. Meine Münchner Stammdiskothek war das ›Why not‹ in der Herrengasse. Die Gäste dieses Lokals präsentierten sich als ästhetische Auslese, auch die Männer. Die Frauen hatten den Triumph im Blick, der dem Bewusstsein eigener Schönheit entwächst. Die Männer standen in müßiger Haltung an der Bar. Sie wirkten wie von innen geschminkt. Auf ihren ausgezehrten Wangen, in ihren belladonnagewaschenen Augen hatten sie ein abwesendes Lächeln, so als wüssten sie nicht, dass sie die Frauen alarmierten. Das gedämpfte Discolicht floss weich in ihre abendwachen Gesichter, in ihre tief geknöpften Hemden, über ihre modisch, nämlich hippiesk dekorierten Ephebenleiber. Sie empfanden sich wie eine Zärtlichkeit. Sie fühlten sich, als hätten sie sich selbst erschaffen.«[48]

Seit Beginn der 1990er Jahre ist es für den Normalbürger zudem viel einfacher geworden, im Fernsehen (und damit in der vermeintlichen Visualisierung unserer Realität) präsent zu sein. Das geht über sämtliche Formen der Gameshows, Quiz-Sendungen, der Daily-Talkshows bis hin zum weltweit erfolgreichen Big Brother-Experiment. Nasenträger ohne erkennbare Talente werden über Nacht zu bewunderten Stars. Damit werden solche Formate für narzisstische Persönlichkeiten zu idealen Plattformen, um schnell an Gratifikationen großen Ausmaßes zu kommen.

»Das moderne Leben wird in einem so umfassenden Sinne durch elektronische Bilder vermittelt«, schreibt Christopher Lasch, »dass wir gar nicht umhin können, auf Mitmenschen so zu reagieren, als ob ihre Handlungen – wie die unsrigen auch – aufgezeichnet und gleichzeitig einem unsichtbaren Publikum übermittelt oder zur späteren genauen Überprüfung archiviert würden. Versteckte Kamera, bitte recht freundlich! Das Eindringen dieses alles wahrnehmenden Auges in unser Alltagsleben trifft uns nicht einmal mehr unerwartet und ohne Vorbereitung. Es bedarf gar nicht mehr der Ermahnung, zu lächeln. Unsere Gesichtszüge sind von einem Dauerlächeln geprägt, und wir wissen schon, aus welchen Blickwinkeln sie sich am vorteilhaftesten fotografieren lassen.« (Geschrieben: 1976!)[49]

Angestrebt wird mit diesen Worten selbstverständlich kein dümmliches Medien-Bashing – aber wer sich schon einmal in einer Redaktion eines Fernsehsenders oder einer Publikumszeitschrift aufgehalten hat, wird bemerkt haben, dass eine gewisse Dosis Narzissmus gewissermaßen Einstiegsvoraussetzung ist.

Wir erinnern uns: Narzissmus »an sich« ist erst mal gut. Und richtig. (Wie säuselt der Volksmund so schön: Die Dosis macht das Gift.) Die Gefahr besteht darin, dass gewisse »Themen« und Vorgehensweisen (Stichwort: Spektakelwahn) aufgrund einer narzisstischen Befindlichkeit in den Vordergrund drängen. Wo sie von Gleichgesinnten selbstredend gespiegelt werden. Ebenso in Politik und Wirtschaft, die nur noch solche Kandidaten in die Vorstandsetagen spülen, die genau diese narzisstische Befindlichkeit verkörpern.

Um mich nun nicht dem Vorwurf substanzloser Spintisiererei auszusetzen, sei auf eine Studie der Universität von San Diego (Kalifornien) verwiesen. Psychologen untersuchen dort seit 1982 den Grad an Selbstverliebtheit und Egoismus der Studenten mit dem »Narcissistic Personality«-Test. Er enthält Fragen wie: »Wenn ich die Welt regieren könnte, wäre sie ein besserer Ort?« Oder: »Stehe ich gerne im Zentrum der Aufmerksamkeit?«[50]

Lapidar lässt sich festhalten, dass die nach 1982 geborenen Menschen die narzisstischste Generation der jüngsten Geschichte darstellen und eher weit entfernt von einer sozialen Orientierung stehen. Dieser amerikanische Befund deckt sich übrigens mit Jugendstudien aus dem deutschsprachigen Raum, wonach es immer mehr Jugendliche gibt, die kaum noch tragfähige soziale Beziehungen entwickeln, die sich zudem nicht sozial integrieren können und die sich letztlich nur noch selbst in den Mittelpunkt stellen.

Für einige Experten ist dieser Trend zum Narzissmus in der heutigen Arbeitswelt eine fast schon folgerichtige Entwicklung, denn es fehlt die Kommunikation. Man sitzt einsam vor dem Computer und wurschtelt sich als Ich-AG durch den Alltag. Auf sich selbst zurück geworfen, verkümmern die Fähigkeiten, sich in andere Menschen hineinzufühlen. Und am Abend, in der Freizeit, spielt man Computerspiele gegen virtuelle Gegner. Alleine in seinem Zimmer. All das wurde von Christopher Lasch schon in den 1970er Jahren kritisiert (ich wiederhole mich diesbezüglich äußerst gerne): »Da der zeitgenössische Amerikaner den größten

Teil seiner handwerklichen und technischen Fertigkeiten an die Unternehmen abgetreten hat, kann er seine materiellen Bedürfnisse nicht mehr selbst befriedigen. Da die Familie nicht nur ihre materiell produktiven, sondern auch viele ihrer erzieherischen Funktionen verliert, vermögen Männer und Frauen ihre Kinder nicht einmal mehr ohne die Hilfe diplomierter Fachleute aufzuziehen. Die Auszehrung von älteren Traditionen des Sich-zu-helfen-Wissens hat die Kompetenz des Menschen im täglichen Leben auf einem Gebiet nach dem anderen beschnitten und das Individuum von Staat, Firmen und anderen Bürokraten abhängig gemacht.«[51]

Eine weitere Besonderheit unserer heutigen Post-Moderne, die sich produktiv auf eine steigende Zickenquote auswirkt, ist die verbreitete Sucht danach, »groß heraus zu kommen«. Und zwar richtig groß. Bescheidenheit ist keine Tugend mehr, eher lästig, karrierehinderlich, und wer es deshalb nicht nach oben schafft an eine vermeintliche Spitze (und damit vor allem: in ein vermeintliches Glück), der ist selbst schuld. Entscheidend dabei: Die Fähigkeit, sich selbst zu vermarkten und ins rechte Licht zu rücken. Das ist zur lebensentscheidenden Schlüsselkompetenz geworden, ohne die keine Karriere, keine Biografie mehr möglich ist. Ein sogenanntes Image wird schon im Kindergarten und spätestens mit Schuleintritt aufgebaut, propagiert, in der Ausbildung verstärkt, im täglichen Wettbewerb auf den Gipfel getrieben und gnadenlos ausgespielt. Jeder muss selbst sehen, wo er bleibt, ist eine beliebte Erklärung für dieses Vorgehen und wird dementsprechend aggressiv vertreten. Bis in die intimste Komfortzone aus Partnerschaft, Familie, Nachbarschaft und Freundeskreis hinein.

Inszenierung und Präsentation – zwei Schlüsselbegriffe für moderne Arbeitsnomaden. Und damit: verinnerlichtes Lebenskonzept für moderne Zicken.

Und jeder wird sich wahrscheinlich an eine Situation erinnern, einen Arbeitskollegen, sagen wir ruhig: einen Vorgesetzten, bei denen jenseits der reinen Präsentation, der sogenannten Performance, nicht mehr viel kam. Konkreter: Gar nichts mehr kam.

Außer: heiße Luft.

Aber heiße Luft macht Karriere (übrigens ein interessanter Nebenaspekt der Finanzkrise, der kaum betrachtet wird).

Und weil Karriere das einzig wichtige Ziel unserer modernen Gesellschaft geworden ist, stimulieren viele Eltern – wohl aufgrund eigener Erfahrungen – ihre Kinder in Hinblick auf den künftigen Berufserfolg heute schon früh (sehr früh), keine Rücksicht auf andere zu nehmen. Schließlich muss jeder selbst sehen, wo er bleibt! Immer wieder sind es dabei Menschen mit narzisstischer Zickenstruktur, die in der Öffentlichkeit eine auffällige Rolle spielen und es dabei zu beträchtlichem beruflichen Ansehen bringen. Die Reichen und Schönen (dazu gehören inzwischen auch alle diejenigen, die sich, vielleicht auch nur für Minuten, im Licht der Scheinwerfer sonnen dürfen) leben die Fantasie des narzisstischen Erfolgs aus, die aus nichts anderem als dem Wunsch besteht, überall und immer bewundert zu werden – und zwar nicht für seine Leistungen, sondern einfach dafür, man selbst zu sein (»ich bin halt so, wie ich bin!«), unkritisch und ohne jeden Vorbehalt.

Jede Zicke ist in dieser Disziplin unübertroffen.

Die moderne – benutzen wir ruhig das mal anstößige, mal wieder populäre Wort: kapitalistische Gesellschaft – lässt nicht nur narzisstische Persönlichkeiten zu Promis werden, sondern kitzelt bei jedem von uns narzisstische Züge heraus und »gibt dem Affen Zucker«. Einerseits dadurch, dass Narzissmus auffällig und in attraktiver Gestalt Vorbild wird (hey, Paris Hilton ist die Jugend-Ikone), dabei elterliche Autorität aushöhlt und damit den Kindern das Erwachsenwerden erschwert. (Perfekt gelungen)

»Leistung ist Nebensache – darin sind sich die Karriereratgeber einig. Die Fleißigen sind die Dummen, die Aufgaben für zwei erledigen und sich wundern, warum sie sich in jungen Jahren ausgebrannt fühlen. Also: Sorgen Sie dafür, dass Sie zu den Klugen gehören. Beim Chef können Sie wahrscheinlich ohnehin durch gute Witze leichter punkten als durch fehlerfreie Berichte.« So offen schreibt die größte deutsche Boulevard-Zeitung über das Alltagsleben in deutschen Büros. Und: »Fleiß ist unrentabel. Harte Arbeit ist im Vergleich zu Networking und guter Schauspielerei nicht nur nebensächlich, sie ist auch finanziell völlig unrentabel – werfen Sie nur mal einen Blick auf unbezahlte Überstunden, verfallene Urlaubstage und persönliche Lohnnebenkosten von Kleidung bis Kraftstoff!«[52] Der Industriemagnat früherer Epochen, der in persönlicher Zurückgezogenheit lebte (gerne auch in skurriler Einsamkeit wie Howard Hughes) oder der unerreichbare Politiker, der hinter den Kulissen die Geschicke von Nationen lenkte, sind ausgestorbene Typen. Sogar Beamte, die nicht vom Wählerwillen abhängen, aber offenbar mit Problemen der hohen Politik befasst sind, müssen sich ständig im Blickfeld der Öffentlichkeit halten. Wodurch Politik zu einer Art Ohnsorg-Theater degradiert wird.

Vereinfacht gesagt: Der Wandel in der heutigen Gesellschaft ist ein ungemeiner Vorteil für jede Zicke. Denn ein Mensch, der weder über Gefühle für andere noch für sein Selbst verfügt, kann in vielen Berufsfeldern außerordentlich effektiv funktionieren. Und dadurch natürlich erfolgreich werden. Eine Zicke zeigt dabei Ehrgeiz in gleichem Maße wie eine bewusste oder unbewusste Tendenz zur Ausbeutung und Unbarmherzigkeit gegenüber den Mitmenschen. Und diese Eigenschaften erweisen sich immer dann als nützlich, wenn ein Mitarbeiter streng und ohne Rücksicht durchgreifen soll. Beim Kündigen von Mitarbeitern stehen Gefühle nur im Wege. Das charakteristische Streben des Narzissten nach Macht und Herrschaft gilt inzwischen als Karriere-Voraussetzung. Aus Gründen der Ausgewogenheit ist es natürlich unsinnig zu behaupten, dass jeder Aufsteiger, der nach Macht greift, von narzisstischen Beweggründen befeuert wird (trotzdem ketzerisch gefragt: Wovon denn sonst?), aber umgekehrt »wird ein Schuh draus« (diese schöne, alberne Sprachwendung). Entscheidend ist nämlich die berühmte Frage nach dem Zweck und den Mitteln – und für Zicken dreht sich alles um ihren Vorteil. Oder psychoanalytisch ausgedrückt: »Der Narzisst wird zu seiner eigenen Welt und glaubt, die ganze Welt sei er«, schreibt Alexander Lowen. »Um sein Ziel zu erreichen, schreckt er nicht vor zweifelhaften Methoden wie Manipulation, Lüge und Verführung, in extremen Fällen sogar vor Verbrechen zurück.«[53]

Schlagworte in der Tagespresse wie »Gewinnmaximierung«, »Shareholder Value« und ähnliche Blasen, meinen in Wirklichkeit: Rücksichtslosigkeit. Basierend, letztlich, auf Verachtung der Mitmenschen. Und der typische Narzisst, die klassische Zicke, selbstbezogen und rücksichtslos, sie erfüllt in idealer Weise jene Bedingungen, die in der Wirtschaft gefragt sind und werden daher auch Karriere machen. Andere fallen durch das Raster.

Eine ausbeuterische Haltung sich selbst und anderen gegenüber, diese Eigenschaft prägt das Lebensgefühl unserer Gesellschaft – und (interessanter Zusammenhang) sind typische Kennzeichen der meisten Zicken. Und wenn wir diese ausbeuterische Haltung noch großflächiger verstehen, potenzieren, dann lässt sich auch verstehen, wie es dazu kommen konnte, dass wir derart rücksichtslos und selbstsüchtig mit den Rohstoffen unserer Erde umgehen.

Nicht zu vergessen: Leere und Langeweile. Also Zicken-Alltag. Um beides zu überwinden und um sich selbst zu spüren, werden zunehmend stärkere Reize gesucht. (Wiederum die Rückkopplung an die Medien, die gleichfalls in Extremen denken, also dankbar abnehmen, was an »Menschenmaterial« angeboten wird. Und dadurch wieder als Katalysator wirken. Heißt: Normalität erzeugen.) Mit anderen Worten: Unsere Gesellschaft fördert auch noch die Entwicklung des falschen Selbst. Auf der Suche nach einem persönlichen Vorteil, da jeder nur noch mit der eigenen Nabelschau beschäftigt ist, erweist sich die narzisstische Charakterstruktur einer Zicke als »Alleinstellungsmerkmal« (Marketing-Sprech). Ihre Gedankenwelt wird von anderen erst gar nicht verstanden, und das macht sie unkalkulierbar (wichtig im täglichen Konkurrenzkampf). Eine zuweilen angemahnte Neuorientierung unserer Gesellschaft (nicht von ihr, der Zicke selbstverständlich) hin zu einer sozialen oder gar solidarischen Gemeinschaft verwirrt eine Zicke eher. Wie auch dieser merkwürdige Begriff: »Nächstenliebe« …

»Der Unterschied zwischen Sein und Haben«, schreibt der unverwüstliche Erich Fromm (der mir als Schüler nur als penetranter Moral-Hippie denkfernster Banalitäten ein Begriff war; der aber bei

Weitem interessanter und vielschichtiger ist, als in seinem berühmt-berüchtigten Standard-Oberstufenschüler-Tremolo Die Kunst des Liebens), »ist nicht identisch mit dem Unterschied zwischen östlichem und westlichem Denken. Er entspricht vielmehr dem Unterschied zwischen dem Geist einer Gesellschaft, die den Menschen zum Mittelpunkt hat, und dem Geist einer Gesellschaft, die sich um Dinge dreht. Die Haben-Orientierung ist charakteristisch für den Menschen der westlichen Industriegesellschaft, in welcher die Gier nach Geld, Ruhm und Macht zum beherrschenden Thema des Lebens wurde.«[54]

Und damit zum beherrschenden Lebensthema aller Zicken.

Marketing bietet einer entsprechend veranlagten Persönlichkeit also vielfältige Möglichkeiten zu kompensatorischer Befriedigung. Und stellt somit einen idealen Nährboden für narzisstische Bestrebungen dar, in einer Ich-zentrierten Gesellschaft, die von Menschen geprägt wird, die ihr wahres Selbst nicht kennen und deshalb tagaus, tagein mit sich selbst beschäftigt sind. (Auch Hans-Jürgen Wirth beschäftigt sich in seinem Bestseller »Narzissmus und Macht«[55] mit diesem Zusammenhang, genauso wie Georg Frank in seiner spannenden Studie »Ökonomie der Aufmerksamkeit«.[56] Und zuletzt sei noch auf Gerhard Damman mit seinem Buch »Narzissten, Egomanen, Psychopathen in der Führungsetage«[57] verwiesen.) Überträgt man diesen Sachverhalt von der philosophischen auf eine konkrete Sachebene, so lässt sich dort gleichfalls ein Trend zur Entwertung alter »Dinge«, materiell wie immateriell, feststellen. Hat Erich Fromm auch schon längst beklagt: »Wie ihre bürgerlichen Eltern folgten sie der Devise, dass nur das Neue schön sei, und entwickelten fast ein phobisches Desinteresse an jeglicher Tradition und dem Denken der bedeutendsten Köpfe, die die Menschheit hervorgebracht hat.«[58]

Christopher Lasch geht auch diesmal sogar noch einen Schritt weiter: »Die Lockerung der sozialen Bindungen spiegelt zugleich eine narzisstische Abwehr von Abhängigkeit. Eine kriegerisch-feindselige Gesellschaft neigt dazu, Männer und Frauen hervor zu bringen, die im Innersten antisozial sind.«[59]

Science-Fiction?

Über das Wesen der Prominenten

Aus den USA stammt eine weitere interessante Studie, die man allerdings, wie so viele interessante Studien, die den Weg in unsere Tageszeitungen finden, nicht allzu dogmatisch bewerten sollte. Der Kommunikationswissenschaftler Mark Young von der USC Annenberg School for Communication hat zusammen mit dem Psychiater Drew Pinksy von der Keck School of Medicine 200 Prominente aus dem Unterhaltungssektor einem psychologischen Test unterzogen, der Merkmale für eine narzisstische Persönlichkeitsstörung misst (NPI – (Narcissistic Personality Inventory).[60] Nimmt man die Wissenschaftler beim Wort, dann ist dies sogar die erste Studie, die systematisch und empirisch der Frage nachgeht, wie die Persönlichkeit von Prominenten beschaffen ist.

Eine der Grundproblematiken (nicht aus Sicht der Wissenschaftler allerdings) ist natürlich, wie man dieses merkwürdige Phänomen »Prominenz« überhaupt definieren soll. Bezeichnenderweise hat sich selbst in der Alltagssprache die Kategorisierung nach A-, B- oder C-Promis eingebürgert. Um davon noch gewisse all time legends abzugrenzen, Menschen also, die derart legendär sind, dass sie dringend von den handelsüblichen Bildschirmprominenten abgegrenzt werden müssen. (In Deutschland genießt beispielsweise Loriot einen derartigen Status.) Zudem ist unsere Vorstellung eines Prominenten ausschließlich geprägt von boulevardesken Anekdoten, vielleicht gerade noch einigen Interviews.

Inwiefern also die an der Studie teilnehmenden »Prominenten« nun tatsächlich repräsentativ für die ganze Sparte sein können, ist äußerst fraglich. Denn sie ist letztlich kaum zu umgrenzen; sie umfasst Sport, Politik, Show, aber auch moderne Künstler.

Die Wissenschaftler haben deswegen Narzissmus als Charakterzug ausgewählt, weil dieser meist den Prominenten zugesprochen wird. Narzissten gieren allgemein nach Aufmerksamkeit, so Pinsky, sie überschätzen gerne ihre Kapazitäten, während ihnen Einfühlungsvermögen fehlt und sie zu launischem Verhalten neigen. Narzissten sind aber auch beliebt, besonders bei der ersten Begegnung, sie sind extrovertiert und verhalten sich gut in der Öffentlichkeit. Der Test misst sieben Eigenschaften von Narzissten: Überheblichkeit, Exhibitionismus, Autorität, Ausbeutung, Einzigartigkeit, Anspruchsdenken, Eitelkeit. Zumindest die »Prominenten«, die am Test teilnahmen, sind statistisch signifikant narzisstischer als die Allgemeinheit und übertreffen darin auch Studenten, die gerne führende Unternehmer werden würden. Unter den Prominenten der Unterhaltungsbranche stechen offenbar besonders die Teilnehmer an Reality-TV-Produktionen heraus, die Schauspieler, Musiker oder Kabarettisten in Sachen Narzissmus übertreffen. Dieses Ergebnis überrascht nicht wirklich, denn besagte Protagonisten sind dafür bekannt (und dafür ausgewählt, heißt neudeutsch: gecastet worden), dass sie sich bis an die Grenze des Erträglichen exhibitionieren. (Sie selbst sprechen meist von »authentisch sein«, aber das ist ein anderes Thema.) Während in der Gesamtbevölkerung bislang Männer anfälliger für Narzissmus seien, würden bei den Prominenten aber Frauen die Männer übertreffen. (Und wie nennt man prominente Frauen meistens? Genau: Zicken!)

Viele der Prominenten hätten auch schon vor der Zeit, als sie berühmt wurden, narzisstische Verhaltensweisen gezeigt. Das könnte bedeuten, so Young, dass die Unterhaltungsbranche besonders auf Narzissten anspringt, weil sie mit diesen »effektiver« arbeiten kann. So würden also nicht Medien oder die Unterhaltungsbranche Narzissten durch vermehrte Aufmerksamkeit erst produzieren, sondern nur

Narzissten durch Selektion belohnen. Die haben aber dann wohl in aller Regel durch ihr Verhalten bereits Möglichkeiten gefunden, die Aufmerksamkeit anderer Menschen auf sich zu ziehen und im Mittelpunkt zu stehen. Aus dieser Schlussfolgerung lassen sich noch weitere bedenkenswerte Gedanken destillieren. Zum einen agieren Prominente in den seltensten Fällen gegen die Interessen und Vorlieben ihrer Fans. Das heißt also: Wir leben inzwischen in einer Epoche, in der narzisstische Merkmale attraktiv sind. Denn offensichtlich stehen Narzissten im Mittelpunkt der allgemeinen Aufmerksamkeit. Mehr noch: Narzissten haben sogar größere Karrierechancen in den Medien.

Denn Medien sind Spektakelsensoren. Sie erzeugen überhaupt erst Prominenz (wer nicht in den Medien auftaucht, ist nicht prominent), was letztlich nichts anderes bedeutet als Aufmerksamkeit. Umgekehrt gilt: Wer prominent sein, also auf der Bühne stehen und den Blicken der anderen direkt oder über die Medien ausgesetzt sein will, muss sich exponieren wollen und daran Gefallen finden. Da bekanntermaßen Prominenz inzwischen nicht mehr an eine irgendwie geartete Form von Talent, Können oder Begabung, sondern ausschließlich an den Grad der Aufmerksamkeit geknüpft ist, den man in den Medien erzeugt, steht der Rest der Bevölkerung unter Druck, sich zunehmend als Versager zu fühlen, wenn er keine oder zu wenig Aufmerksamkeit findet, schlimmstenfalls sogar anonym bleibt (neudeutsch: eine sinnlose Existenz geführt zu haben).

Polizeipsychologen weisen deshalb schon länger darauf hin, dass Jugendliche versucht sein könnten, durch Amoktaten mediale Aufmerksamkeit zu wecken, um dadurch (auch um den Preis des eigenen Lebens) zumindest für fünfzehn Minuten im Blickpunkt der Öffentlichkeit zu stehen.

Der Verlust von Werten (in einem geistigen Sinne gemeint, nicht materiell), der auch und gerade den Menschen mit einer narzisstischen Störung prägt, in einem mephistophelischen Sinne sogar antreibt, ist nicht nur ein plattes Schlagwort, sondern konkret spürbar.

Zum Beispiel, wenn es um das eigene Leben geht.

Die Jagd nach materiellem Besitz, Status und Anerkennung treibt die Welt in immer tiefere Krisen.

»Man denke nur an die früheren Würdenträger aus Adel, Militär, Politik, Klerus, Bürokratie«, schreibt diesbezüglich Volker Faust, »bei denen solche Auseinandersetzungen nicht nur für die Betroffenen, sondern auch für alle Nachgeordneten, ja überregional, national und zwischen den Völkern zu ernsten gesundheitlichen, wirtschaftlichen, politischen, kulturellen, militärischen, religiösen u. a. Folgen führte. Wer sich in der Geschichte auskennt, weiß, was der Narzissmus schon alles angerichtet hat.«[61] Narzissmus als Charakterstruktur ist typisch für eine Gesellschaft, die jedes Interesse an der Zukunft verloren hat. Gedanken an Alter oder gar Tod sind absolut unerträglich (Gespräche werden rigoros abgewürgt) und führen zu dem Versuch, das Alter überhaupt abzuschaffen und das Leben unbegrenzt zu verlängern. Ganz nebenbei erschließt sich hier auch einer der Gründe für die massive Politikverdrossenheit und Unwilligkeit, sich zu engagieren, ob nun in Parteien, Gewerkschaften oder Kirchen. »Wenn die Menschen sich außerstande sehen, Interesse für das Leben auf Erden nach ihrem eigenen Tode aufzubringen«, schreibt Christopher Lasch, »trachten sie nach ewiger Jugend. Deshalb machen sie sich auch keine Sorgen um die Fortpflanzung ihrer Art. Wenn die Perspektive der Ablösung durch die nächste Generation – die natürliche Folge der Elternschaft – unerträglich wird, so nimmt Elternschaft fast die Form einer Selbstzerstörung an.«[62]

Kein Interesse an der Zukunft – lässt sich ungefähr so zusammenfassen: weil kein Interesse an der Vergangenheit. »Es bereitet ihm Schwierigkeiten«, führt Lasch weiter aus (und meint unverändert den modernen Narzissten), »glückliche Assoziationen zu verinnerlichen oder sich einen Grundstock von liebevollen

Erinnerungen aufzubauen, mit dem er für seine zweite Lebenshälfte gewappnet ist, die für ihn auch im besten Falle stets Trauer und Schmerz bereithält. (...) Eine Gesellschaft, die ›Nostalgie‹ als marktgängiges Konsumgut an der kulturellen Börse handelt, kann sich bald nicht mehr vorstellen, dass das Leben in der Vergangenheit in bedeutsamer Weise besser gewesen sein könnte als heute. Nachdem die Menschen die Vergangenheit insofern trivialisiert haben, als sie sie mit veralteten Konsumgewohnheiten, abgelegten Moden und Verhaltensweisen gleichsetzen, nehmen sie an jedem Anstoß, der ernsthaft auf die Vergangenheit Bezug nimmt oder in ihr Maßstäbe zur Beurteilung der Gegenwart zu finden sucht.«[63]

Für den Augenblick – das JETZT, in einem zeitgeistig-spirituellen Zusammenhang – für sich selbst zu leben und nicht für Vorfahren oder Nachwelt, das ist die heute vorherrschende Passion. Ohne diesen Tatbestand (ausnahmsweise) werten zu wollen. Es liegt auch Befreiung darin. Aber (und damit wieder zurück zum Thema dieses Buches): Dieser historische Bruch erleichtert das Tagesgeschäft einer Zicke. Sie braucht sich nicht um dieses imaginäre Band zu scheren, das vergangene und jetzige Generationen miteinander verknüpft. Stattdessen (in ihrer Sicht) beginnt alles immer wieder neu von vorne. Jeden Tag erneut. Die Vorstellung, dass wir als Menschheit aus einer gemeinsamen Vergangenheit kommen und in eine gemeinsame Zukunft aufbrechen müssen – so etwas geht immer mehr verloren.

Eine Zicke erzählt:

»Es ist nicht erst seit gestern so, dass ich den leisen Verdacht habe, dass irgendwas nicht ganz stimmt mit mir. Ich will das nicht an die große Glocke hängen, aber es beschäftigt mich doch auch.

Meine Freunde und erst recht mein berufliches Umfeld haben selbstverständlich keine Ahnung, worüber ich mir manchmal so meine Gedanken mache. Ich würde es auch niemandem erzählen. Für meine Leute bin ich das Idealbild einer toughen, starken Powerfrau. Mich kriegt nichts unter, und ich sehe auch noch verdammt gut aus. Eigentlich perfekt! Was in mir drinnen los ist, interessiert keinen und braucht auch niemanden zu interessieren. Schließlich habe ich zwei Jahrzehnte hart dafür trainiert, dass mir niemand mehr ansieht, was in meinem Inneren los ist. Ich würde behaupten, dass es keinen Menschen gibt, der meine Fassade durchschaut, nicht mal mehr meine Mutter.

Manchmal finde ich es selbst erstaunlich, wie dankbar die Leute für eine Heldin wie mich sind. Ohne Schwäche, völlig angstfrei, intelligent, ohne Minderwertigkeitskomplexe. Manchmal finde ich dieses Bild ja auch selbst toll – und dann wieder total zum Kotzen.

Der Haken dabei ist: Ich darf auch niemals Schwäche zeigen. Ich bin dazu verdammt, vierundzwanzig Stunden am Tag perfekt zu sein. Für mich selbst ist diese Schere ziemlich bizarr. Ich musste zum Beispiel, im Zuge einer Management-Schulung, einen Vortrag halten, der selbstverständlich mit Digitalkamera aufgezeichnet und später analysiert wurde.

Ich sah mich also auf dem Band, und ich wusste, wie ich mich gefühlt hatte. In mir drin hatte ich das Gefühl, ich müsse mich gleich übergeben, mir war schwindlig, ich sah teilweise doppelt, dann wieder unscharf, ich hörte auch nur noch eingeschränkt – aber in der Aufzeichnung sieht man eine Frau, die mir äußerlich zwar ähnlich sieht, aber kühl und sicher einen Vortrag hält. Als ich diese Frau sah, wusste ich nicht, ob ich lachen oder heulen sollte. Am liebsten hätte ich gebrüllt: Das ist doch alles nur geschauspielert!

Andererseits verstand ich so zum ersten Mal, warum meine Fassade so perfekt funktioniert.

Nur, die Perversion ist ja – wenn ich tatsächlich mal eine kleine Schwäche erzähle, dann will das niemand hören. Und anscheinend wirkt es auch nicht richtig glaubwürdig.

Meine Fassade funktioniert einfach zu gut. Nach außen hin entspreche ich der Klischee-Geschäftsfrau: Ich bin in einer leitenden Führungsposition, verdiene mehr als gutes Geld, habe es trotzdem noch geschafft, ein Kind groß zu ziehen, genauso wie ich nach meiner Scheidung mehrere Männerbekanntschaften hatte ... Okay, da fängt es an: alles nur oberflächlich. Keiner der Männer war wirklich an mir interessiert. Auch die haben sich nur in meinem Erfolg gespiegelt. Die wollten mal eine Geschäftsführerin ficken, will ich mal ordinär sagen. Und zwar eine erfolgreiche, überdurchschnittliche attraktive Geschäftsfrau, die niemals traurig ist, niemals einsam, niemals hoffnungslos ...

Der perfekte Albtraum.

In mir drin sieht es genau anders aus: Ich fühle mich oft hundeelend, so einsam, dass ich den ganzen Tag heulen könnte, verzweifelt, ohne Energie und vor allem ohne wirkliche Freunde. Und dadurch sogar als Versagerin.

Aber wenn ich irgendeinem meiner sogenannten Freunde auch nur ansatzweise erzähle, wie es in mir drin aussieht, kriege ich sofort die Rote Karte gezeigt. ›Positiv denken‹ oder: ›Du schaffst das, du hast bisher alles geschafft‹ ...

Und was ist die Folge davon?

Ich mache weiter. Ich lasse mich in der Lüge bestätigen, die ich den Leuten vorspiele. Und ich weiß immer weniger, wie ich da noch raus kommen soll.

Ich bin dazu verdammt, irgendeine tolle Frau zu sein. Es ist ein Fluch.«

Es wird einem nichts geschenkt

Eine Zicke fühlt sich im Recht. (Wieso: fühlt sich? Wird sie fragen. Selbstverständlich ist sie im Recht.) Also Vorsicht!

Zickiges Aufbegehren, gepaart mit cooler Attitüde, gilt inzwischen gar als emanzipatorische Errungenschaft. Selbst aus Hollywood (bekanntermaßen nicht gerade ein Hort feministischer Revolution, aber stets am Puls der Zeit) erreichen uns vorrangig sogenannte toughe Frauenrollen. Zickigkeit wird damit umgedeutet in eine Form weiblichen Selbstbewusstseins, verstanden als vermeintliche Leidenschaft und Stärke.

Umgeben von (visuellen) Kommissarinnen, Agentinnen, Killerinnen, könnte man beizeiten den Eindruck gewinnen, brave Hausfrauen trainierten mittlerweile lieber in ihrer Freizeit Revolverschießen und asiatische Kampfsportarten, als einkaufen zu gehen.

Eine nette Frau ist heutzutage nicht mehr »gesellschaftsfähig«. Es ist gewissermaßen das Schlimmste, das man einer Frau nachsagen kann: Sie ist nett. Vielleicht sogar: Sie ist sehr nett.

Als berufstätige Frau, sagt die klassische Zicke, wisse sie halt, dass ihr im Leben nichts geschenkt werde. Und sie glaubt an ihrer Mutter zu erkennen, dass Zurückhaltung und Nettigkeit nur ausgenutzt werden. Letztlich zähle nur das, was am Monatsende auf dem Konto ist. Und wenn man dafür halt ein wenig lügen und intrigieren müsse, dann seien das halt die Spielregeln. Um nicht unterzugehen, müsse man da halt mitmachen.

Der typische Zickengespiele ist diesbezüglich »weicher«, eher moralisch belegt. Aber er hält seine Zickenpartnerin auch nicht für so abgebrüht, wie sie manchmal daherredet. Er gefällt sich sogar als altruistisches Gegenstück zu ihr. Christopher Lasch hat diese Entwicklung schon vor über 30 Jahren vorausgesehen. »Beide Geschlechter sind entschlossen«, schreibt er, »die Gefühle anderer zu manipulieren, sich selbst aber gegen emotionale Verletzungen abzusichern und kultivieren eine seichte Unverbindlichkeit, eine zynische Sachlichkeit, die durchaus nicht immer ihren wirklichen Gefühlen entspricht, aber bald zur Gewöhnung wird und in jedem

Fall die persönlichen Beziehungen allein durch ständig wiederholte Demonstration vergiftet.«[64]

Männer und Frauen stellen extravagante Ansprüche aneinander, so Lasch weiter, und erfahren irrationale Zorn- und Hassgefühle, wenn diese Ansprüche nicht erfüllt werden. So nehme es nicht wunder, dass mehr und mehr Menschen Distanz zu ihren Gefühlen bewahren möchten oder Sexualität nur dann genießen, wenn sie die Intensität der Beziehung selbst bestimmen und begrenzen können.[65]

Inzwischen haben wir eine derart distanzierte Gesellschaftsform erreicht, dass es zum Grundstreben schon junger Menschen gehört, möglichst nichts mehr fühlen zu müssen, um sich dadurch frei zu fühlen. Sie wollen nicht lieben, nicht zweifeln, nicht trauern, stattdessen einfach nur cool sein. Wenn aber der coole Typ nichts fühlt, kann er auch nicht verstehen, was andere fühlen. Er verabschiedet sich nicht nur vom eigenen fühlenden Selbst. Er wird unempfindlich gegenüber den Gefühlen anderer.

Die Verleugnung von Gefühlen zeigt sich als Unabhängigkeit und Stärke. In letzter Konsequenz fordert diese vermeintliche Unabhängigkeit aber sich von seinem lebendigen Fundament abzuschneiden und von der Menschlichkeit zu verabschieden. In diesem Zusammenhang habe ich eine interessante Studie aufbewahrt. Eine Werbeagentur wollte von über 3000 Frauen und Männern im In- und Ausland wissen, ob sie der Aussage, »Ich denke, es ist gut, wenn eine Frau Hausfrau ist und keiner bezahlten Arbeit nachgeht«, zustimmen oder nicht. Während in Deutschland kaum jemand diesem Satz zustimmte, waren die Prozentwerte in den USA von überwältigender Mehrheit.

Warum erwähne ich nun diese Studie?

Weil diese Ergebnisse »eher die soziale Erwünschtheit als die Wirklichkeit widerspiegeln«[66] – so der Leiter der Studie, Professor Hans-Peter Blossfeld (Leiter des Staatsinstituts für Familienforschung an der Universität Bamberg). Gerade in den USA mag man die traditionellen Werte hochhalten und feiern – die Realität sieht ganz anders aus. Dort sind die meisten Bürger zu anderen Lebensmodellen gezwungen. Und in Deutschland mag man noch so sehr das Leitbild der berufstätigen Karrierefrau propagieren – in der Realität sind ein Großteil der deutschen Frauen Hausfrauen.

Wollen es aber nicht sein. In diesem Zusammenhang erwähnenswert auch ein – umkämpfter – Artikel von Martin Textor, seines Zeichens Psychologe vom Institut für Pädagogik und Zukunftsforschung in Würzburg. Er beklagte das »Verschwinden der Mütterlichkeit«. Wörtlich: »Immer weniger Menschen können sich heute noch vorstellen, dass man als junge Mutter wirklich glücklich sein kann. Dass ein Paar die mit dem Kind verbundenen Einschränkungen freiwillig in Kauf nimmt. Eine junge Mutter macht sich heute schon fast lächerlich, wenn sie behauptet, sie könne sich in der Erziehung ihres Kleinkindes besser verwirklichen als in ihrem Beruf. Kurz: Mutterschaft als Teil der Weiblichkeit ist out. Na gut, vielleicht nicht ganz: Ein, zwei Jahre mit Baby zu verbringen ist sehr schön – selbst Film- und Popstars genießen das ja. Aber: Spätestens nach drei Jahren sollte frau zurück an ihren Arbeitsplatz! Und die Sprösslinge in den Kindergarten, dort werden sie schließlich von Fachkräften erzogen und gebildet. Da kann keine Mutter mithalten. Oder?«[67]

Das sind Texte wie Bomben.

Nicht unbedingt aufgrund ihres inhaltlichen Sprengstoffes, sondern aufgrund ihrer zerstörerischen Wirkung: Hass, Aggressionen, Verachtung.

Es gäbe keine intelligenten Vollzeitmamas, so der Tenor der überwiegenden Kritikerinnen, weil diese ihren Bildungsstand vor den Kindern eingefroren hätten. Arbeiten gehen hingegen bedeute: Entwicklung, Erfolgserlebnisse und Reifung eines verdienten Selbstwertgefühls. Hausfrauen dagegen verdummen und so weiter. (Unabhängig vom Verlauf der Diskussion hätte mich interessiert, wo diese Frauen arbeiten, in welcher Branche, um zu derart spirituellen Malocher-Bilanzen zu gelangen.)

Wichtig dabei: Zicken haben ein unglaubliches Gespür für gesellschaftliche Veränderungen, hinter denen sie sich verstecken und die ihnen nützlich sein können. Und sie werden mit allen Mitteln kämpfen, wenn es ihnen dient. Das heißt: Die größte Ausbeuterin, die schlimmste Denunziantin wird über die »unterdrückten

Rechte von Frauen« monologisieren und über die »ausbeuterische Mentalität von Männern« abheben, wenn es ihrem eigenen Kampf dient. Im Sommer des Jahres 2001 haben einige Ikonen der modernen feministischen Bewegung ihre Positionen zum Diskurs über Geschlechterbeziehungen widerrufen. So sagte Doris Lessing, dass sie zunehmend schockiert sei über die gedankenlose Abwertung von Männern, »denn die dümmsten, ungebildetesten und scheußlichsten Frauen können die herzlichsten, freundlichsten und intelligentesten Männer niedermachen, ohne dass irgendjemand was dagegen tut.« Die Abwertung des Männlichen sei so sehr Teil unserer Kultur geworden, dass sie kaum noch wahrgenommen werde. Und letztlich erklärte sie die »Emanzenkultur für denkfaul und heimtückisch«.[68]

Auch Gerhard Amendt, Leiter des Instituts für Geschlechter- und Generationenforschung in Bremen, hat sich über die vergiftete Beziehung zwischen den Geschlechtern seine Gedanken gemacht und dabei vor allem darüber nachgedacht, »warum alle Männer schlecht sind – und warum sie sich nicht gegen diese Behauptung wehren«. Er erinnert sich noch gut daran, wie er »im Alter von acht Jahren mit der Familie in eine Frankfurter Äppelwoikneipe zog und von Männern wie Frauen zu fortgeschrittener Stunde mit fröhlich verschmitzten Augen jener eigentümliche Gassenhauer gegrölt wurde: Die Männer sind alle Verbrecher und ihr Herz ist ein finsteres Loch ... und dann, daran erinnere ich mich besonders gern, weil ich an den Männern zu zweifeln begonnen hatte, kam der erlösende Satz: ... aber lieb sind sie doch! Dieses Frotzeln ist zwischenzeitlich wohl gänzlich untergegangen. Jenes Sowohl-als-auch ist abgeschafft und einer Welt von starren Gegensätzen zwischen den Geschlechtern gewichen. Heute noch darauf zu bestehen, dass die Männer auch liebenswerte Seiten haben, gilt weithin nicht gerade als politically correct.«[69]

Banaler Gemeinplatz stattdessen: Männer verkörpern technische Rationalität und seien unfähig zu kleinsten Anzeichen von Emotionalität; sie zerstören die Umwelt und missachten die Natur; sie sind gewalttätig, kriegerisch, wollen keinen Frieden; sind unablässig aggressiv und tumb – Frauen hingegen friedfertig und harmonisch; alle Männer selbstredend potenzielle Vergewaltiger, sowie Kinderschänder und Mörder; wie überhaupt das Böse in der Welt (siehe »Teufel«) männlich definiert bleibt. Zusammengefasst verkörpern alle Mütter das Gute und alle Väter das Böse.

Zicken beherrschen diese Gegensatz-Kaskaden übrigens im Schlaf. Verschweigen selbstverständlich, dass ihre Geschlechtsgenossinnen inzwischen genauso aggressiv auf der Autobahn drängeln wie männliche Idioten, dass sie sich lautstark in der Öffentlichkeit besaufen und dass sie sich in faschistischen Parteien engagieren. Aber es geht Zicken nicht um Wahrheit oder um Stichhaltigkeit, sondern ausschließlich um den Sieg.

Und dabei kommt ihnen das Alltagsbewusstsein zu Hilfe. Dort fragt niemand nach verborgenen Machtritualen in Partnerschaften, auch nicht nach Gegenseitigkeiten des Geschlechterarrangements, sondern lediglich nach weiblichen Opfern und männlichen Tätern. Und das im universellen Maßstab. Denn wer schuldig ist (wir erinnern uns: niemals eine Zicke!), trägt selbstverständlich auch die Verantwortung (dito).

Warum nun aber, fragt Gerhard Amendt, schweigen Männer zu all diesen Ungereimtheiten, Vorwürfen und Unsinnigkeiten? »Wollen die Männer Missliebiges totschweigen, Beschämendes verklemmt belächeln oder macht sich hier die Arroganz gegenüber einer sich selbst bereits wieder abschaffenden feministischen Wissenschaft breit? Im männlichen Schweigen scheint mir hingegen tiefe Beschämung am Werk. Wenn sich Männer alle Schlechtigkeiten dieser Welt leisten können, locker ohne Widerstand, müssen sie dann nicht grenzenlos mächtig sein? Sozusagen die Herren der Schöpfung, wenn auch einer negativen, aber immerhin ihrer Schöpfung! Wer so mächtig wäre, der müsste mit seinen Mitteln auch das Gute spielerisch können; er müsste das nur wollen. Können täte er es auf jeden Fall. Keimt da nicht Hoffnung auf, als Mann zu guter Letzt Anerkennung von den Frauen doch noch zu beziehen?«[70]

»Jedes Herz ist eine Zeitbombe.«

Graffito

– FÜNFTER TEIL –
TRENNUNGSANALYSE

Also Schrecken ohne Ende?

Eine Zicke spricht bekanntlich gerne ironisch von ihrem Zickendasein, und darüber, dass Frauen im Allgemeinen halt so veranlagt seien. Basta. Ihr Zickensklave nickt dann und lacht lauthals mit (vor allem in Gesellschaft), aber in Wahrheit leidet er darunter. Er empfindet seine Diva nämlich zunehmend nicht als zickig, in einem liebevollen Sinne, sondern als eklig und geradezu böse. Und er wünscht sich eine Trennung.

Aber er schweigt. (Und lacht lauthals mit.) »Sie war permanent überempfindlich«, erinnert sich Stefan, »aber als guter Ehemann habe ich das natürlich überspielt. Sie war sogar extrem überempfindlich: gegen mein Atmen zum Beispiel, gegen Ess-Geräusche, ein kurzes Schnalzen, Pfeifen, Summen, die Art, wie ich irgendwo stehe oder auch, wie ich gehe ... Es gab Momente, wo es mir reichte. Aber ich wollte keine Trennung. Grenzverletzungen, unentwegt, wie gesagt. Kein Respekt vor meiner Person. Wenn ich getroffen war, von ihren Angriffen, dann kam höchstens so ein Kommentar: ›Stell dich nicht so an‹. Dann hob sie immer ab auf so eine Ebene von Männlichkeit, die sie ansonsten natürlich immer lächerlich fand.

Trotzdem habe ich die ganze Zeit über nur darauf hingearbeitet, dass es ihr gut geht. Dass ihr der Abend gefällt, dass sie lacht, dass sie sich wohlfühlt. Und ich wollte alles ausschalten, was ihr nicht gefällt.«

Eine Zicke will ihre Zickigkeit dabei auf keinen Fall aufgeben, sagt sie auch öffentlich (wie sie beinahe alles auch öffentlich austrägt, postuliert, demonstriert), denn als Gegenmodell dazu gäbe es nur die »brave Hausfrau«, und das will sie auf keinen Fall sein. Manchmal versucht ihr Gespiele dann in Nebensätzen anzudeuten, dass es vielleicht noch Zwischenstufen gäbe. Letztlich aber verlaufen alle solche Versuche im Sande, denn eine Zicke interpretiert ihre Wutausbrüche, ihre Angriffe, ihre Beleidigungen als »Leidenschaftlichkeit«. Sie sieht sich dann als Südländerin. »Ich bin halt so, wie ich bin.« Und ihr Begleiter könne mit einer impulsiven Frau nicht umgehen.

Je mehr sie sich aber hineinsteigert, in ihre Wut und angeblich berechtigten Rache-Aktionen, desto mehr kultiviert er eine Atmosphäre der Sachlichkeit und Ruhe. Nur, dass diese Ruhe und Sachlichkeit eine Zicke umso mehr auf die Palme bringt. Letztlich schweigt ihr Kumpan und schluckt selbst die gröbsten Beleidigungen. Frauen sind halt so, sagt er auch seinen Freunden. Andreas nickt. »Annegret hat schnell auch kaum noch etwas erzählt. Zu Anfang hat sie viel von sich erzählt, aber nur damit klar war, wo die Tabuthemen liegen, die ich nie anrühren darf. Ihre Familie zum Beispiel. Das war ihr so peinlich, dass ich die nicht mal sehen durfte. Zufällig mal später. Hab es dann verstanden: Mutter extrem gestört, Vater Alkoholiker. Bruder Autist.«

Manchmal (zunehmend öfter!) wünscht sich ein Zickensklave schon einmal auszurasten und seine Göttergattin anzubrüllen, aber er hat Angst, damit das Klischee eines doofen Mannes zu erfüllen. Ein einziges Mal nur hat er seine Stimme leicht erhoben, und sie war daraufhin tief getroffen und hat ihm diesen »Ausfall« monatelang vorgeworfen, mit einer zynischen Zuspitzung, wohin das bei ihm jetzt wohl noch führen, ob er sie zukünftig sogar noch schlagen werde.

»Zynismus war ihre zweite Haut«, sagt Georg. »Ich bin mit ihr in Urlaub gefahren. Aber als freiberuflicher Übersetzer kann ich keinen Auftrag ablehnen. Also habe ich am Strand ein Buch gelesen, das ich später übersetzen sollte. Daraufhin machte sie mir den ganzen Tag Vorwürfe, ich sei ein Workaholic. Das war alles so weltfremd! Oder eine andere Sache. Einmal lernte ich ihre Mutter kennen, auch eine hochneurotische Person. Ich wollte mich gut verkaufen, als zukünftiger Schwiegersohn und so weiter, und Mutter ließ mich ziemlich auflaufen. Erzählte aber später ihrer Tochter, ich sei ein Schauspieler. Ausgerechnet ihrer Tochter erzählte sie das! Und was machte Ulrike? Sie verwendete diese Aussage von da an pausenlos gegen mich. Gleichzeitig hatte ich aber auch das Gefühl, es freute sie, dass ich so war wie sie ...

Freude gab es ansonsten nie über meine Person. Okay, sie hat mit mir geschlafen, ist mit mir in Urlaub gefahren, ließ sich als Freundin vorstellen. Aber ich war den ganzen Tag damit beschäftigt, sie für mich einzunehmen, verbog mich den ganzen Tag, dass sie mich toll finden sollte.« Besonders belastend ist für den Zickenclown, wenn sie ihm tagelang Eifersuchtsszenen macht, weil er kurz, belanglos mit einer Passantin gesprochen hat. Und sie ihn dafür tagelang mit Schweigen straft. Er aber nicht dazu kommt darüber zu sprechen, dass sie umgekehrt in einer Frivolität mit Männern flirtet, die sämtliche Grenzen überschreitet.

Ein Zickensklave ist nun mal ein verständnisvoller, verzeihender Mann – und Frauen sind halt manchmal schwierig. (Wenn sie nicht gerade ohnehin ihre Tage haben.)

Zurück zur Realität: Zicken sind nicht einfach nur »schwierig« – sie haben oft unüberwindbare Schwierigkeiten, die Wünsche, subjektiven Erfahrungen und vor allem Gefühle anderer auch nur zu erkennen, geschweige denn zu respektieren und ihre eigenen entsprechend anzupassen.

»Sie wollte Streit«, bringt Georg das Partnerschaftsgebrabbel auf den Punkt, »gerade zum Ende hin. Ulrike wollte Geschrei und Eskalation. Es machte sie wahnsinnig, dass ich ihr das nicht geben wollte. Und darauf bin ich fast schon stolz. Ich wusste, dass sie das braucht und ich habe das nicht mitgespielt.«

Kleiner Rückblick: Zu Beginn einer solchen Partnerschaft idealisiert eine Zicke mit Freude ihren neuen Freund und hebt ihn mit prinzipiell positiven Beurteilungen in den Himmel. Natürlich gibt der lechzende Gespiele den Ball freudig zurück. Bis irgendwann kleine fiese Sticheleien beginnen, weil der Kumpan doch nicht so perfekt ist, wie Madame Narzisse das gerne sehen würde (und auch nicht sein kann). Anfänglich wehrt sich der Begleiter noch gegen die niederprasselnden, fast immer lächerlichen Unterstellungen, aber die Deckung nimmt ab. Denn die Behauptungen werden böser und ungeheuerlicher. Und tödlicher.

Das ist ein entscheidender Punkt: Wehrt sich der Gespiele jetzt nicht und ergibt sich stattdessen immer untertäniger, ist er für seine Zicke erst recht wertlos und lachhaft, weil er sich das alles gefallen lässt. Und wird zukünftig noch mehr gedemütigt.

Wachsendes Zickenentsetzen darüber, dass der Komplementär immer weniger toll ist, immer weniger ursprüngliche Lebensfreude und Perfektion ausstrahlt (verständlicherweise), äußert sich bei ihr in immer fieseren Beleidigungen und wahnsinnigeren Unterstellungen. Gleichzeitig ist sie todunglücklich darüber, dass sie von ihrem Partner nicht mehr pausenlos bewundert wird (und hasst ihn dafür nur noch mehr).

Denn dass sie keine Komplimente mehr bekommt, weil sie selbst nur noch Demütigungen austeilt, kann eine Zicke nicht sehen. Weil sie bekanntlich nur offensichtliche Mängel bei ihrem Galan ausgesprochen habe (konstruktive Kritik – »das musst du abkönnen«) und selbstredend keine Beleidigung erzielen wollte (»Du Memme!«).

Aus der Hubschrauberperspektive betrachtet duellieren sich dort zwei Menschen, die das entgegengesetzte Problem in sich tragen: Auf der einen Seite eine Zicke, die ihre wahren Gefühle nicht äußern kann – auf der anderen Seite ein Seelenkasper, der seine

Gefühle nicht zurückzuhalten vermag. Der sich aber fast schon schutzlos diesen Gefühlen ausgeliefert erlebt und ein Übermaß an Anteilnahme, Mitgefühl und Schuldgefühlen entwickelt. Ein formvollendeter Zickensklave versinkt förmlich in diesen Gefühlen wie ein Schwimmanfänger, und verliert sich selbst, da er nur noch die Bedürfnisse und Wünsche seiner Divenzicke im Nacken spürt. Ein Zickensklave verschenkt sich dabei vollständig. Seine Gefühle sind nicht eingepanzert, wie bei seiner Zickengemahlin, aber auch ihm fehlen wesentliche Fähigkeiten einer reifen, autonomen Persönlichkeit. Er kann sich nicht abgrenzen, kann nicht »nein« sagen. Ehrlicherweise muss man feststellen, dass auch bei ihm gewisse Gefühle blockiert sind, nämlich genau die, die seine Walküre im Übermaß auslebt: Vor allem Wut und Hass.

Stattdessen gibt er sich treu und leidensbereit bis zur Selbstaufgabe, gehorsam und ergeben. Er ist voller Mitgefühl und kann auch trauern, aber bei näherer Betrachtung scheinen einem typischen Zickengespielen Aggressionen fremd zu sein.

Noch viel schlimmer als die Demütigungen ist für ihn offensichtlich das Verlassenwerden. Die Frau – selbst eine Zickenfrau – ist ihm, wie Haus und Beruf, unverzichtbarer Bestandteil seines Lebens.

Ein Zickengespiele ist ein Mann, der für eine erhoffte, ersehnte, vermeintliche Harmonie alles tun würde, der sich zurückhält und zurücksteckt, keinen Standpunkt bezieht, nur um nicht in Konflikte zu geraten. Seine eigenen Bedürfnisse gelangen dabei völlig ins Hintertreffen. Zu seinen Gefühlen und Regungen hat er meist keinen Zugang. Wut und Ärger sind nicht zu erkennen. »Leider sehe ich das bei mir«, sagt Stefan. »Ich sag das nicht zum ersten Mal: leider. Das Ende meiner Ehe begann genauso zielstrebig – damit, dass mir wichtige Aufträge wegbrachen. Ich verdiente immer weniger. Die Idee von einer eigenen Agentur musste auf Eis gelegt werden. Das bedeutete für Caroline: fehlender Status. Gleichzeitig verdiente sie auch noch mehr. Sie lernte als Geschäftsführerin unentwegt erfolgreiche Männer kennen – und es ging für sie immer nur um Erfolg. Das ganze Leben bestand für sie nur aus Erfolg oder Misserfolg. (So am Rande: Sie war zu Tode geschockt, als einer dieser Vorzeigemänner von heute auf morgen seinen Job bei einer Bank kündigte, ›der schönste Mann der Bank‹, wie sie immer sagte, wegen Depressionen. Aus, vorbei. Das hat sie unglaublich schockiert.)

Also, offiziell gab es dann das Modell: Wir kriegen Kinder und ich kümmere mich erst mal um die Kinder, und sie bringt das Geld nach Hause. Das habe ich auch deswegen verteidigt, weil ich wusste, dass Caroline nicht ohne berufliche Anerkennung leben konnte. Mir war das alles schon lange egal. Ich wollte schöne Sachen machen, aber dafür kriegst du kein Geld. Ich wollte richtig gute Kampagnen machen, dafür kriegst du keine Kunden. War mir alles egal. Ich hätte das Kind betreut, und nebenbei ein bisschen gezeichnet. Nur: Caroline quatschte nur nach außen hin über dieses Modell, in Wahrheit hat sie mich gehasst. In Wahrheit hat sie Männer verachtet, die zuhause bleiben und auf das Kind aufpassen. Das waren in ihrer Weltsicht Versager. Und mal unter uns: Einer der Gründe, warum nicht mehr Männer zuhause bleiben, liegt unter anderem auch daran, dass viele Frauen das in Wahrheit überhaupt nicht wollen. Typisch auch für Caroline: Sie hat meinen Eltern noch von diesem Modell erzählt, also von gemeinsamen Kindern, auf die ich aufpasse, als sie, hinter meinem Rücken, mit ihrem Chef schon alles klar hatte und die Trennung nur noch eine strategische Sache war. In dieser Zeit habe ich trotzdem immer noch darauf gehofft und geplant, vielleicht doch noch einen großen Auftrag zu kriegen. Sie hat alles immer nur verachtet. Wir sind noch gemeinsam joggen gegangen (unser einziges Ritual, das noch Bestand hatte), und einmal sagte ich beiläufig: ›Wenn dann der Erfolg kommt, dann sagst du bestimmt, du hättest es immer gewusst.‹

Sie drehte sich daraufhin wortlos um, war zu Tode beleidigt, sagte noch: ›Das war's‹, und wollte keinen Ton mehr reden. Ich dachte, ihre Reaktion habe mit dem zu tun, was ich gesagt hatte – heute weiß ich, es war egal, was ich sagte. Sie wollte diesen Bruch. Es war die Dreistheit, ihr überhaupt etwas vorgeworfen, beziehungsweise widersprochen zu haben.«

Es ist eine gewissermaßen spirituelle Erkenntnis: Dieser Mensch, ob nun Lebenspartnerin oder Arbeitskollegin, der so gegensätzlich scheint, ist in Wahrheit der Spiegel für eine ungelebte Seite von uns selbst. Die wir eigentlich auch verstärkt leben sollten, vor der wir uns aber fürchten – und die wir unbewusst, stellvertretend durch den Partner (durch unsere Zicke) leben lassen wollen. Knackpunkt an der ganzen Sache: Persönlichkeitsentwicklung kann so nicht stattfinden. Stattdessen beginnen Zicke und Gemahl sich gegenseitig zu bekämpfen, indem sie konsequenterweise den jeweiligen Partner für das eigene Unglück verantwortlich machen. Frei nach dem Motto: Wenn du anders wärst, könnte ich dich lieben. Ich bin unglücklich, weil du so bist, wie du bist.

Und beide bleiben fixiert auf die Haltung, dass sich der andere ändern müsse, damit man sich selbst wieder gut fühlen könne. (Kann nicht funktionieren. Versteht jeder, oder?) Therapeuten sprechen gerne davon, dass diese Einstellung genau der manipulativen Haltung eines Elternteils entsprach, der diese Forderung schon früh an das kleine Kind stellte: Sei so, wie ich dich haben will, damit es mir gutgeht. Der Entwicklung zur Selbstständigkeit und Autonomie ist damit die Basis entzogen. Die Abhängigkeit vom Elternteil wird zur Abhängigkeit vom Partner.

Schon seit den sogenannten Wüstenvätern, also den ersten Mönchen vor knapp zweitausend Jahren, ist diese »Spiegelfunktion« übrigens ein Hilfsinstrument, um auf den Weg der Wahrheit zu gelangen (pathetisch gesprochen). Es geht darum, aus diesen Spiegel-Gefühlen heraus zu lesen, welche Bereiche in mir unterentwickelt sind und was zu erlernen notwendig ist, damit Selbstständigkeit lebbar wird. Wie bereits gesagt, auch die Botschaft ›Liebe deine Feinde‹ kann man dahingehend interpretieren, dass unsere Feinde etwas Wichtiges über uns aussagen.

Und wenn ich schon von geliebten Feinden spreche, so lässt sich festhalten, dass nicht nur überhebliches Auftreten und arrogante Verhaltensweisen zum unangenehmen Charakteristikum moderner Zicken gehören, die zum Ende hin immer mehr zunehmen. Manchmal legen sie sogar eine snobistische, fast schon lächerlich exklusive, auf jeden Fall verächtliche oder herablassende Haltung an den Tag, die bis zu unverschämten Bemerkungen oder unverfrorener Abkanzelung von hundert Prozent großartigen Leuten gehen kann. »Vor allem zum Ende hin«, bestätigt Stefan. »Mir war das schon peinlich. In unserem letzten Skiurlaub betätigte Ulrike sich in dem Hotel-Restaurant, wo wir abends aßen, mit lächerlichen Zurechtweisungen an die Kellner, als seien es ihre Laufburschen. So mit verschränkten Armen und einem widerlich überheblichen Lächeln. Ich kann seitdem Menschen nicht mehr ausstehen, die damit prahlen, dass sie etwas ›von Wein‹ verstehen. Ich finde das alles so lächerlich. Dieses ganze Geschäftsführergetue beherrschte Caroline allerdings wirklich bravourös. Auch die nötige Coolness und Sachlichkeit, nennen wir es ruhig: Überheblichkeit bei geschäftlichen Anlässen. Ich wusste allerdings, dass sie sich vor genau diesen gesellschaftlichen Anlässen, bei denen sie zum Beispiel reden musste, fürchtete. Aber das war ein Tabu. Niemand durfte das wissen. Sie wäre dann erledigt gewesen. Und die Rituale der ›Gesellschaft‹ und des ›Geschäftslebens‹ hatte sie alle verinnerlicht.«

Georg nickt. »Ulrike konnte sich – in der Endphase – fürchterlich aufregen über ihre Doppelbelastung als berufstätige Frau und im Haushalt. Und dass sie von mir keine Unterstützung bekäme. Sie meinte damit: Dass ich nicht genügend Geld verdiente. Was ja auch stimmte. In der Endphase ging es sowieso nur noch ums Geld. Ich habe sie übrigens für ihre Äußerungen ausgelacht. Zum ersten Mal. Sie hörte auch sofort damit auf. Es war peinlich. Wie gesagt, sie arbeitete nicht. Und zudem hatten wir eine Putzfrau, die jede Woche kam. Als die Putzfrau kündigte und wir keinen Ersatz fanden, habe ich alles geputzt, weil es unter Ulrikes Würde war zu putzen. Sie tat nichts im Haushalt. Sie hätte höchstens eine Armada von Dienstmädchen befehligt. Aber sie konnte tatsächlich schluchzen über ihre angebliche Doppelbelastung. Genauso, wie sie anfänglich bemüht gewesen war, meinen Eltern zu gefallen. Zum Ende hin: Nur noch offene Verachtung, vor allem meinem Vater und meiner Schwester gegenüber. Mein Vater wurde von ihr als Prototyp angesehen, wohin ich mich angeblich entwickelte, und das war: Armut und Faulheit. Ihre Familie hingegen war natürlich ein Traum, zumindest in ihrer Vorstellung. Über ihre Eltern durfte gar nichts, aber auch wirklich überhaupt nichts Kritisches gesagt werden. Eine damals gemeinsame Bekannte erzählte mal, sie hätte Ulrikes Eltern nach Jahren getroffen, und die seien alt geworden. Erst mal nicht ungewöhnlich, schließlich waren die inzwischen in den Siebzigern. Ulrike aber widersprach sofort auf das Heftigste!«

Die vollzogene Trennung

Meistens geht sie dann. Irgendwann.
Von heute auf morgen.
Auf jeden Fall frühzeitig genug, bevor ihr Zickenpartner als Erster auf die Idee kommen könnte, sich zu trennen. (Ihre größte Angst, bekanntlich. Ihr schlimmster Albtraum.)
Meistens dachten ihre Zickenmänner zu diesem Zeitpunkt tatsächlich an Trennung. Irgendwann. Aber sie haben es dabei belassen, wie sie es immer bei Gedanken belassen haben, zu diesem Zeitpunkt, wie auch bei jedem anderen Zeitpunkt, bei ungewissen Vorhaben und Wünschen.
Um es mal kategorisch zu formulieren: Kaum ein Zickensklave trennt sich von seiner Nervensäge, es sei denn, sein Leben ist in Gefahr. (Und wann passiert das schon?) Diese Bindungstreue ist insofern erstaunlich, als etliche Zickengalane sich sehr wohl von einer früheren Freundin trennen konnten – von denen sie allerdings nett behandelt worden waren. (Nicht so erstaunlich ist das bei den Männern, die sich prinzipiell nicht trennen können, aber diese Männer bilden eher eine Ausnahme.)
Erstaunlich, immer wieder (auch für die Männer selbst; im Nachhinein) ist die unglaubliche Leidensfähigkeit und Verteidigungsbereitschaft, mit der sie dagegen argumentieren, sich von einer Zicke zu trennen, die sie anbrüllt, demütigt, belügt, betrügt – und längst schon auf der Suche ist nach einem Nachfolger.
»Mir war immer recht egal, was Leute über mich sagen«, erklärt sich Stefan, »aber merkwürdigerweise hätte ich nicht gewusst, wie

ich das den Leuten erklären sollte, wenn ich mich von Ulrike getrennt hätte. Wahrscheinlich hätte niemand groß was gesagt, zumal sie keinen sonderlichen Fanclub hatte. Aber je schrecklicher sie in den eigenen vier Wänden wurde, desto professioneller konnte sie sich in der Öffentlichkeit präsentieren. Nicht herzlich oder so, aber eben neutraler. Und ich hätte dann die komplette Verantwortung zu tragen gehabt, bei einer Trennung. Nach außen hin hatte sie sich schließlich immer besser unter Kontrolle. Ich wäre der Schuldige gewesen, und das wollte ich nicht. Ich hätte mich rechtfertigen müssen für meinen Schritt. Nein, ich habe nur auf den kapitalen Bock von ihr gewartet. Und deshalb war ich beinahe erleichtert, als sie endlich damit rausrückte, dass sie sich in ihren Chef verliebt hatte. Weil, ein anderer Mann, das war ein absolutes No-Go, das habe ich von Anfang an klar gemacht, wenn sie überall rumflirtete. Das tu ich mir nicht an. Und das war auch so. Ich bin aufgestanden, ›das war's‹, und von diesem Punkt an habe ich mit ihr nicht mehr gesprochen.«

Frank bestätigt diese Gedanken. »Martina in der Öffentlichkeit, das bedeutete: alles super. Immer adrett gekleidet, auch die Kinder. Perfekte Vorzeigemami. Immer Lächeln.

Deshalb war es tatsächlich ein Schock für die Umgebung. ›Bei euch schien alles super zu laufen‹, sagten die Freunde. Oder: ›Ihr wart solange zusammen‹. Als ob das irgendwas heißen würde. Wobei niemand Martina mochte, das war dann ja der Oberknaller. Das stellte sich im Nachhinein heraus. Meine Freunde haben klar gesagt: ›Sei froh, dass die weg ist. Wir sind es nämlich.‹ Martina selbst hatte keine Freunde. Nur ein, zwei alte Kumpel, die sie dann quasi über Nacht dazu auserkoren hatte, ›so, das sind jetzt meine besten Freunde‹.«

In einer solchen Trennungsphase zeigt sich, dass Zicken nicht selten bestimmte Privilegien oder Mittel an sich reißen, die sie aufgrund ihrer Besonderheit zu verdienen glauben. Gleichgültig, welche Konsequenzen das für andere hat. Und es zeigt sich, dass sie äußerst geschickt vorgehen, je nach Wesensart und Begabung sogar mit einer Raffinesse, die an professionelle Kriminelle erinnert.

Die Beziehungen von narzisstisch gestörten Persönlichkeiten haben nach Kernberg deshalb auch einen ausbeuterischen (er spricht sogar von einem »parasitären«) Charakter. Narzissten teilen demnach die Welt und ihre Bewohner auf in diejenigen, die über etwas verfügen, was sich anzueignen lohnt, und diejenigen, bei denen dies nicht der Fall zu sein scheint. Und sie unterscheiden zwischen außerordentlichen Menschen einerseits und mittelmäßigen (mediokren) und wertlosen Menschen andererseits – alles aus ihrer persönlichen Sichtweise heraus.

Vorsicht deshalb: Zicken haben große Probleme mit Regeln. Vorschriften, Absprachen, Termine werden nur aus Angst vor Strafe eingehalten und nicht, weil ein Unrechtsbewusstsein, verbunden mit Mitgefühl für andere, vorhanden wäre. Und gut gedachte Vorhaben, wie zum Beispiel: »Das Wohl der Kinder zuerst«, kann man gleich vergessen. »Dazu sind Zicken viel zu sehr von ihren wirren Gedanken gesteuert«, sagt Stefan. »Mitgefühl existiert nicht. Caroline hatte längst schon ihren Chef klargemacht, als sie mir noch Geburtstagsgeschenke kaufte. Sie ist eine dieser Frauen, die niemals alleine sein könnten. Sie hat immer den nächsten Freund schon eingetütet, wenn der alte noch voller Eifer dabei war. Das ist – unter uns gesagt – auch einer der Gründe, warum Frauen immer so voller Inbrunst erzählen, sie würden niemals fremdgehen, es wären immer nur die Männer. Klar, Caroline hat auch immer erzählt, sie wäre noch niemals fremdgegangen. Dabei hat sie jeden ihren Freunde, jeden einzelnen betrogen. Aber weil das dann immer der jeweilige Nachfolger war, oder zumindest ein angedachter Nachfolger – deshalb zählte das natürlich nicht als Seitensprung. So was machen schließlich nur Männer. Und das auch nur mit Schlampen. Das Unglaubliche ist aber: Caroline hat ihr Vorgehen nicht mal groß verdeckt. Ich habe nur nicht für möglich gehalten, dass die wirklich mal eben so einen neuen Mann sucht. Schließlich erwartet man da eine gewisse Gerissenheit. Aber nein, sie kommt von einer Betriebsfeier zurück, mitten in der Nacht – und wohlgemerkt, bis dahin waren solche Feiern immer gaanz furchtbar – sie war aber total aufgekratzt, ich lag schon im Bett, konnte natürlich nicht schlafen. ›Guten Morgen‹, sag ich so zu ihr, und sie lacht sich kaputt. Total gut gelaunt. Null schlechtes Gewissen. Was ja der Grund war, weshalb ich keinen Verdacht geschöpft habe. So dreist kann man doch nicht sein, dachte ich. Und: Ich war heilfroh, dass sie endlich mal gute Laune hatte. Sie hat sich auch stundenlang in ihr Zimmer eingeschlossen, um angeblich am Computer zu spielen. In Wahrheit hat sie natürlich mit ihm gechattet. Oder sie kommt ins Bett und will noch am Handy Schach spielen. Nie im Leben vorher hat sie Schach gespielt. Nein, diese Frau hat bis in den Schlaf hinein mit dem Typen gemailt. Und liegt neben mir im Bett! Aber du denkst doch nicht, dass deine Ehefrau, mit der du über Kinder redest – auch wenn sie eine Oberzicke ist – so dreist ist. So respektlos. So gefühllos ... Doch, genau das war sie. Und Grenzüberschreitungen gab es auch noch nach der offiziellen Trennung. Da mailte sie mir überraschend, sie müsse kurz mal in die ehemals gemeinsame Wohnung, um Sachen zu holen. Dafür bräuchte sie zwei Stunden. So lange? Hab ich mich gefragt. Zwei Stunden, um ein paar Klamotten aus dem Schrank zu holen? Später, am Computer, sehe ich, dass sie sich in der Wohnung Fotos angesehen hat, vom ersten Wochenendurlaub mit ihrem Neuen. Hatte sie wohl keinen Computer für die Digitalfotos, fährt sie in die alte Wohnung. Ob ich das sehe, mistegal. Keinerlei Respekt. Keinerlei Gefühl.

Sonntags ist sie ausgezogen. Zwei Tage später taucht sie schon mit dem Neuen bei einem ehemals gemeinsamen Freund in dessen Boutique auf, um sich Stoffe für ein neues Schlafzimmer anzusehen. Pervers. Genauso, wie sie ihre Schwester drei Tage nach dem Auszug vom Urlaub abholt – mit dem Neuen, und natürlich in dessen großem Auto. Darum geht es einer Zicke: Keine Vorlaufzeit. Gleich Tacheles.« Georg erinnert sich: »Ulrike hat Schluss gemacht aus dem weltbewegenden Grund, weil ich zu früh bei ihr war. Ulrike hatte sich nämlich bei einer Freundin einquartiert, weil ihr die eigene Wohnung auf die Nerven ging. Auf jeden Fall fuhr ich nun ständig in diese Stadt, um sie überhaupt zu sehen. Ich wohnte zu dem Zeitpunkt in Dortmund. Ulrike hatte ja kein Geld, konnte mich also nicht besuchen. So, und an besagtem letztem Tag wollte sie sich ausruhen, nach irgendeinem anstrengenden Vormittag. Und ich sollte halt in drei Stunden wieder vorbeikommen. Ich hing solange in dieser fremden Stadt rum, laufe hier hin, da hin, aber alles ziemlich blöde. Ich wollte neben ihr auf der Couch liegen, also ging ich wieder hin, klingelte bei der Freundin und wollte eben das tun: Neben meiner Ulrike liegen. Lächelnd. Ihre Freundin ahnte schon Schlimmes, führte mich aber zu Ulrike. Die wachte auf, sah mich an, und sagte dann trocken, ich solle verschwinden. Weil ich ihre Anordnung nicht befolgt hätte, sie schlafen zu lassen. Ulrike hat mich weggeschmissen wie ein Stück Dreck. Und ich stand da und litt wie ein Hund ...

Der Hammer ist: Ich wollte anfänglich sogar trotzdem Kontakt zu ihr halten. Weil Ulrike die schönste Frau war, die ich bis dahin erobern konnte. Und ich hätte mir von dieser schönen Frau alles bieten lassen ... Allerdings hat sie mich derart eiskalt abserviert, bei einem kurzen Treffen danach, dass ich geheilt war.

Einige Tage später hatte sie auch direkt einen neuen Freund. Witzig ist, im Anschluss an Ulrike habe ich meine große Liebe kennen gelernt, auch eine sehr schöne Frau. Und eines Tages sah ich Ulrike mit ihrem neuen Macker stehen, während ich mit dieser schönen Frau vorbei ging. Und ich bemerkte, dass Ulrike diese Frau registrierte und mich anders wahrnahm ...«

Und auch Frank meldet sich zu Wort. Mit einer drastischen Schilderung, in der sich ebenfalls viele Männer wieder finden werden.

»Martina wollte plötzlich ein Wochenende auf ein Festival fahren«, erinnert er sich. »Alte Freunde treffen – alleine.

Ich habe sogar noch gesagt: ›Schatz, ich schenke dir das zum Geburtstag, ich kümmere mich um die Kinder.‹

Sie bedankte sich überschwänglich, fuhr los, und abends dachte ich so: ›Komisch, dass die sich nicht meldet.‹

Ich rief sie an, Handy aus. Umgekehrt: Wenn ich nur ein einziges Mal mein Handy ausgemacht hätte, mein Gott, was hätte das für eine Krise gegeben. Am nächsten Morgen habe ich sie wieder angerufen, und das Handy war wieder aus. Auch keine SMS. Ich machte mir ein bisschen Sorgen, es könnte ja auch was passiert sein. Nach drei Tagen – hörst du: nach DREI TAGEN! – kam eine SMS: ›Alles super hier, wie geht's den Kindern? Und noch mal vielen Dank.‹

Okay, dachte ich, puh, nichts passiert, wollte sie anrufen: Handy aus.

Währenddessen heulten die Kinder ununterbrochen, die wollten mit ihrer Mama sprechen. Ich musste was erfinden, trösten.

Dann kam der Tag, an dem Martina zurückfahren wollte – ein Anruf. Sie habe den Flieger verpasst, werde in den Zug gesetzt, komme erst heute Abend.

›Wie bitte?‹ sagte ich. ›Du meldest dich nicht und jetzt so was? Ich muss arbeiten, die Kinder sind in der Schule, was denkst du dir eigentlich?‹

Martina stellte sofort auf aggressiv: ›Typisch, du musst mir wieder alles miesmachen. Da habe ich mal ein bisschen Spaß und du machst alles kaputt. Ich habe keinen Bock mehr.‹ Bumms, aufgelegt.

Ich habe die Kinder also erst mal zu Freunden gebracht.

Sie rief währenddessen wieder an und krakeelte direkt weiter: ›Gib mir nachher sofort das Auto, ich fahre zu meinen Eltern. Mit den Kindern.‹

›Wie?‹ sage ich. ›Du kommst hier an, und willst danach auf die Autobahn, 450 Kilometer düsen?‹

Sie: ›Du kannst dir dann ja mal überlegen, wie du deine Frau behandelst.‹

Und ich: ›Weißt du was, ich bring dir das Auto nicht. Ich bin doch nicht dein Dackel. Ich will erst mal wissen, was los ist.‹

Darauf sie: ›Ich rede nicht mehr mit dir!‹

Später in der Wohnung, kam sie an und begrüßte mich nicht mal. Stand nur schweigend herum.

Ich: ›Kannst du nicht mal Hallo sagen?‹ Sie sah mich hasserfüllt an und schmiss mir dann ohne Vorwarnung einen Teller gegen den Körper. ›Du mieses Schwein!‹ Sie drehte völlig durch. Die Kinder waren inzwischen wieder zurück, standen dabei und schrien, heulten, und Martina beschimpfte mich in ordinärster Weise, schlug sogar auf mich ein.

Ich wollte die Kinder beruhigen und sagte ihnen: ›Passt auf, ich gehe jetzt mal spazieren, dann kann die Mama sich beruhigen.‹ Meine Tochter wollte dann mit mir spazieren. Aber Martina schrie sie an: ›Du bleibst hier! Der kann abhauen!‹

Ich bin dann erst mal zu einem Freund gefahren, war völlig fertig.

Dort habe ich übernachtet. Am nächsten Tag wieder hin. Martina war nicht mit den Kindern zu den Eltern gefahren.

›Lass mal reden, was ist denn los?‹ Ich habe immer noch versucht auf einer verbalen Ebene überhaupt erst mal Klarheit zu kriegen.

Sie: ›Unsere Ehe ist gescheitert, alles ist vorbei.‹ Wumms, wie ein K.o.-Schlag.

Ich: ›Warte mal, so schnell werden wir die Flinte nicht ins Korn werfen. Wir fahren in einem Monat für drei Wochen nach Frankreich in Urlaub. Dann machen wir das so: Ich fahre die erste Woche alleine mit den Kindern vor, du hast dann Zeit ein bisschen nachzudenken, was du willst.‹

Und sie willigte sofort ein. ›Super Idee‹, sagte sie.

So, jetzt kommt die Frankreichfahrt, sie war in der Zeit davor total aufgeregt: ›Mensch, dann meldet euch sofort, wenn ihr da seid, gute Fahrt, ich freue mich, euch bald zu sehen.‹

Wir kamen also in Frankreich an, Kinder fanden alles sehr spannend, ich rief abends an – Handy aus. SMS an Martina: ›Melde dich bitte, die Kinder wollen mit dir sprechen.‹

Original, von da an: Jeden Tag war ihr Handy aus. Ich war derartig geladen, das kannst du dir vielleicht vorstellen! Und dann kam der Tag, an dem sie zu uns stoßen sollte. Ich schickte noch eine SMS: ›Was ist denn jetzt? Kinder freuen sich so, wo sollen wir dich abholen?‹ Bla bla bla ...

Plötzlich eine SMS von ihr: ›Soll ich noch kommen oder nicht?‹

SMS von mir an sie: ›Ich habe doch gerade eine SMS geschickt, dass wir alle auf dich warten.‹

Sie zurück: ›Sorry, habe ich nicht gelesen. Ich hab's mir anders überlegt, ich muss jetzt doch nach Berlin, weil es einer Freundin so schlecht geht.‹

Was ist denn jetzt los? Meine Frau will lieber nach Berlin, zu irgendeiner Freundin, als zu ihren Kindern? Und was ist mit uns und dem gemeinsamen Urlaub?

Da stank doch was zum Himmel! Das habe ich ihr auch so als

SMS geschickt. Aber es kam keine Antwort.

Das blieb auch so über die nächsten zwei Wochen. Keine Reaktion, nichts! Ich war drei Wochen mit den Kindern im Urlaub und wusste nicht, was los war. Es gab in dem Ferienhaus keinen Computer, also bin ich in die nächste Stadt zu einem Internet-Café gefahren, total sauer, und habe ihr eine Riesenmail geschrieben. ›Das wäre ja wohl das Allerletzte, was soll ich den Kindern erzählen, und wir haben Verwandte in Frankreich, was soll ich denen erzählen, die haben für uns gekocht. Wenn das so weitergeht, habe ich keinen Bock mehr eine Beziehung zu führen.‹ Zwei Tage vor Heimfahrt kam dann eine SMS von ihr, verfasst in ihrem typischen Stil: ›Habe deine Mail gelesen. Aufgrund diverser Umstände ist für mich ein Zusammensein mit dir nicht mehr möglich. Wir können uns darüber unterhalten, wenn du wieder da bist.‹ Völlig kühle Geschäftssprache. Ich konnte nicht mehr schlafen, habe Briefe geschrieben, die ich nicht abgeschickte, habe Listen gemacht, was ich mag, was ich nicht mag, fing zum ersten Mal an, das alles zu analysieren.

Wir kamen dann nachts zuhause in Deutschland an, mit den Kindern. Martina war offenbar zuhause.

Sie schlief schon oben und unten in der Küche lag ihr Handy. Ich kam rein, nachts um drei, brachte die Kinder ins Bett, räumte das Gepäck zusammen – und in dem Moment summte ihr Handy. Eine SMS. Ich dachte so: ›Wer schreibt denn um die Uhrzeit meiner Frau eine SMS?‹

Normalerweise würde ich nie schauen, aber ich habe es getan. Und da stand: ›Die drei Wochen waren so schön, ich vermisse dich, ich liebe dich. Sebastian.‹

Ich: ›Sebastian? Was ist denn hier los?‹

Dann rannte ich hoch ins Schlafzimmer, wo sie schlief und hielt ihr die SMS unter die Nase. ›Wer ist das?‹ Damit hatte ich Blödmann ihr natürlich eine Steilvorlage gegeben: ›Du mieses Schwein!‹, brüllte sie mich an, ›du spionierst mir nach.‹

Aber wenigstens kam dann langsam alles raus. Sie hatte die ganze Zeit über eine Affäre gehabt. Angeblich hatte sie diesen Mann erst auf dem Festival kennengelernt, aber ich bin mir sicher, das

Ganze lief schon lange davor.

Sie argumentierte dann ganz ruhig, sachlich. Unsere Ehe sei kaputt, angeblich empfinde sie viel für diesen Sebastian. Boah, und dabei fragte sie immer so sachlich: ›Geht's dir gut?‹

Ich hatte aber immer noch den Hintergedanken: ›Okay, die beruhigt sich schon wieder. So ist Martina. Das wird schon wieder. Die lebt eine Phase durch.‹ Und als hätte sie meine Gedanken gelesen, schnatterte sie, sie werde Sebastian nicht wieder fallen lassen, nur weil ich jetzt wieder zurückrudere.

Ich: ›Was soll das denn heißen? Ich habe nie gesagt, dass unsere Ehe gescheitert ist, ich habe immer noch versucht, Gemeinsamkeiten zu finden.‹

Martina wollte aber keine Gemeinsamkeiten mehr. Sie sagte, sie bräuchte jetzt Zeit, sie müsse sich klar werden über ihre Gefühle. Und ich dachte: ›Wenn ich sie jetzt in die Ecke dränge, dann bringt das auch nichts. Ich gebe ihr den Freiraum, aber sie wird sich ohnehin für die Familie entscheiden, denn da ist das Haus, da sind die Kinder, die Hunde, Pferde und so weiter. Wer ist schon dieser Sebastian? Sie kommt wieder.‹

Parallel dazu habe ich versucht eine Familientherapie für uns beide zu organisieren. Aber das hat sie sofort abgeblockt. Das mache sie auf gar keinen Fall! Sie sei schließlich nicht bekloppt und setze sich da in eine Gruppe …

›Nein‹, habe ich gesagt, ›alleine‹.

›Nein‹, antwortete sie, das mache sie auf keinen Fall!

Und damit waren wir getrennt …«

Hassgefühle! Wie damit umgehen?

Es ist ein brutaler Schock, wenn man erfährt, dass man in einer Scheinwelt gelebt hat. Wenn sich herausstellt, dass die Zickenliebe ein Haufen Kuhmist war, und der Zickenschatz möglicherweise (wahrscheinlich) fremdgegangen ist. Das ist der Punkt, an dem viele Männer mit ihren Gefühlen und Aggressionen nicht mehr zurechtkommen. An dem sie ihre Ex terrorisieren, oder sich selbst malträtieren.

Nun geht es darum, sich selbst zu schützen. Das lässt sich auf verschiedenen Wegen bewerkstelligen: Durch Zeit und Muße, Heilung im Schongang, wie in einem Kloster – oder mit der Machete, mit Stirnband, im Krieg.

Wichtig ist: Fast alle Männer durchlaufen ähnliche Phasen nach dem Trennungsschock. Vermutlich auch die meisten Zicken, von denen – beinahe immer – die Trennung ausgeht. Nur: Zicken haben einen deutlichen zeitlichen Vorsprung. Weil sie schon während der Zeit der Partnerschaft, also während die meisten Männer noch eine Zukunft für möglich hielten, begonnen haben, die vermeintliche Liebe einzutauschen.

Die Männer hingegen müssen erst einmal mit der Tatsache der Trennung klarkommen. Und das ist schon schwer genug.

Die besagten Phasen nach dem Trennungsfiasko lassen sich übrigens mit dem Gefühlschaos nach dem Tod eines Menschen vergleichen. In beiden Fällen erfolgt ein grundlegender Betriebsausfall im Denken, Fühlen und Verhalten.

Was jeder Mann vermutlich schon einmal erlebt hat, ist die erste Phase, gekennzeichnet durch verleugnen und ignorieren der endgültigen Trennung. Männer stehen dann noch unter Schock und torkeln wie Zombies durch den Alltag. Viele glauben, sie müssen nur eine Zeit so weiter torkeln und dann löse sich die Schockstarre von alleine wieder, wie ein Albtraum. Verheerend: In dieser Phase betteln viele Männer bei ihrer Ex-Zicke um eine zweite Chance. Sie steigern sich in absurde Liebesbeweise hinein und melden sich bei Privatsendern, um sich vor einem Millionenpublikum zum Affen zu machen.

Die zweite Phase ist gekennzeichnet durch Orientierungslosigkeit und Gefühle der Verzweiflung, Wut und Angst. Klassischerweise schläft man auch schlecht. Es soll sogar Männer geben, die dann weniger essen, aber dabei handelt es sich um Ausnahmen.

Die dritte Phase wiederum zeichnet sich dadurch aus, dass die Lebensgeister zurückkehren und »alles anders«, »alles neu«, werden soll. (Nebst: »Nie mehr eine Zicke!«)

Und in der letzten Phase (endlich ...) stabilisiert sich langsam das innere Gleichgewicht. Auch das Selbstvertrauen kehrt zurück und damit die Lust auf Frauen.

Und was soll das Ganze?

Merksatz: Alles geht vorüber.

Auch eine Trennung.

Blöder Satz, aber nicht unwichtig, wenn es schwarz auf weiß irgendwo gedruckt steht. Es dauert möglicherweise einige Jahre, vielleicht auch nur einige Monate, ist mit Sicherheit von diversen Rückschlägen behaftet – aber alles hat ein Ende!

Zudem: Es ist normal, sich zu fühlen, wie man sich fühlt. Nach einer Trennung. Und eben kein Zeichen für aufkeimenden Wahnsinn.

Umso wichtiger ist es, sich in der Phasenschwebe um das labile innere Gleichgewicht zu kümmern. Das lässt sich am besten dadurch bewerkstelligen, sagen Seelenexperten, einfach mal zu akzeptieren, was passiert ist. Und damit auch das zu akzeptieren, was dieses Geschehene im Denken und Fühlen auslöst. Denn es wird nicht funktionieren nun so weiter zu wurschteln, als sei nichts geschehen. Business as usual – ganz fatal. Dafür ist das Denken zu sehr mit Wut und Hass erfüllt. Dafür wird das Denken zu sehr mit Ängsten überflutet. (»Ich bin kein richtiger Mann« Und: »Keine Frau will mich als Partner haben«.) Dafür nimmt Traurigkeit und Einsamkeit einen viel zu zentralen Platz ein. (»Ich werde bis zum Ende meines Lebens nie mehr lachen«.Und: »Es ist alles sinnlos«.)

In dieser Situation ist es wichtig, sich selbst seine Gefühle nicht zu verbieten. Sie auch nicht zu schlucken. Wenn man es schafft seine Gefühle einfach aufsteigen zu lassen, sie zu betrachten, nüchtern, dann ist es auch einfacher, den Gefühlsbrei wieder zu kontrollieren.

Hilfreich: Sich im Internet mit anderen Männern auszutauschen. Oder besser noch: Sich mit richtigen Freunden leibhaftig zu treffen. Und von denen aufgebaut zu werden.

Es ist auch nicht verboten, Kontakt mit einem Psychotherapeuten oder einer Beratungsstelle aufzunehmen. Hauptsache, es hilft! Deshalb: Wenn es gut tut zu weinen, dann ist Flennen erste Bürgerpflicht.

Auch Männer, die den Perfektionismus erfunden haben, Männer, die bislang selbst im Auge eines Tornados noch einen Fahrradreifen geflickt haben, Männer, nach denen man die Uhr stellen konnte – und die allesamt nun neben sich stehen, sollten sich dafür nicht verurteilen. Es ist nur eine vorübergehende Phase.

Eine beliebte Methode, um die »Dämonen der Seele« zu zügeln, ist es, Bilanz zu ziehen. Also sich einmal nüchtern und ehrlich zu fragen, ob man sich von seiner Zicke jemals akzeptiert gefühlt hat. Oder ob es gemeinsame Interessen, Hobbys und Lebenseinstellungen gab. Ob es möglich war über Konflikte zu reden. Zu streiten? Gar: Unterschiedliche Meinungen zu haben?

Gab es gemeinsame Freunde? Vielleicht so etwas wie »Kompromisse«, gar bei unterschiedlichen Ansichten? Gab es die Möglichkeit, Zeit für sich alleine zu haben?

Oder schlichtweg, ehrlich: Fühlte ich mich den überwiegenden Teil der Zeit in der Partnerschaft wohl?

(Okay, es ist klar, wie die Antworten auf diese Fragen ausfallen. Und das ist ganz wichtig! Denn es macht klar, dass die Trennung gut und richtig war!)

Es geht bei diesen Fragen letztlich nur darum, die Realität zu akzeptieren. Langsam. Schrittweise.

Denn: Es ist so, wie es ist.

Und es geht darum, sich aus einer Opferrolle zu lösen. Um wieder in die Zukunft blicken zu können.

Aus möglichen Fehlern zu lernen und bewusst nach den Chancen zu schauen, die diese Trennung mit sich bringt. Bewusst darauf zu achten, was ein Mann für seine Zicke aufgegeben oder zurückgestellt hat. (Und damit endlich wieder die Jungs anzurufen, zu denen der Kontakt schon vor langer Zeit abgebrochen ist.)

Also, ganz wichtig:

Sich Zeit nehmen – und geben!

Neben der theatralischen Leidenschaftsvariante bieten Zicken aber gerne auch noch andere Formen der Trennung an. »Eine geradezu unglaubliche Form der gönnerhaften Überheblichkeit«, erzählt Stefan verbittert. »Selbstverständlich ohne jede Form der Entschuldigung. Wie gesagt, mein Nachfolger war schon Monate eingetütet, alles schon geplant – es fehlte nur noch dieser kleine Punkt, dass auch ich irgendwie darüber informiert werden sollte. Wenn auch nur aus rechtlichen Gründen. Und es sollte dezent geschehen, denn Caroline wollte vermeiden, dass ich ihr eine teure Scheidung ans Bein binde. Sie verdiente schließlich inzwischen mehr als ich, wir hatten uns eine Wohnung gekauft und so weiter ...

Wieder mal zeigt sich, dass Zicken nicht wirklich gerissen sind. Sie wollen zwar alles haben, aber sie sind nicht immer clever. Oft ja, aber nicht immer. Vielleicht hat Caroline auch gedacht, ich würde anders reagieren. Keine Ahnung, auf jeden Fall begann sie plötzlich damit, dass sie über alles nachdenken wolle. Alleine schon dieses Wort: nachdenken. Hab ich sie auch gefragt: ›Was willst du denn nachdenken?‹ Vor allem: Wozu muss man dazu noch ausziehen? Sie hatte sich anscheinend tolle Sachen ausgedacht, wie man diese Scheidung ohne Makel über die Bühne bringen könnte. Sie hatte auch wirklich an alles gedacht, nur nicht, dass ich vielleicht Gefühle haben könnte. Dass mich diese Trennung vielleicht verletzen könnte. Dass ich vielleicht geschockt wäre.

Naja, Caroline war also entschlossen nachzudenken, und ich sollte in den Zwischenzeit ›mit jemandem reden‹. Sie selbst wollte über Nachdenken ja nicht reden. Nur, mir war überhaupt nicht klar, worüber ich mit einem Freund sprechen sollte? Über eine Trennung? Über eine Auszeit? Und was sollte mir ein Freund dazu sagen?

Aber ich wusste, wenn ich da jetzt nicht mitspiele, bei ihren großartigen Vorhaben, gab es nur wieder ein Riesentheater, und sie konnte mir wieder die komplette Schuld geben, wieso nichts funktionierte. Also habe ich gesagt, ich werde mit meinem Trauzeugen reden. ›Nee‹, antwortete sie, der kenne uns zu wenig. Stattdessen soll ich mit einem gemeinsamen Freund reden, den sie vorschlug. Aber wozu? Dieses Vorgehen war allerdings typisch für sie: Bei Problemlösungen ging es ihr mehr um den Akt des Sprechens, des Organisierens, beziehungsweise darum, wie man sich in einer solchen Lage zu verhalten hat. Man spricht also mit einem Freund und so weiter. Dass es bei diesem Sprechen um etwas ›Inhaltliches‹ gehen sollte, das war ihr fremd.

Aber ich Idiot habe es genau so getan, weil ich wusste, sie wird später nachfragen, wie eine Lehrerin. Und ich wollte ihr wiederum nicht einen Grund dafür liefern, dass sie sich wieder aufregt und mir Vorwürfe macht, ich hätte die letzte Chance für eine Beziehung nicht ergriffen und sei zu faul.

Bei dem Gespräch mit dem Freund sagte ich nur: ›Caro spinnt wieder, die kriegt sich wieder ein, hoffentlich, aber ich habe meine Pflicht getan.‹

Okay, Caroline und ich trafen uns dann wieder, und ich hatte meine Aufgaben erfüllt. Nur: Es war nicht das, was sie sich erhofft hatte. Ich kann dir nicht sagen, was sie sich erhofft hatte.

Aber sie musste sich etwas Neues einfallen lassen ...«

Immer wieder zeigt sich: Wenn es einer Zicke einmal gelingen sollte, rudimentär Zuwendung zu signalisieren und auch andere Menschen zu Wort kommen zu lassen, vielleicht sogar – oberflächlich – deren Gefühle und Bedürfnisse zur Kenntnis zu nehmen (mittels mimischer, mühseliger Schwerstarbeit; teilweise sind sie anschließend völlig erledigt), dann in der Regel aus strategischen Beweggründen. »Am schlimmsten dabei fand ich ihr gönnerhaftes Verhalten«, sagt Stefan. »Caroline benahm sich in der Scheidungszeit wie eine Königin, die mit ihrem Hofstaat umzugehen hatte, wo man aus diplomatischen Gründen auch mal ein Auge zudrücken muss, kotz. Manchmal tätschelte sie ein wenig, lobte ein bisschen, aber die Menschen um sie herum waren allesamt dumme, ungebildete Wesen. Als es um die Scheidungsmodalitäten ging, entfuhr es ihr immer nur: ›Nimm dir, was du brauchst.‹ Ach, wie gönnerisch.

Ich durfte mir alles aus der Wohnung nehmen, was ich wollte. Selbstverständlich habe ich nur die Sachen mitgenommen, die ich mit in die Ehe gebracht hatte. Wahrscheinlich hatte sie gehofft, ich würde ihr die Wohnung ausräumen, damit sie weniger Ärger hat. Schließlich wollte sie mit ihrem neuen Mann alles neu kaufen.

Typisch dabei: Caroline ertrug es nicht, dass ich nicht mehr mit ihr reden wollte. Aber sie konnte das wiederum auch nicht ansprechen.

Stattdessen hat sie sich wie ein kleines Kind pampig auf dem Absatz umgedreht, wenn ich nicht mit ihr quatschen wollte, als wären wir Arbeitskollegen. Wie ein kleines Kind, das seinen Willen nicht bekommt. Hätte nur noch gefehlt, dass sie sich auf den Boden wirft und plärrt. Gut, das sehe ich heute, aus der Distanz, so nüchtern.

Caroline hat vor kurzem mal einer Bekannten geschrieben, die für mich etwas erledigen sollte: ›Hoffentlich klappt alles, was er (also ich) sich da vornimmt, er hat es sich verdient ...‹ Meine Bekannte hätte über dieses gönnerhafte Getue fast gekotzt! Der Punkt ist: Mir ist das schon gar nicht mehr aufgefallen.«

Auf ein neues Leben! Nach der Trennung.

Die ausbrechende Krise nach einer strittigen Trennung (und sie bricht aus; unweigerlich) bedeutet für die meisten Männer erst mal eine Katastrophe. Und zwar: radikal (von lat. radix = Wurzel). Das Fundament bricht weg.

Der Verlust der Zicke wird oft noch als Befreiung empfunden, aber der Verlust des Alltags (vor allem: mit den Kindern) und die unweigerlich anstehenden, harten finanziellen Belastungen als Unterhaltspflichtiger über Jahre und Jahrzehnte hinweg rauben den letzten Nerv. Väter empfinden ihre Situation dann oftmals als totales Scheitern. Sie sehen keinen Ausweg mehr, keinen Hoffnungsschimmer am Horizont, erst recht nicht darin, eine neue Frau kennenzulernen (»Nie mehr!« Der klassische Ausruf.) Wenn dann keine Freunde zur Seite stehen, ist die Gefahr eines Suizids sehr hoch. Bis hin zu spektakulären Szenarien, wo verzweifelte Männer ganze Familien hinmeucheln und sich anschließend selbst töten.

Allerdings ist ein unterstützender Freundeskreis keine Garantie. Muss ich ehrlicherweise schreiben. Letztlich hat man eine Krise eben doch selbst zu bewältigen. Und zwar jeder von uns. Der Freundeskreis verkleinert sich sogar, nach Ausbruch einer Krise, meist wenden sich sogar Freunde ab. (Eine der schrecklichsten Erfahrungen im Leben; so absurd, so wenig nachvollziehbar. Und doch traurige Realität.)

Auch eine Nummer kleiner ist es nicht weniger gefährlich. Es steigt beispielsweise das Risiko an, bereits in jungen Jahren an Herzversagen zu sterben. Posttraumatischer Stress (und wer aus einer Beziehung mit einer Zicke kommt, weiß, was dieses Schlagwort konkret bedeutet) kann zu lebenslang anhaltenden schweren Problemen führen. »Ich bin durch das Tal der Tränen gelaufen«, sagt Frank, »und habe es auch ausgelebt. Ich wollte und konnte nicht direkt wieder eine Beziehung haben. Allerdings hatte ich eine Freundin, mit der ich eine Art Sex-Fernbeziehung hatte, die mein Selbstbewusstsein wieder ein wenig aufgebaut hatte. Allerdings habe ich lange getrauert und bin in Selbstmitleid verfallen. Ich war buchstäblich das angeschossene Reh in der Lichtung und habe fast zwei Jahre lang nichts auf die Reihe bekommen. Mein ganzes Weltbild ist durcheinander geraten, alle meine Werte waren nicht mehr real. Weiß war nicht mehr weiß, schwarz nicht mehr schwarz, die Begriffe ›gut und böse‹ waren für mich eine Farce, und Gerechtigkeit und Ungerechtigkeit war ein und dasselbe. Ich stand vor dem Abgrund und wusste nicht mehr weiter. Nach vielen vergossenen Tränen und monatelangen Gesprächen mit Freundinnen und Freunden kam dann aber irgendwann der Punkt, an dem ich gemerkt habe, dass ich reifer geworden bin. Ich bin eigentlich durch diese Trennung erst zu einem richtigen Mann geworden. Ich habe das Gefühl, ein ganz anderes Selbstbewusstsein zu haben. Ich sehe Dinge jetzt, meine ich, viel klarer und unverblümter.«

Die meisten Männer taumeln in der Phase nach einer Trennung durch diese Gefühlsfelder: Unglauben, Wut, Selbstmitleid und Gleichgültigkeit. Und in jeder einzelnen Phase können wieder Rückschritte auftreten, die einem vortäuschen, man habe sich erst gestern getrennt und seitdem nichts mehr gelernt. Bis zur letzten Trauerstufe dauert es selten weniger als ein, zwei Jahre. Manchmal bleiben Männer sogar für immer in einer Wutblase gefangen, was auch für das Umfeld immer weniger zu ertragen ist.

Generell lautet die Faustregel: Je stärker der Verlust einer Partnerschaft empfunden wird, desto länger ziehen sich die einzelnen Phasen hin. Innerhalb dieser Verlustaskese erleben Männer eine Vielzahl ungewöhnlich intensiver und belastender Gefühle. Völlig normal. Auch das stundenlange Gedankenkarussell, das sich ausschließlich um die Ex dreht, nebst Scheitern einer Liebe, bimmelt und klingelt bei allen Männern.

Problematisch für viele Männer ist eher der Umgang mit depressiven Gefühlszuständen, ähnlich überraschend in seiner Wirkung, wie Fieber bei grippalen Infekten (es haut einen völlig aus den Latschen), wobei depressive Anflüge sich über die ganze Bandbreite (von kurzen Phasen des Traurigseins bis hin zu Selbstmordtendenzen) erstrecken können. Kein Mann sollte sich in so einem Fall schämen, einen Arzt zur Verschreibung von Antidepressiva aufzusuchen.

Häufig empfinden die Herren der Schöpfung nach einer Trennung auch Gefühle der Wut oder sie entwickeln Rachepläne, vor allem dann, wenn ihre einstmals geliebte Zicke gleich mit dem Neuen in ehemaligen Stammlokalitäten auftritt. So etwas erzeugt eine psychodynamische Explosionsmixtur aus Weltverlassenheit, Erniedrigungswahn und Demütigungsaufbegehren.

»Mir hat dann ein Sandsack geholfen«, sagt Georg, »der Klassiker. Oder auch stundenlanges Joggen und Tennis spielen.«

Wut setzt unglaubliche Energien frei, die sich nur leider kaum noch handhaben lassen. Wut verselbstständigt sich außerordentlich schnell und bahnt sich wie ein Tsunami einen Weg. Nur ohne Ziel. Letztlich kosten Rachespektakel nur neue Tränen und meist noch eine Menge Geld und Ärger. Und schlimmstenfalls eröffnet so ein Ausbruch nur eine weitere Schlacht, da auch die Gegenseite sich bemüßigt fühlt, einmal alle Emotionen ungezügelt walten zu lassen. Die beste Rache an einer Zicke ist übrigens – unverändert, ein Klassiker – ein glückliches Leben zu leben. Keine Fassade. Keine Show. Sondern: Ein ehrliches Lachen, eine zufriedene Ausstrahlung. Harmonie.

Eines ist sicher (und Tausende Männer werden es bestätigen): Bald geht es wieder aufwärts! Geduld!

In dieser Trennung ein Zeichen eigenen Versagens, eigener Unfähigkeit, männlicher Schlechtigkeit oder Wertlosigkeit zu sehen, ist schlichtweg Unsinn. Männer, die über einen längeren Zeitraum hinweg in der Rolle eines bemitleidenswerten Opfers verharren, werden (hoffentlich) merken, dass sie dadurch wie ein Insekt auf dem Rücken strampeln. Hilflos. Passiv.

Es führt aber kein Weg daran vorbei, wieder aktiv (sagen wir ruhig: männlich) in das Weltgeschehen einzugreifen.

Also: Nie still sitzen bleiben, aufhören, die Decke über den Kopf zu ziehen, tumb rumzuleiden, alles auszusitzen und abzuwarten! Nach einer Trennung klärt sich selten etwas von allein, selbst kleinste Dinge (Stichwort: Ämter) müssen mühsam erarbeitet oder erzwungen werden. In einem gewissen (erstaunlich weit gesteckten) Rahmen sind wir für unsere Gefühle selbst verantwortlich und können diese sogar kontrollieren. Und damit haben wir unser Schicksal (fast schon) in den Händen. Es bringt also nichts, Madame Zicke auf Dauer für die eigene unbefriedigende Situation verantwortlich zu machen. Eigenständiges Handeln führt als Nebenprodukt sogar noch zu besserer Laune und macht vor allem deutlich, dass gewisse Frauen (= Zicken natürlich) nicht notwendig sind für unser Glück und unsere Zufriedenheit.

»Ich kann nur den dringenden Rat geben«, sagt Georg, »nichts in sich hineinzufressen. Die Leute merken sowieso, dass was nicht stimmt. Besser darüber sprechen, was los ist. Und notfalls krankschreiben lassen ...«

Die leidige Hoffnung

Prinzip Hoffnung, heißt ein berühmtes philosophisches Werk von Ernst Bloch, das auch heute noch eine große Bedeutung besitzt. Nämlich für all jene Autoren und Journalisten, die Menschen in aussichtslosen Situationen beschreiben möchten, die wiederum den aussichtslosen Ernst ihrer Lage noch nicht richtig begriffen haben. Oder nicht richtig begreifen wollen. (Der weitergehende Inhalt des Werkes von Ernst Bloch ist ansonsten übrigens tatsächlich nur einem versprengten Häufchen Eingeweihter geläufig.)

Bleibt wirklich nur die Trennung als Lösung? Vielleicht gibt es doch noch eine letzte Möglichkeit?

Viele Männer kriechen mit einer ähnlichen Fragestellung vor dem Zubettgehen herum, entweder gemeinsam eine Paartherapie zu beginnen (von der sie aber noch nichts weiß – und Überraschung: auch nichts wissen will), oder noch ein letztes Mal gemeinsam in Urlaub zu fahren, oder über alles noch einmal vernünftig zu reden. (Mit einer Zicke?) Der entscheidende Fehler bei all diesen Kriechereien ist aber etwas anderes, nämlich: sich selbst zu vergessen. Also den wirklich wichtigen Menschen. An erster Stelle. Wieder einmal sich selbst zu vergessen!

Und will dieser wirklich wichtige Mensch wirklich eine Paartherapie? Anders gefragt: Was hält diesen Mann in dieser Beziehung? Was fasziniert ihn derart an seiner Zicke? (Ja. Ehrlich antworten.)

Es geht darum aufzudecken, warum sich ein Mann auf das Zickenspiel einlässt. Und warum er für diese Zicke andere Frauen ablehnt, obwohl sie viel besser zu ihm passen. (Nein. Große Liebe ist die falsche Antwort.)

»Das sind keine schönen Antworten«, sagt Georg. »Man muss sie vor allem für sich selbst finden. Es geht nicht um kluge Antworten für andere Menschen. Ich wusste zum Beispiel immer ganz genau, dass ich Ulrike nie ändern würde. Und trotzdem ... Auch die Frage, warum mich nette Frauen so gnadenlos langweilen ... Was bleibt, ist eine Veränderung meines Denkens. Daraus resultiert fast immer eine Trennung. Diesen Weg gehe ich gerade. Langsam, aber ich bewege mich ... Glaube ich. Ich bin noch lange nicht über Ulrike hinweg. Ich habe das Gefühl, so tief hat mich noch nie eine Frau, überhaupt ein Mensch verletzt ...« Ganz entscheidend ist es in dieser Hoffnungsphase, den Kontakt zur Ex-Zicke zu meiden. Rigoros. Zumindest für ein, zwei Monate. Wenn es behördlich möglich ist, auch danach sämtliche Konversation auf sogenannte indirekte Medien wie E-Mail oder Brief beschränken. Es geht schlichtweg darum das Zicklein aus dem Leben hinauszuwerfen – und loszulassen. Erst danach kann mit der Beseitigung ihrer Hinterlassenschaften begonnen werden. Jegliche Dosis von Hoffnung (geschickt geschürt von manipulativen Zicken, aus Spaß, aus Bosheit, aus Dummheit), auch jegliches Wortscharmützel boykottiert nur den Genesungsprozess. Deshalb: RUHE.

Auszeit.

Keine Verteidigung, keine Rechtfertigung, keine Abrechnung.

Ausatmen. Kindersachen packt man am besten in eine Kellerkiste. Einatmen. Auch wenn starke Reue und Schuldgefühle auftreten, insbesondere wenn man selbst die Trennung initiiert, zumindest forciert hat, und die Kinder unter der Familienzerrüttung leiden. Oft hilft es, sich dann vor Augen zu führen – konkret, ganz nah – wie es wäre, wieder zusammen zu kommen. Nur allein der morgige Tag. Die nächste Woche. Verbandelt mit einer Zicke. Wenn die Tränen getrocknet und die Schwüre vergessen sind.

Wenn der Alltag anklopft und die Kinder wieder nerven ...

Es ist normal, sich nach einer Trennung einsam zu fühlen. (Meint: Aus Einsamkeit darf man nicht rückfällig werden!) Es ist normal, sich unattraktiv und kaum begehrenswert zu fühlen. (Meint: Werde nicht schwach!) Es ist normal, davon auszugehen, nie mehr eine Frau zu finden, zu wollen, zu verstehen.

Dieses Gefühl der Einsamkeit ist wichtig. Um daraus zu lernen: Alleine zu sein. Bewusst!

Und zu spüren, dass Alleinsein auch schön sein kann. Wer jetzt durchhält und nicht gleich wieder in irgendeine Beziehung flüchtet, um der Einsamkeit zu entgehen oder um seiner Zicke zu zeigen: Ha! Ich habe längst schon eine andere! (Vorsicht auch deswegen: Es könnte wieder eine Zicke sein! Die Gefahr ist groß!), der kann eine bedeutsame spirituelle Erfahrung machen. Menschen reifen nur in der Einsamkeit, das ist wirklich so.

Und erst nach einer deutlichen Abstandszeit, und nachdem die Trennung größtenteils verarbeitet wurde, ist es sinnvoll, wieder auf die Pirsch zu gehen. Und zwar erst einmal mit halber Kraft. Ohne Ziel und Sehnsucht. Ohne Angst vor Enttäuschung.

Freunde bleiben?

Ein Klassiker, beizeiten parodiert, wahlweise zitiert, als Liedtext zeitgenössischer Pop-Musik: Das vermeintlich versöhnliche Angebot, nicht im Streit auseinanderzugehen. Gerade prominente Vorzeigepaare (darin eingeschlossen – eine gesellschaftliche Neuerung – sind Manager und Unternehmer, die im Blickpunkt der Öffentlichkeit stehen) präsentieren sich nach der Scheidung der Scheinwerferwelt und den Notizblöcken (zeitgemäßer: den Diktiergeräten) der Journalisten als lächelnde Komplizen, die einen gemeinsamen Weg zusammen beschritten hätten (oder so ähnlich), die vergangene Zeit stets würdigen und niemals vergessen würden (oder so ähnlich) und als reife Erwachsene sich auch nach einer Trennung unaufhörlich lieben, treffen, respektieren, bewundern würden.

Machen wir uns nichts vor: Der Versuch, »Freunde« zu bleiben, scheitert fast immer. Viel zu oft steckt etwas ganz anderes hinter diesem vorgeblich reifen Vorhaben: Nämlich die Hoffnung den verlorenen Partner zurückzugewinnen.

Damit aber blockiert man sich für etwas Neues. In jeglicher Hinsicht. Nicht nur für eine neue Liebe. Außerdem bleibt der unangenehme Nachgeschmack, sich wie drittklassige Ramschware anzubiedern. Man hat einen Tritt erhalten, wird unter Umständen weggeschmissen, wie schimmliges Brot – und die einzige Replik besteht in wohlfeilen Worten der »Freundschaft« und Kameradschaft.

Tödlich! Ist die Erfahrung sämtlicher Trennungsexperten von Aachen bis Zwickau.

Empfohlen wird stattdessen (auf ein Neues) die vergangene Partnerschaft zu analysieren und beispielsweise eine Tabelle mit Negativzeilen anzulegen. So lässt sich täglich nachlesen, schwarz auf weiß, was für eine unglaublich bescheidene Zeit hinter einem liegt. Außerdem – zweiter positiver Effekt – entsteht schon beim Schreiben wertvolle Distanz zum Erlebten.

Bei einer sogenannten »Freundschaft«, nach einer Trennung, zeigt sich zudem oft die Schwierigkeit, Wut und Trauer herauszukatapultieren. Wahlweise: herauszukotzen. Hauptsache: Weg damit!

Stattdessen wird die Ex in absurder Weise idealisiert und man klammert sich an rührselige Erinnerungen, die oftmals keinerlei Bezug zur Realität haben. Wer kennt nicht die armseligen Erscheinungen, nur noch ein Schatten ihrer selbst, die, über verblichene Fotos gebeugt, bitterlich flennen. Und wie zu einer Wallfahrt aufbrechen und gemein-

> sam besuchte Restaurants, Clubs und Ausflugsstätten abpilgern.
> Schluss damit!
> Besser boxen. Oder laufen, kilometerweit. Oder nächtelang tanzen. Nur nicht versumpfen und pilgern.
> Mit einem Satz: Keine Freundschaft. Danach.
> Oder erst in zehn Jahren.

Der heikle Umgang mit den Kindern

Es ist eine bekannte Tatsache, fast schon ein Klischee, kommt also aus den Ohren wieder raus, und ist leider trotzdem und immer wieder wahr: Wir leben in einer Scheidungsgesellschaft. Über die Hälfte aller Großstadtehen werden geschieden.

Für unser Thema dabei wichtig: In nur sieben Prozent der Fälle bleiben die Kinder bei den Vätern. Und wer mit einer Zicke liiert war, gehört sicherlich nicht zu besagter Minderheit.

Diese Männer erleben stattdessen einen Zweifrontenkrieg mit schwerstem Artilleriebeschuss.

»In der Tat«, sagt Andreas und schließt beide Augen. »Ich habe den Schluss-Strich gezogen und gesagt, ›das geht nicht mehr, komm, wir trennen uns‹. Und danach wurde es richtig hart und bitter.

Daraufhin wollte Annegret mir alles wegnehmen und hat die Kinder als Druckmittel benutzt. Wobei sie das Ende provoziert hat! Sie wurde immer extremer, hat immer mehr Geld gefordert. Das war keine Beziehung mehr, das war Ausplünderung.

Annegret hatte mir genau diese Taktik zu Beginn unserer Beziehung noch ganz stolz erzählt. Sie würde mit ihrem Ex-Mann immer Streitereien provozieren, in der Hoffnung, dass er irgendwann die Nase voll hat und freiwillig geht. Zum Schluss bin ich leider auch auf diese Streitereien eingestiegen. Wenn du eine brüllende und schreiende Frau vor dir hast und zwei kleine Kinder, dann geht das eigentlich nicht. Aber du weißt, du kriegst sie nur ruhig, indem du sagst: ›Ja, alles okay‹. Du gehst auf alles ein. Aber das geht irgendwann nicht mehr!

Annegret hat mich dafür gehasst, dass ich mich getrennt habe.

Ihr Traum war – das hat sie mir kurz vor der Trennung gesagt – dass ich mir eine eigene kleine Wohnung nehme, in einer anderen Stadt, die Kinder so oft wie möglich zu mir nehme, und vor allem sollte ich ganz viel Geld zahlen. Ich habe sie angesehen: ›Hast du sie noch alle?‹

Auch ihre unentwegte Besorgnis: ›Was sollen die anderen denken, die Nachbarn, der Bekanntenkreis?‹ Man darf nichts sehen. Bei ihr war das schon in der Kindheit wichtig: Wenn der Vater wieder stinkbesoffen nach Hause kam, durfte das niemand erfahren. Das Image nach außen war Annegret wichtiger als alles andere. ›Ich bin toll, ich bin taff‹.

Das hat sie auch nach der Trennung versucht. Ich habe durchgeboxt, dass wir eine Mediation bekamen – Annegret wollte nicht. Der Psychologe hat nach vier Sitzungen abgebrochen, weil sie immer nur unnahbar da saß, nichts sagte und höchstens aggressiv wurde.

Als ich meinem besten Freund davon erzählte, sagte er nur trocken: ›Gott sei Dank ist das endlich vorbei. Und wehe, du wirst schwach und ihr kommt wieder zusammen.«‹ Der Normalfall sieht mittlerweile so aus, dass Kinder ihre Väter als Abwesende, als Zahlväter erleben. Als Schattenwesen, die alle 14 Tage auftauchen und fragenreiche Touren durch Zooparks und Shoppingcenter organisieren. Wir haben uns daran gewöhnt, dass fast alle Scheidungskinder bei ihren Müttern leben. In 75 von 100 Fällen haben sich getrennt lebende Frauen das alleinige Sorgerecht für das Kind gesichert. Es sind nicht die Frauen, sondern die Männer, die im Fall der Scheidung mit großer Wahrscheinlichkeit die Kinder verlieren und finanziell ausbluten. Mittlerweile lebt jede vierte Familie ohne Vater. Wir haben es akzeptiert. Selbst, dass viele Väter ihre Kinder auch nach gründlichen Zugeständnissen kaum noch sehen dürfen (psychologische Kriegsführung auf dem Rücken der Zwerge). Merke: Die Väter sind meist die Verlierer im Zickenkrieg.

Und während der überforderte Divengalan noch die Wunden der Trennung leckt, brütet seine Zicke längst schon über juristischen Strategien, die ihn endgültig aus den Socken hauen sollen. Zicken bedienen sich mit behänder Leichtigkeit eines Gesetzes, das die Mutter bevorzugt (und ich überspringe hier die Diskussion, ob das nun richtig oder weniger richtig ist – es geht hier um ein anderes Thema).

Eine Zicke wird auf jeden Fall alle Möglichkeiten ausschöpfen, um ihre Vernichtungswut auszuleben. Sie muss es sogar tun. Sie ist durch die Trennung (auch wenn sie von ihr selbst ausgeht) bis ins Mark erschüttert. Und das Kind ist in Deutschland ein Besitzstand, den sie sich sichern will.

Denn eine Zicke will Macht über die Gefühle des Verflossenen, Macht als Revanche am Mann als Gattungswesen – und, sehr wahrscheinlich, als Kompensation für eine eigene Biografie ohne Vater. »Die Kinder waren auch meine Achillesferse«, erzählt Frank. »Nach außen hin hat Martina immer lautstark das Motto vertreten: ›Alles für die Kinder‹. Ich wusste allerdings: Alles, was sie macht, tut sie nur für sich. Die Kinder sind ihr scheißegal. Nach der Trennung hat sie das ganz klar ausgespielt. Als ich mich zum Beispiel geweigert habe ihr den Umzug nach Berlin zu ihrem Lover zu bezahlen, da ist sie ausgerastet und sagte: ›Das sieht dir ähnlich. Merk dir, nur wenn ich glücklich bin, sind auch die Kinder glücklich.‹

Vorher habe ich immer noch versucht mit ihr vernünftige Absprachen zu machen. Ich habe zu ihr gesagt: ›Martina, diese Radikalität, mit der du unsere Familie zerstörst, die verstehe ich nicht. Geht das nicht mit ein bisschen Zeit? Mit ein bisschen Reflexion.‹

›Nein‹, war ihre Antwort. Sie müsse nach Berlin, wolle das klären, wissen, wie sie für Sebastian empfindet.

Na ja, in der Zwischenzeit mussten wir was machen, wir konnten schließlich nicht in einem Bett schlafen. Also zog ich aus, auf die berühmte Couch. Damit wir mit den Kindern umgehen konnten.

Aber die Aggressionen schaukelten sich trotzdem hoch.

Vor allem, weil Martina diese Grenzen nicht akzeptierte. Während ich im Garten Rasen mähte, hat sie mit ihrem Lover telefoniert. Das geht einfach nicht!

Also habe ich ihr gesagt: ›Du belügst mich, fährst jedes Wochenende nach Berlin, ich habe die Kinder, du machst überhaupt nichts mehr, bist mit deinen Gedanken nur noch bei diesem Typen. Ich unterstütze doch nicht deine ganzen Reisen zu diesem Typen!‹

Daraufhin wollte sie – als Kompromiss, ha ha – dass ich ihr meine auslaufende Lebensversicherung schenke. Von dem Geld wollte sie dann ihre Berlinreisen bezahlen.

Ich habe nur gelacht.

Sie: ›Das wirst du sehen, das wir das so machen.‹

Daraufhin bin ich als Erstes zur Bank gegangen, um ein neues Konto für meine Lebensversicherung einzurichten. Als sie das irgendwann erfuhr, hatte sie wieder einen völligen Ausraster. ›Du miese Ratte!‹ Auf unterstem Niveau. Wieder mit Prügel und Teller schmeißen.

Aber danach bin ich zu einem Freund gezogen, für vier Monate. Daraufhin hat Martina sofort das Schloss ausgewechselt – und Sebastian war schwuppdiwupp in unserem Haus. Jedes Wochenende. Und natürlich wurde er sofort den Kindern vorgestellt.

Da hat sie direkt versucht, den Kindern ihren Vater vorzuenthalten. Die Kinder waren zum Glück alt genug, das hat Martina nicht geschafft. Dafür hat sie versucht, Sebastian als den viel netteren Papi zu installieren. Natürlich ist das ein netter Kerl, wer sonst lässt sich mit einer Frau wie Martina ein, haha ...?

Ansonsten habe ich einen Mediator gesucht. Dort habe ich gesagt: ›Ich zahle, was ich zu zahlen habe, aber keinen Cent mehr. Für die Kinder alles, das ist was anderes. Für deren Hobbys, für die Schule, alles – aber nichts für Martina.‹

Daraufhin bekam Martina einen Ausraster vor dem Mediator: ›Ich will das und das und das. Ich will dreitausend Euro pro Monat!‹

Das stehe ihr angeblich zu, sie habe nix. Wohlgemerkt: Der Frau gehören einige Wohnungen, die ihre Eltern ihr gekauft haben.

Sie: ›Warte, ich mache dich fertig! Du siehst die Kinder nicht mehr!‹

Dann versuchte sie ihre merkwürdigen Ideen mit einem Anwalt durchzudrücken. Immer der Tenor: Die Summe würde ihr zustehen. Und ihr Anwalt sagte ständig zu mir: ›Lassen sie uns das lieber außergerichtlich klären, sonst wird es noch schlimmer‹.

Ich: ›Nein, ich zahle gar nix mehr. Auch nur noch mit Anwalt.‹ Er: ›Das ist ihr gutes Recht, aber es geht hier nur um das, was ohnehin nötig ist. Wir haben ihre Kontoauszüge schon gesehen und alle Einkommensverhältnisse geprüft.‹

Ich stand kurz vor einem Herzinfarkt. ›Ich will meine Akten haben‹, habe ich gesagt und bin rausgeschmissen worden.

Dann habe ich mir erst einmal einen Familienanwalt besorgt. Mir ging es vornehmlich um die Kinder. Die Geschichte mit Martina am Rande.

Aber mein Anwalt war knüppelhart und hat Martina komplett auseinander genommen. Es geht nicht anders mit solchen Frauen.

Schwierig dabei war: Martina lügt, unentwegt. Bezeichnenderweise hat sie auch dreimal den Anwalt gewechselt. Zweimal hat sie mich sogar noch angeklagt, wegen Diebstahl und irgendwelcher Lügen. Einmal haben ihre Eltern tatsächlich behauptet, unglaublich, ich würde Martina noch Geld schulden, ohne schriftliche Beweise selbstverständlich. Auch eine Lüge.

Martina ist auch einfach mit den Kindern nach Berlin umgezogen, was sie nicht gedurft hätte. Aber ich habe ihr keine Steine in den Weg gelegt. Ich hätte ›nein‹ sagen können, weil sie damit den gemeinsamen Lebensmittelpunkt verließ. Aber ich habe gesagt, ›was soll's‹. Zum Mediator oder zur Familientherapie ist Martina nie erschienen, die Ehe ist sowieso kaputt. Ich habe nur an ihren Verstand appelliert: ›Du ziehst die Kinder aus ihrem vertrauten Umfeld heraus, ziehst zu einem Typen, den du kaum kennst.‹

Aber sie war nur pampig: ›Du hast mir gar nichts zu sagen‹.

Dafür bekam ich nach ihrem Umzug meine Schlüssel zurück. Und in dem Haus war: Müll. Keine Möbel mehr. Sie hatte alles mitgenommen. Nur Müll. Der Clou: Sie hat meine privaten Sachen aus dem Haus verkauft. Auch alle Sportsachen, selbst meine Golf-Tasche.

Ansonsten gab es danach nur Ärger. Selbstverständlich hat Martina die Kinder nie zum vereinbarten Treffpunkt gebracht. Die haben mich dann angerufen, total traurig: ›Papi, die Mami sagt, du kommst nicht‹. Und ich bin für diese Treffen extra nach Berlin geflogen.

Ich musste also das Jugendamt benachrichtigen. Was soll ich sagen, Martina hat das Jugendamt natürlich nicht reingelassen.

Letztlich habe ich einen gerichtlichen Beschluss erwirkt und mir das Umgangsrecht erstritten. Es ist so traurig. Aber mit solchen Frauen kannst du tatsächlich nur so umgehen.«

Und Andreas ergänzt: »Moralvorstellungen, die Annegret immer so gepriesen hat, die galten nie für sie selbst. Du musst dir vorstellen, nur so als Beispiel, sie hat sich nach der Scheidung erst mal den Mann einer guten Freundin geangelt. Hinter dem Rücken der angeblich guten Freundin. Klar, da gehören immer zwei dazu, aber wenn man so veranlagt ist, dann rennt man doch nicht rum und hält große Moralpredigten. Die Ehe der Freundin ist dadurch natürlich auch in die Brüche gegangen, mit zwei kleinen Kindern. Und Annegret hatte gerade erst eine Scheidung laufen, sie wusste doch, was das alles bedeutet ...

Auch ihr Verhalten während des Scheidungsverfahrens. Ihre Anwältin – ähnlicher Charakter wie Annegret, aber ohne Kinder – hat vorgeschlagen, Annegret solle aussagen, ich hätte sie regelmäßig geschlagen. Damit hätte sie bessere Chancen, das alleinige Sorgerecht zu bekommen. Und Annegret hat das, ohne mit der Wimper zu zucken, durchgezogen! Bewusst gelogen! Was sind das für Menschen?? Annegret hat das alleinige Sorgerecht aber nicht bekommen und auch nicht das geforderte Geld. Das ist der einzige Trost.

Als die Verhandlung lief und ich plötzlich mit diesen schrecklichen Vorwürfen konfrontiert wurde, da kam ich mir vor, wie vor eine Wand gelaufen. Ich war stocksauer, aber ich hatte gelernt, gerade vor Gericht: Immer ruhig bleiben. Wenn ich dran war, habe ich einzig versucht, mit ruhiger Stimme, alles richtig zu stellen.

Nach dem Gerichtsverfahren kam der erste Urlaub, den ich gemeinsam mit den Kindern verbringen wollte. Alles war geplant, stand mir auch juristisch zu, und sie plötzlich: ›Nee, du kriegst die Kinder nicht.‹ Noch mal wiederholt: Es gab eine richterliche Entscheidung, dass Annegret die Kinder an mich abgeben musste, aber sie hat sich einfach darüber hinweggesetzt.

Überhaupt: Wenn ich meine Kinder abgeholt habe – ich muss bis heute hin natürlich immer draußen vor dem Haus warten – dann hat sie mich erst mal beschimpft und mir die heftigsten Schimpfwörter an den Kopf geworfen. Vor den Kindern! Ich habe mir jedes Mal auf die Zunge gebissen, um mich nicht provozieren zu lassen. ›Scheiß Vater, der will uns verhungern lassen, der gibt uns kein Geld!‹ Und die kleinen Kinder schauen dich an, super.

Annegret hat die Kinder als Schutzschild vor sich hergeschoben, so nach dem Motto: Mit den Kindern als Schutz kann ich ihn beleidigen, wie ich gerade lustig bin ...«

»Liebe ist der Wahn,
in dem sich eine Frau von der anderen unterscheidet.«

H.L. Mencken

– SECHSTER TEIL –
ZUKUNFTSPLÄNE

Das große Aufräumen

Was macht für mich »Männlichkeit« aus?

Erst mal, dass es ein schrecklicher Satz ist, mit einer schrecklichen Frage, der selbst unter besten Freunden einen berechtigt-verstörten Seitenblick hervorruft.

Trotzdem, mal unter uns: Wer kein Zickensklave mehr sein möchte, sollte sich als Allererstes den Schrecknissen obiger Frage anheimgeben (Und das soll ein schönerer Satz sein?).

Um aber gleich einem Missverständnis vorzubeugen, es geht im Folgenden weniger darum das ewig-alte, ewig-falsche Loblied des Cowboys zu singen (und damit in die gleiche Kerbe zu hauen, nämlich cool und unnahbar zu werden). Aber wer durch eine Zicke geschädigt wurde, der hat auch Probleme mit seiner Männlichkeit, einfach mal so in den Raum geworfen.

»Ich empfinde die Mann-Sein-Frage als ziemlich schwierig«, sagt Thomas. »Aber es hat sich was verändert, das ist offensichtlich. Vor allem habe ich mich verändert. Ich bin aufmerksamer meinen Bedürfnissen und Empfindungen gegenüber. Ich lasse mich nicht mehr so vereinnahmen und habe jetzt eine Frau, die selbst Wert auf Unabhängigkeit legt. Trotz Nähe besteht eine respektvolle Distanz, und in diesem Zwischenraum wohnt komfortabel die Erotik. Besser kann ich mir Beziehung nicht vorstellen. Mein Verhältnis zu Frauen hat sich übrigens nicht wesentlich verändert, sie sind mir immer noch die angenehmeren Gesprächspartner. Die üblichen Männerthemen (Sport/ Auto/ Computer) interessieren mich nicht so sehr.«

Männlichkeit heißt ausdrücklich: Ich darf auch brüllen. Ich muss nicht immer nett und friedlich sein, außer: Ich möchte es.

Zur ausdrücklichen Beruhigung: Der Autor dieser Zeilen ist der weltfriedlichste Schreiberling des Universums. Ja, überzeugter Pazifist – aber ich bin leidenschaftlicher Box-Fan, überhaupt ein großer Liebhaber aller Arten von Kampfsport. Ein beliebtes Vorwurfsthema besorgter Damen, in extremó: »Darfst du so was denn gut finden? Als Pazifist?«

Ja.

Das ist ein äußerst männliches Wort.

Ja. Ich darf.

Besagte Empörungsdamen nun im großen Pathos-Chor: »Aber das ist ein Widerspruch!«

Kann sein. Das Leben ist voller Widersprüche.

Und dazu gehört auch: Meinungen vertreten, streiten lernen. Und wenn du nun, lieber Leser, das dringliche Gefühl hast: Lieber Autor, du schreibst jetzt wie ein Mädchen im Selbsthilfekurs – dann hast du sogar Recht. Es gibt allerdings einen Haufen Männer (und Zickensklaven gehören verdammt nochmal dazu!), die inzwischen nicht mehr wissen, wann und wo sie »JA« oder auch »NEIN« sagen dürfen.

Und wenn diese Männer jetzt endlich einmal deutlich vernehmbar »NEIN« sagen, weil sie keine Lust haben, Ponyhofprosa in ihr Leben zu integrieren, dann ist das der erste Schritt, um nie mehr von einer Zicke dominiert zu werden.

Der zweite ist: Zur Männlichkeit gehört unbedingt die Fähigkeit zu lieben. Menschen zu lieben. (Und das ist keine Ponyhofprosa, sondern bittere Wahrheit. Männliche Wahrheit.)

Angst – die gerade auch für Männer zum täglichen Brot gehört – vor dem Leben, vor Einsamkeit, vor Erfolglosigkeit, vor dem eigenen Tod, kann nur durch Liebe beruhigt werden. Und diese Form spiritueller Reife mit ihrer Erfahrung innerer Liebe bewahrt vor erneuten Zickenangriffen. (Versprochen!)

Jack L. Rosenberg, ein kalifornischer Psychotherapeut, hat in einem seiner Bücher sogenannte »Botschaften« formuliert, die Menschen an sich selbst, in sich selbst hineinrichten sollen. Aber ich möchte diese Botschaften des Guten Vaters einmal weniger als Botschaften an das eigene Ich benutzen, sondern als Appelle an die eigene Vaterrolle. Und damit als Handlungsaufrufe im Umgang mit den eigenen Kindern (insbesondere, falls vorhanden, an den eigenen Sohn):

1. Ich liebe dich.
2. Ich vertraue dir. Ich bin sicher, du gehst deinen Weg.
3. Ich werde Grenzen setzen und sie durchsetzen. (»Du musst zur Schule gehen.«)
4. Wenn du fällst, helfe ich dir wieder auf. (Fahrradfahren lernen ist ein weit verbreitetes Beispiel für diese Art von Erfahrung mit dem Vater.)
5. Du bist etwas ganz Besonderes für mich. Ich bin stolz auf dich.
6. Ich gebe dir die Erlaubnis, so zu sein wie ich, aber ebenso erlaube ich dir, mehr zu sein als ich und weniger als ich.[71]

In diesem Zusammenhang taucht unweigerlich eine wichtige Frage auf, die je nach Erfahrungsstand und Alkoholpegel zu äußerst heftigen Antworten führen kann: Netter Mann oder Macho?

Stefan beispielsweise ist beliebt, charmant, und er hatte bislang auch nie das Gefühl, dass das ein Fehler sein könnte. Inzwischen nervt ihn allerdings seine Nettigkeit. Andererseits ist er ein warmer und gefühlvoller Mensch. Ironischerweise ist es gerade diese Gefühlstiefe und Harmonie, die seine Zicke an ihm mochte (wenn es sie nicht ankotzte), und die ihr anscheinend auch gut tat.

Aus Erzählungen weiß Stefan, dass seine Ehezicke mit gefühlskalten Männern nicht klarkam. Bekanntlich eine der Urängste vieler Männer, dass nämlich hinter der nächsten Ecke einer dieser kühlen, unnahbaren, vielleicht sogar unrasierten Motorradfahrer wartet, die von Frauen immer so angehimmelt werden.

»Lass sie himmeln«, sagt Stefan heute. »Zicken, die am lautesten schreien, das sie endlich einen richtigen Mann kennenlernen wollen, der sie richtig zu nehmen wisse, und dass sie umgeben seien von Waschlappen ... Einen Teufel werden sie. Nie im Leben wird eine Zicke sich einen solchen, ›richtigen‹ Mann suchen. Und wenn, nur für wenige Stunden.« Trotzdem steckt er in einem Dilemma. Stefan will nicht »verrohen«, um begehrenswert zu bleiben, aber er weiß auch noch nicht hundertprozentig, wie ein besseres Modell ausschauen könnte.

»Nachdem Caroline mir überraschend mitteilte – in ihrer kühlen, der Angelegenheit angepassten sachlichen Art – dass sie einen anderen Mann liebe, nach der Trennung also, nach vielen Gesprächen, habe ich langsam entdeckt, wer dieser Mann in mir sein könnte, den ich selbst nie gespürt habe. Ich habe gelernt, mich selbst zu respektieren, mit allen meinen Fehlern. Und ich habe gelernt, mich von meinen Vorstellungen und Idealen zu distanzieren. Ich bin nicht mehr grenzenlos nett, aber auch nicht der befürchtete Macho geworden.

Dafür habe ich entdeckt, wie sehr meine Ex-Zicke mit meinen Kindheitsdefiziten verbündet war.

Und das Wichtigste: Ihre Macht über mich hat sie komplett verloren.«

Macht die Schule aus Jungs Mädchen?

Seit einigen Jahren widmen sich vereinzelt Männer (und sogar Frauen) der Fragestellung, inwieweit unser Bildungssystem Jungen benachteiligt. Eine schwierige Diskussion, denn unweigerlich, in einer Reiz-Reaktions-Verkettung, treten gut meinende (oder auch ideologisch fundierte) Gegenkräfte hervor, für die eine gesellschaftliche Benachteiligung a priori und ausschließlich Frauen beziehungsweise Mädchen vorbehalten sei. Wobei sie anderseits dafür kämpfen, jegliche Frauendiskriminierung endlich abzuschaffen. Und postulieren, man sei dem Ziel entscheidende Schritte näher gekommen. Es geht in diesem Buch nicht um diese Auseinandersetzung, gleichwohl sei auf Wolfgang Bergmann verwiesen, den Leiter des Instituts für Kinderpsychologie und Lerntherapie in Hannover. Immer wieder weist er darauf hin, dass die Welt für kleine Jungen eng geworden sei. Normiert eben. Langweilig. Denn was Spaß macht, wird meistens verboten. Und was Jungs gut können, wird nirgends verlangt, im Kindergarten nicht und in der Schule auch nicht. Jungen sind zugestellt von einer pädagogischen Welt, so Bergmann, in der sich alle verschworen zu haben scheinen, ihnen ihre kleinen »männlichen« Eigenschaften abzugewöhnen.

Bergmann beschreibt so einen kleinen Jungen, wie er heutzutage im Kindergarten malen oder Papierbuchstaben ausschneiden darf (oh ja, die Lieblingsaufgabe für Jungs). Was der Kleine wirklich will: Losbrüllen, wie ein Raubtier, heftig und ungehemmt.

Aber dieses Gefühl halte nicht an, schreibt Bergmann, denn da nähere sich schon eine liebe Erzieherin, lege ihm ganz sanft die Hand auf die Schulter und sagt: »Du, Johannes, wir wollten doch heute mal ganz ruhig sein.«

Auch beim Fußballspielen. So wie Jungs sind (oder zumindest sein sollten, oder einmal waren).

»Etwas hilflos schauen sich die Erzieherinnen an und lächeln: Sie kommen eben nie zur Ruhe, diese Jungs. Immer Lärm, immer Krach, aber umso weniger Konzentration und Kreativität. Draußen schreit jetzt einer, weil er den Ball an den Kopf bekommen hat. Na und, denken die anderen

Jungs, das passiert eben. Die Erzieherinnen sehen das anders: Kratzer, Beulen, diese Kraftausbrüche, der grobe Umgang mit vielen Dingen, da müssen wir im nächsten Stuhlkreis drüber reden. Und noch mal die Prinzipien festhalten: Keine Gewalt und nicht immer dieses Geschrei.«

Wolfgang Bergmann behauptet (er ist damit selbstverständlich nicht der Einzige), dass sich unser Verhältnis zu Gewalt verändert hat. Mit gefährlichen Auswirkungen. Noch einmal betont: Nicht die Gewalt sieht Bergmann als Problem – sondern die Verdrängung.

»Heute sind die kleinen Jungen eingezwängt – zwischen einer allgegenwärtigen Harmonieseligkeit, die immer ganz motivierend und pädagogisch korrekt ist, und etwas, das den Erwachsenen noch wichtiger zu sein scheint als dieses merkwürdige Friedensideal: nämlich Leistung.«

Weibliche Pädagogik und Leistungsdenken, das ist für kleine Jungen eine schwer erträgliche Mischung. Bergmann beobachtet sehr treffend, dass Jungs heute nur noch raufen, wenn keiner zusieht. Es ist schließlich verpönt.

Er geht sogar so weit, es zuzulassen, wenn sich Jungs am Boden wälzen und raufen. Mit der Einschränkung, wenn es keine Gefahr darstellt.

Für ihn ergibt sich nämlich eine ganz andere, gefährliche Schlussfolgerung aus all der weiblichen Kuschelpädagogik: »Jungs müssen diese Erfahrungen machen, sie brauchen das für eine gesunde Sozialisation. Die kleinen Kämpfe sind ihre Art, sich mit anderen zu messen und ihre Rangordnung zu testen. Beim Rangeln, beim Schubsen und Ringen erleben sie ihren Körper und seine Stärke – und entwickeln dadurch die Empfindsamkeit, die nötig ist, um mit anderen mitzufühlen.

Wenn Jungen diesen Teil ihrer Männlichkeit ständig unterdrücken müssen, dürfen wir uns nicht wundern, dass die Polizei über zunehmende Brutalität bei Jugendlichen klagt,

> über 15jährige, die noch zutreten, obwohl ihr Opfer schon wehrlos am Boden liegt.«

Neues Spiel, neues Glück?

»Auf jeden Fall«, sagt Frank und lacht. »Ich bin viel lockerer geworden. Lasse alles auf mich zukommen. Ich hatte jetzt sogar zum ersten Mal einen One-Night-Stand, mit einer Cheerleaderin. Und wenn sich was entwickelt, dann schaue ich. Und es muss nicht mehr sein. Wenn ich überlege, wie schnell man heiratet.

Heute sehe ich auch klarer, wie die Mechanismen waren, damit wir zusammenkommen konnten. Ich hatte mich ja zu Beginn kurz von Martina getrennt. Und in dieser Zeit hatte ich eine Schauspielerin kennengelernt – mein Gott, da kam ich vom Regen in die Traufe. In diesen Schauspielerkreisen ist Kokain Grundnahrungsmittel, aber nach zwei Monaten habe ich gesagt: ›Raus hier!‹ Da wirkte die Zeit mit Martina wie ein Kuraufenthalt. Deshalb habe ich ja auch überlegt, ›so schlecht war Martina ja doch nicht, und sie sieht gut aus, und sie ist häuslich, und wir wollten doch mal Kinder haben ...‹

Ich habe dann bei einem großen Plattenlabel als Künstler-Manager angefangen und Martina einen Brief geschrieben. Sie hat sofort zugestimmt, und wir sind wieder zusammen gekommen. Und von diesem Zeitpunkt an war klar, dass alles zum Scheitern verurteilt ist. Sie wollte Verlobung und Heirat. Bumm, war sie schwanger. Ich war frisch in der Firma, keine Zeit mehr für uns, Maschinerie läuft, Hochzeit, Eltern. Es ist nicht so, dass man aus einem jahrelangen Traum aufwacht und sagt: Es war immer nur wunderschön. Nein, es war von Anfang an absurd. Schon als wir uns kennenlernten. Und da achte ich heute viel genauer auf mein Gefühl, dann sage ich auch schon mal: ›Es tut mir leid, wir passen nicht zusammen.‹

Insgesamt kann ich sagen: Ich fühle mich heute viel, viel besser.«
Dem kann Andreas nur zustimmen.

»Heute habe ich seit Jahren eine neue Partnerin«, sagt er, »wir haben ein gemeinsames Kind, ich bin sehr glücklich. Wir haben Freiräume, können reden. Und vor allem: gegenseitige Ehrlichkeit! Das ist mir das Wichtigste. Keine Lügen mehr. Eine gegenseitige Vertrauensbasis.

Ich habe diese Frau schon drei Monate nach der Scheidung kennengelernt, und viele Freunde haben gesagt, das wird nur ein Übergang. Vor allem meine Ex, die hat sich fürchterlich aufgeregt.

Dabei hatte Annegret in der gleichen Zeit schon mehrere Männer durchgenudelt, aber das hatte nie lange gehalten. Das war natürlich der Unterschied. Ihre längste Beziehung hat vielleicht sechs Monate gehalten. Der letzte war zehn Jahre älter, Lehrer, und das totale Weichei.

Heute habe ich auch ein sehr gutes Verhältnis zu meinen Kindern. Die haben nur Stress mit ihrer Mutter und kommen zu mir. Und die Kinder verstehen sich auch super mit meiner neuen Partnerin.

Ich würde sagen, ich bin ein positiver Stabilisator für die Kinder, wenn sie die Nase voll haben von ihrer gestressten Zicke. Meine älteste Tochter und ihre Mutter streiten sich nur noch. Die anderen beiden können sich noch nicht wehren. Die Kinder und ich treffen uns auch außerhalb der gerichtlich festgelegten Zeiten und unternehmen gemeinsam Aktivitäten.«

Butter bei die Fische

Was muss sich also ändern, in einer neuen Partnerschaft? Wie lässt es sich verhindern, wieder an eine Zicke zu geraten?

Frank hebt (nein, nicht den Finger, wir befinden uns schließlich nicht auf der Schulbank) den Kopf: »Meine Beziehung zu Frauen hat sich dahin gehend geändert, dass ich mich erst mal in den Mittelpunkt stelle und erst dann kommt die Frau! Ich bin mir heute wichtiger als die Frau. Ich genieße das Junggesellendasein, aber mir ist auch klar, dass ich irgendwann wieder eine Frau an meiner Seite haben möchte! Die wird aber auf Herz und Nieren geprüft!«

Nach der Lektüre einiger Regalmeter partnertherapeutischer Seelenliteratur (um also noch einmal auf die entscheidenden Eingangsfragen zurückzukommen), möchte ich die Vermessenheit besitzen, all das dort Geschriebene, Gedachte, Prophezeite auf zwei simple Worte zu reduzieren: Reden.

Und: Sorgen.

Glückliche Paare scheinen nichts anderes miteinander zu tun. Zum Ersten reden sie offensichtlich gerne miteinander. Und zum Zweiten sorgen sie anscheinend aufmerksam für das Wohl und Wehe des Anderen. Also möchte ich bei diesen beiden Worten bleiben, weil sie zwei Qualitäten fördern, die ehemalige Zickensklaven ohnehin ausgeprägt in sich tragen. (Vorausgesetzt natürlich, die »Neue« ist nicht schon wieder eine Diva). Der Appell lautet dementsprechend, sich zu bemühen der Frau an seiner Seite etwas Gutes zu tun. Möglichst sogar noch jeden Tag. Sich darauf zu konzentrieren, was man selbst zur Verbesserung der Partnerschaft beitragen kann – und sich nicht darauf zu fokussieren, was die neue Partnerin tun sollte. Und möglicherweise nicht tut.

Auch Bas Kast, ein deutscher Wissenschaftsjournalist, stellt in seinem Bestseller »Die Liebe und wie sich Leidenschaft erklärt« eine ähnliche Erkenntnis in den Vordergrund. Nämlich den Partner so zu spiegeln, wie man ihn gerne hätte, selbst, wenn dieser noch lange nicht mit dem erdachten Ideal übereinstimmt. Die längsten Ehen funktionieren so, dass der Partner immer mehr zu dem wird, was der jeweils andere in ihm gesehen und gespiegelt hat.

Der Appell lautet insofern, zum Zweiten: Die Färbung seines Denkens zu überprüfen. Das klingt vermutlich ein wenig abstrus, hat aber den handfesten Hintergrund, dass sich bei Paaren gewisse Gedankenmuster einspielen. Gewisse Wertungsmuster. Und nach übereinstimmender Ansicht etlicher Partnerschaftsexperten überwiegen bei glücklichen Paaren die positiven Gefühle. Füreinander. Übereinander. Zueinander. Negative Gefühle wiederum (gleich welcher Zielrichtung) resultieren aus dem, was uns am Partner fremd ist, möglicherweise sogar befremdlich erscheint. Aber die Reibungsenergie, die Bereitschaft, sich auf diese vermeintlich fremden Seiten des Partners einzulassen, entscheidet sehr wahrscheinlich, ob eine Partnerschaft eine dauerhafte Zukunft hat. Mehr noch (Appell, zum Dritten!): Diese befremdlichen Seiten voller Zuneigung zu respektieren.

Scherzbold!

Okay, das klingt für viele Männer tatsächlich wie ein schlechter Witz. Wie ein rosa Plüschtraum im Märchenland. Nur alleine der Gedanke an weiblichen Putzwahn, wochenendlichen Ordnungsfanatismus und hysterische Bevormundungsorgien lässt jeden Zuneigungsvorsatz zerschellen. (Umgekehrt übrigens genauso. Nur alleine der Gedanke an gewisse männliche Marotten lässt jeden weiblichen Zuneigungsvorsatz zerschmelzen.)

Aber hat diese gegenseitige Verbitterung jemals irgendeinen Erfolg gebracht? Gibt es auf Gottes weiter Erde tatsächlich irgendeinen Mann, den weibliches Genörgel verändert hat? Oder irgendeine Frau, die durch männliches Gezeter bekehrt wurde?

Pustekuchen.

Wir hassen Genörgel (Stimmt's?), Frauen genauso.

Wir hassen es, wie kleine Kinder zu einer Entscheidung genötigt zu werden, indem wir zu dieser Entscheidung überredet werden sollen.

Frauen genauso.

Stattdessen wollen wir verstanden werden (im Innersten).

Das aber setzt genau jene Einstellungen voraus, die ich in den ersten Appellen skizziert habe. Menschen, Männer wie Frauen, wollen sich geliebt und akzeptiert fühlen. Ohne Abstriche. Tatsächlich aber zeigt sich bei unzufriedenen Paaren die überwiegende Tendenz den jeweilig anderen Partner bezüglich dessen Lebensstil oder dessen Art zu denken und zu leben für korrekturbedürftig zu halten. Und zwar dringend. Und das am besten auch noch täglich.

Wer sich allerdings kritisiert und fehl am Platz fühlt, der denkt nicht einmal im Traum daran, sich zu verändern. Stattdessen fühlt er sich (ungerechtfertigt) unter Druck gesetzt und arbeitet an einer Verteidigungsstrategie.

Schlimmstenfalls voller Verachtung. Gekleidet in Zynismus und Sarkasmus. Scheinbar humorig dadurch, notdürftig getarnt.

Genährt von lange schwelenden negativen Gedanken über den Partner. (Gift!)

Umgekehrt scheinen glückliche Paare über deutlich mehr weiße Blutkörperchen zu verfügen. Und ihre sogenannten Killerzellen, die Krankheitserregern entgegentreten, arbeiten angeblich effektiver. Erkrankungen wie Bluthochdruck und Herzerkrankungen sind seltener. Und wozu führt diese weiße Armada?

Vier Jahre längere Lebenserwartung. Mindestens.

ÜBUNG

Um sich von der Abhängigkeit von einer Zicke zu lösen, empfiehlt sich eine Gedankenreise. Simpel und effektiv.

Stellen Sie das Radio und den Fernseher aus und imaginieren Sie, wie es sich anfühlt – endlich frei zu sein.

Herr im eigenen Haus zu sein. Das zu tun und zu lassen, was ausschließlich Sie selbst für richtig halten.

Führen Sie sich vor Augen, dass niemand Ihnen etwas vorschreibt, dass niemand von Ihnen Unverhältnismäßiges erwartet.

Und: dass Sie bei keiner Ihrer Handlungen ein schlechtes Gewissen haben müssen.

Das fühlt sich gut an, nicht wahr?!

In einem zweiten Schritt imaginieren Sie eine ferne Zukunft, wenn Sie die Loslösung von Ihrer Zicke erfolgreich gemeistert und aus dieser Befreiung enorme Kraft getankt haben, um sich nunmehr einer neuen, glücklichen Beziehung zu einer wunderbaren Frau zuzuwenden.

Stellen Sie sich vor:
wie diese Frau Sie so akzeptiert wie Sie sind, mit Ihnen zusammen über ihre gemeinsamen Fehler lacht.

Diese Frau ist emphatisch und weiß, wie sie mit Ihnen umgehen muss ohne Sie zu verletzen.

Sie ist begeisterungsfähig und freut sich auch einfach nur, wenn Sie sich freuen, ohne Hintergedanken.

Sie spiegelt Ihre positiven Seiten, Ihre Leistungsfähigkeit (was die Zicke nie getan) hat und verschafft Ihnen dadurch ein neues, kraftstrotzendes Selbstbewusstsein.

Gibt es jetzt noch irgendeinen Grund einer Zicke nachzutrauern?

Den inneren Frieden finden

Bitte nicht brechen. So schlimm wird es nicht werden (ansonsten einfach überblättern). Es geht mir auch nicht um eine Missionstätigkeit im Auftrag ewig gestriger Organisationen.

Aber: um eine gewisse Offenheit. Für das berühmte Ungewisse. Vielleicht wie ein Samuraikämpfer.

Insofern – auch wenn ein höherer Sinn oder gar Gott das Letztdenkbare wäre – scheint es tatsächlich wichtig (ich sage nur: Regalmeter Lektüre-Erfahrung), sich mit einer gewissen Gelassenheit dem Leben nach der Zicke zu zuwenden. Dem richtigen Leben. Und dann mit einer Form von innerem Frieden auf diese Welt zu reagieren. Auch wenn vieles auf unserem blauen Planten ungerecht und unfair wirkt (und wohl auch oft ist), so ist es offensichtlich noch viel sinnloser, darauf mit nur noch mehr Ungerechtigkeit und Verzweiflung zu reagieren. Bitte, das entscheidende Wort im letzten Satz heißt: reagieren. Selbstverständlich ist die Ungerechtigkeit auf Mutter Erde eine Lebensaufgabe, und selbstverständlich muss es darum gehen jegliche Form von Ausbeutung und Unterdrückung zu bekämpfen. (Buddhistische Zen-Mönche beten bezeichnenderweise: Die Lebewesen sind zahlreich. Ich gelobe, sie alle zu retten.) Aber: mit einer gewissen Gelassenheit.

Und einer Form von innerem Frieden. Ansonsten zerreißt der Kampf im Inneren den Kampf gegen Unterdrückung außen.

Spiritualität meint dabei auch (gerne) den Besuch eines Fußballspiels am Samstag, mit Tausenden von grölenden Fans. Wer an dieser Stelle nur schon über den Begriff »Spiritualität« stolpert, darf ihn gerne streichen. Es geht nicht um eine Silbenschlacht. Es geht einzig darum, sein Leben als Teil eines größeren Ganzen zu verstehen. Gerne auch als Teil eines Kampfes für eine atheistische, klassenlose Gesellschaft. Hauptsache: mit Sinn gefüttert. Es geht weniger darum, in eine 19. Jahrhundert-Diskussion einzusteigen, ob nun ausschließlich schwache Menschen glauben, glauben müssen, während starke Menschen (angeblich) das Leben anpacken, oder so ähnlich – nein, einfach mal akzeptieren: Es tut gut. Das haben etliche Studien immer wieder bestätigt. Auch die meisten Therapeuten, mit denen ich gesprochen habe, teilen – ganz pragmatisch, dem Wohl des Patienten verpflichtet – diese Position. Menschen, die einen Sinn im Leben sehen (ob nun gottgläubig oder nicht), sind im großen Ganzen zufriedener, leben länger und gehen mit Krankheiten konstruktiver um.

Und – ganz wichtig: solche Menschen verlieben sich nicht mehr in eine Zicke.

Das Loch in ihrer Seele wurde gestopft.

Spiritualität heilt: Durch Frieden und Gelassenheit. Und die Vorstellung eines liebenden Gottes – ja, sie entlastet. (Nicht brechen! Es ist nur ein Vorschlag. Ein wenig wie bei der altvertrauten Positionsschlacht zwischen Ärzten und Homöopathen. Bekanntlich ist die Methode des Herrn Hahneman aus naturwissenschaftlicher Sicht Humbug. Und kann unmöglich funktionieren. Aber vielen Patienten, denen die sogenannte »Schulmedizin« keine

Linderung verschaffte, ist diese wissenschaftliche Einschätzung schlichtweg gleichgültig, weil ihnen die Zuckerkügelchen geholfen haben. Egal weshalb. Und wer heilt, hat Recht.)

Meditation kann hierbei ein Weg sein (ich denke dabei allerdings weniger an schwitzende Yoga-Hippies, sondern an ernste Männer; Samurai-Krieger). Letztlich geht es immer nur darum zu begreifen, dass wir nicht alles in unserer Hand haben. Dass wir Dinge geschehen lassen müssen. Und dass Dinge geschehen sind, die wir nicht rückgängig machen können, die aber anscheinend einen Sinn haben. Wie zum Beispiel eine Abfolge von scheinbar vergeudeten Jahren mit einer Zicke. Ausgefüllt mit Demütigungen, Verletzungen und geplatzten Träumen.

Ja, auch das kann einen Sinn haben. (Wenn Sie wollen! Wenn Sie das Trachten und Streben auf diesem Planeten lieber als sinnlos, zufällig und vernachlässigenswert betrachten möchten, sei Ihnen das unbelassen. Hauptsache: es macht Sie glücklich!)

Bei den Anonymen Alkoholikern gibt es den schönen Satz: »Ich überlasse mich einer höheren Macht, die größer ist als ich.«

Darum geht es zukünftig, in einem Leben ohne Zicke: Bescheiden zu werden. Verzeihung: Demütig, ohne zurückzufallen in alte Muster.

Denn das Großsprecherische, Laute, Vordergründige einer Zicke hat unterbewusst etwas in uns anklingen lassen. Gewissermaßen steckt nämlich in jedem von uns eine kleine Zicke.

Es geht darum, zu akzeptieren, dass wir niemals im Vorhinein absehen können, welche Entscheidung die richtige ist. Und dass trotzdem Dinge geschehen. Und: Dass Dinge einfach unerklärbar bleiben, auch Menschen.

Zu lernen, jede Situation als gegeben zu akzeptieren, (es ist, wie es ist) ohne Angst vor dem, was alles passieren könnte. Und ohne Schuldzuweisung.

Denn – jetzt wird es möglicherweise richtig gruselig, für manchen Leser – ohne Spiritualität wird sich das Denken nicht aus negativen Strukturen befreien. Wir drehen uns dann nur in althergebrachten Mustern, und schlimmstenfalls lernen wir nächsten Monat eine neue Zicke kennen.

Erich Fromm sagte mal in etwa: »Liebe heißt dem anderen alle Macht zu schenken, und zu wissen, dass er sie nie missbrauchen würde.«

Die Aufgabe liegt also darin, ein Mann zu werden, der seine Macht nicht missbrauchen muss, weil er zu seinen Ängsten steht. Und weil er diese Ängste nicht als Schwäche abwehrt und verdrängt. Ein Mann zu werden, der seinen Ärger und seine Wut zeigen kann (ganz wichtig!). Genauso wie Schmerz und Trauer. Ein Mann der fühlt! (Auch Neid und Eifersucht, Schuld und Ohnmacht, Verzweiflung und Hass.)

Ein Mann, der tolerant ist, in einem umfassenden Sinne, vor allem bezüglich der sogenannten Fehler anderer Menschen. Und der sich selbst mit Humor verzeiht. (Der auch selbstkritisch ist, selbstverständlich, aber ohne Selbstzerfleischung.)

Dabei ehrlich ist: Auch wenn alle anderen um ihn herum, ihm eine lange Nase machen und er zu blöde zu sein scheint …

Die Aufgabe liegt also darin, seine innere Zufriedenheit nicht mehr davon abhängig zu machen, ob die Bundeskanzlerin nun Steuersenkungen in Aussicht stellt oder Bayern München im eigenen Stadion verliert. Oder ob es regnet oder schneit. (Gelassenheit!)

Und unabhängig zu werden: Von Geld, von Lob, von Status.

Ein Mann, wie Wilhelm Stekel ihn in dem Roman »Fänger im Roggen« zitiert: »Das Kennzeichen des unreifen Menschen ist, dass er für eine Sache sterben würde. Das Kennzeichen des reifen Menschen ist, dass er bescheiden für eine Sache leben möchte.«

»Da bin ich noch weit von entfernt«, sagt Frank, »aber trotzdem bemerke ich auch bei mir eine Änderung. Wenn ich alleine daran denke, wie sehr es mich anfangs getroffen hat, dass Martina einen neuen Mann hat. Und heute? Ganz ehrlich, der Typ tut mir jetzt schon leid. Wenn die Verliebtheit bei denen vorbei ist, viel zu lachen hat der Typ nicht.

Ich vermisse Martina nicht einmal. Nur die Kinder. Ich habe in meinem Leben noch nie einen Menschen so gehasst, wie diese Frau. Ich hatte alle Qualen, Folterungen, vor Augen, aber mittlerweile, nach zwei Jahren Trennung und Anwaltsscheiße, kann ich sagen, es hat sich beruhigt.

Ich hätte das nicht gedacht, aber ist wahr: Alles geht vorbei.
Jetzt fahre ich alle 6-8 Wochen nach Berlin.

Und ich telefoniere jeden Tag mit den Kindern. Und plane jeden Urlaub mit ihnen. Inzwischen akzeptiert sogar Martina das, aus dem ganz einfachen Grund: Sie ist die Kinder dann los und kann was Eigenes machen.

Ich denke manchmal an einen Spruch, den sie mir mitgegeben hat. Sie sagte: ›Sei froh, dass ich diejenige bin, die diesen Schritt macht. Irgendwann wirst du mir mal dafür danken.‹

Und was soll ich sagen: Es stimmt!

Ich bin ihr dankbar.«

»Die Liebe kann eine Ganztagsbeschäftigung
für eine Frau sein, so wie der Beruf es für einen Mann ist.«

Shulamith Firestone

– SIEBTER TEIL –
AUF DEM BESTEN WEG
ZUM ZICKENBÄNDIGER

Bei jeder Auseinandersetzung mit Suchtmitteln (und Zicken sind eine ganz besondere Form von Droge) taucht unweigerlich, zu guter Letzt, ein schreckliches Wort auf. Es heißt: Rückfallwahrscheinlichkeit.

Gut, den Ausdruck »Rückfallwahrscheinlichkeit« wird so wohl niemand sonst benutzen, aber in seine Vokabelbestandteile zerlegt, zeigt sich das Gefährdungspotenzial. Jeder Drogenkonsument wird nämlich die Gefahr kennen, nach erfolgreicher Abstinenz auch der kommenden Versuchung standhalten zu müssen.

Bekanntlich scheitern die meisten an dieser Klippe.

Bekanntlich ist der körperliche Entzug bei den meisten Drogen weniger dramatisch, als der seelische. Sodass an diesem Punkt die tatsächliche Entwöhnung ansetzen muss. Bei der Beschäftigung mit Zickendrogen lässt sich die Rückfallproblematik in zwei Bereiche aufteilen. Zum einen zeigt sich nach erfolgreicher Zickenverbannung, mit dem Vorsatz also nie mehr auf einen solchen Typus Diva hereinzufallen, mit dem Schwur nur noch sogenannte normale, geistig gesunde, glückliche, zufriedene Frauen zu freien, eine unerwartete Handlungsblockade. Sogenannte normale Frauen, wie sie sich an beinahe jeder Ecke feilbieten, entpuppen sich irgendwie nicht als der Geilheit letzter Schluss, sondern eher, nun ja, als: langweilig.

Es fehlt einfach dieser Schuss Wahnsinn, den eine Zicke aufbietet. Es fehlt dieser Tupfer Laszivität, Herausforderung, Aufregung und Größenwahn.

Und mit jedem gemurmelten Vorsatz, niemals mehr auf das Locken einer Zicke herein zu fallen, auf ihr Lächeln, auf ihre Provokationen zu reagieren, eingedenk der brutalen Erlebnisse – reizt der erneute Kampf nur noch stärker.

Was also tun?

Ebenso, wenn eine Zicke am Arbeitsplatz oder im Freundeskreis erscheint. Selbst wenn die erotische Komponente einmal (selten) keine Rolle spielen sollte, so ist ein allgemeines Gefühlschaos schon vorprogrammiert. Mit sämtlichen (gedanklichen) Wut- und Hasstiraden, die weniger die Zicke, als vielmehr das eigene Seelenleben auffressen.

Wie also damit umgehen? Gerade in der Firma ist ein geordneter Rückzug schwierig, man kann ja schlecht rausrennen. Aber nach all dem, was in den vorigen Kapiteln stand, wird es hoffentlich leichterfallen, das verletzte Kind im mitunter abstrus, meist verletzenden Verhalten der Zickenkollegin zu erkennen. Und zwar ganz konkret, weil man selbst nicht unberührt bleibt von ihren Attacken. Unvermeidbar treten starke Wut- und Hassgefühle auf die Zicke auf, weil sie unentwegt zu demütigen versucht. Unberechenbar. Weil sie bösartige Gerüchte in die Welt setzt, die verletzen, und die ich deshalb am liebsten sofort aufklären möchte und zwar vor allen Leuten, mit allen Leuten. Und möglichst lautstark!

NEIN.

An diesem Punkt ist es wichtig, ruhig zu bleiben. Eine Zicke wird versuchen, genau die wunden Punkte zu treffen, die ihr Gegenüber (also: Du!) an sich selbst am meisten ablehnt. Letztlich sind das oft die eigenen Zickenatome. Und die rekeln sich in fast jedem Menschen. Deshalb ist es so wichtig, ruhig zu bleiben. Und souverän. Und jede gespürte Kränkung an sich abtropfen zu lassen, wie Regentropfen auf einem Rosenblatt.

Das Schlimmste, das einem Mann (und einer Frau) passieren kann, wenn er (nein, sie) auf eine Zicke trifft (vor allem am Arbeitsplatz) ist, dass er sich in einen Kampf hineinziehen lässt. Womöglich noch in einen offenen Krieg, in dem sich alle übrigen Kollegen zu positionieren haben.

Deshalb erneut der dringende Rat (zum Dritten): Ruhig bleiben! Wie im Aikido geht es mehr darum, die Energie des Angreifers umzuleiten. Nicht schlagen, nicht angreifen. Nur jeweils die Energiebahn des Angreifers nutzen. (Trotz der Gerüchte, die sie vielleicht schon in die Welt gesetzt hat. Ich weiß selbst nur zu gut, wie es schmerzt, Geschichten über die eigene Person anhören zu müssen, die böse erlogen sind. Wie es den Blutdruck in die Höhe treibt, fremde Menschen zu treffen, die vor jedem persönlichen Kontakt schon ein Gerüchtebild in ihrem Kopf tragen, und die aufgrund dessen sogar das Gespräch abbrechen möchten. Aufgrund einer Lüge! Aber so ist das Leben. Ich weiß das heute. So schlimm es vielleicht klingt: Solange es Menschen gibt, die über andere Menschen lästern, solange werden wir alle im Mittelpunkt eines oder mehrerer Gerüchte stehen und können es nicht ändern.)

Denn wer sich auf die inneren Schlachtfelder einer Zicke ziehen lässt, der verliert schnell seine Würde, seine Ruhe und damit erst recht jede Form von Gelassenheit und Frieden.

Seit Jahrhunderten ist diesbezüglich ein Sinnspruch bekannt, der in autosuggestiver Form die eigene Zurückhaltung stärken soll:

Gott gebe mir die Gelassenheit,
Dinge hinzunehmen,
die ich nicht ändern kann;
den Mut, Dinge zu ändern,
die ich ändern kann;
und die Weisheit, das eine
von dem anderen zu unterscheiden.

Das Ziel sollte sein, eine Zicke ohne Verachtung, ohne Hochmut betrachten zu können. Und sie ohne zeitaufwendige, kräftezehrende Wortschlachten leben zu lassen.

Wichtig dabei: Ohne seine eigenen Wut- und Hassgefühle runterzuschlucken! Ken Wilber formuliert es sehr prägnant: »Ich habe Gefühle, aber ich bin nicht meine Gefühle. Ich kann meine Gefühle fühlen und spüren, und was gefühlt und gespürt werden kann, ist nicht der wahre Fühlende. Gefühle gehen durch mich hindurch, aber sie berühren nicht mein inneres Ich. Ich habe Gefühle, aber ich bin nicht meine Gefühle.«[72]

Es geht vielmehr darum, den Prozess der Verletzung genauer zu untersuchen. Denn – verständlicherweise: wir sind keine Heiligen – im Normalfall möchten wir eine Zicke an die Wand schreien, prügeln oder sie zumindest aus dem Fenster hängen. (Übrigens besonders förderlich, wenn die Zicke in einer Vorgesetztenposition ist ...) Diese Untersuchung kann mit einigen wenigen, geradezu simplen Fragen erfolgen:

- Habe ich tatsächlich einen Fehler gemacht? – Ist die Kritik berechtigt?
- Ist die Form angemessen, in der die Kritik geäußert wurde?
- Und für Fortgeschrittene: Warum erfolgt die Kränkung?

Diese Selbstbefragung hat nur den einen Sinn, sich vom Gedankenkarussell zu befreien, das eine Zicke kostenlos zur Verfügung stellt. Wenn ich nämlich zu der kühlen Einschätzung gelange, keinen oder höchstens einen belanglosen Fehler gemacht zu haben, der zudem aufgebauscht wurde, dann kann ich wiederum ruhig auf weitere Kritikpunkte eingehen.

Im Laufe der Zeit wird sowieso klar, was Sache ist. Bis zu diesem Zeitpunkt ist es wichtig, die Dinge im Kopf geordnet zu haben. Und zu sortieren, was davon mit der eigenen Person nichts zu tun hat. Der verbleibende Restschlick, gesiebt, beinhaltet dann nicht eigene Unzulänglichkeiten, sondern Persönlichkeitsdefizite der Zicke.

Damit kann ich deren Probleme auch bei ihr belassen! (Wo sie verdammt noch mal auch hingehören!)

Anders ausgedrückt: Ich spüre zwar, wie mich eine Zicke mit ihren Intrigen und Tuscheleien auf die Palme bringt, aber ich belasse es dabei, dass das ihre Intrigen und Tuscheleien sind und damit ihre Probleme! Es ist weder meine Aufgabe, eine Zicke zu ändern, noch trage ich die Verantwortung für ihre Schwierigkeiten. Sie will mich treffen und verletzen, das ist klar – aber was mich trifft und verletzt, das ist alleine meine Entscheidung. Eine schöne Geschichte in diesem Zusammenhang handelt von einem chinesischen Mönch, der an einem ebenso schönen Sommertag auf einem einsamen Bergsee rudert. Er ist mit sich und der Welt restlos zufrieden und einfach nur glücklich. Er schließt die Augen und lässt sich von den Wellen treiben, als ihn plötzlich ein anderer Ruderer rammt. Der Mönch fährt hoch, wutentbrannt, wie selten zuvor, und derart sauer, aggressiv, dass er den anderen Ruderer zusammenschlagen will. Es kann nur ein restlos schlechter Mensch sein, denkt er, der einem glücklichen Mönch, der nur die Sonne genießen möchte, derart den Spaß verdirbt.

Und als der Mönch sich umdreht – sieht er ein leeres Boot.

Es gibt wohl nichts Lächerlicheres, als ein leeres Boot verprügeln zu wollen. (Und die Moral von der Geschichte, zumindest im Original, besteht darin, dass der Mönch die Erleuchtung findet. Weil er plötzlich versteht, dass alle Gefühle, alle Aggressionen leere Boote sind.)

In unserem Arbeitsalltag geht es vermutlich weniger um den Weg zur ewigen Erleuchtung, trotzdem kann es eine interessante Frage sein, warum ich auf die völlig absurden Angriffe einer Zicke derart heftig reagiere.

Und dieses Nachdenken schafft wiederum: Distanz.

Hierbei kann es auch hilfreich sein, seine Situation aus der Vogelperspektive zu betrachten, um größere Zusammenhänge zu sehen. Die häufigsten Fehler bei der Beurteilung einer Situation werden nämlich aus unrealistischen Blickwinkeln heraus gemacht. Zum einen verzerren Übertreibungen (so was wie: Das ist unerträglich, nicht zum Aushalten, auf keinen Fall zum Aushalten, kein Mensch kann so was aushalten ...) eine Situation. Seien wir ehrlich: In unserem Alltag geht es kaum einmal wirklich um Leben oder Tod, mehr darum, einen Film im Fernsehen zu sehen, der nicht zum dritten Mal wiederholt wird. Aber viele Menschen quatschen herum, als bedeute die läppische Tatsache, den morgendlichen Bus verpasst zu haben, eine Grundsatzentscheidung. (Die Amerikanerin Byron Katie hat übrigens auf diesem einen Gedanken eine internationale Bewegung namens the work begründet. Dabei soll schon vor über 2000 Jahren der griechische Philosoph Epiktet gesagt haben: »Nicht die Dinge an sich, sondern unsere Sichtweise von den Dingen ist das, was uns beunruhigt«.)

Ist also alles wirklich so schlimm, wie ich gerade darüber denke? Und bin ich wirklich so wehrlos, wie ich mich gerade fühle?

Ein weiterer häufiger Fehler sind sogenannte absolute Forderungen, die den Hirnkrieg nur noch forcieren. Sie verbergen sich zum Beispiel hinter Sätzen wie: »Menschen müssen mich ernst nehmen. Niemand darf mich kränken. So lasse ich mich auf keinen Fall behandeln ...«

Kennzeichen dieser absoluten Forderungen sind rigorose Formulierungen wie: muss, sollte, darf nicht, hat zu. All das erzeugt nur unnötigen Stress.

Niemand von uns kann sich wirklich sicher sein, dass uns wirklich alle Kollegen ernst nehmen. Die absolute Forderung, dass dies nicht sein darf, ist unrealistisch.

Es tut selbstverständlich weh, davon zu erfahren, dass andere über uns lachen. Dass Zicken Gerüchte in die Welt setzen, die uns als lächerliche, wahlweise verlogene Menschen darstellen. Selbstverständlich schmerzt das. Aber ich kann es nicht verhindern. Niemand kann das. Viel wichtiger ist, dass ich mich selbst ernst nehme und um meine eigene Wahrhaftigkeit weiß. Im Idealfall führen diese Überlegungen zu mehr Gelassenheit und Autonomie. Oder, wie es in dem netten Bonmot heißt: Ich kann nicht verhindern, dass Vögel über meinen Kopf fliegen. Aber ich kann verhindern, dass sie dort ein Nest bauen.

Falls es allerdings deutlich werden sollte, erst recht nach einer sachlichen Analyse, dass kein Ausweg daran vorbei führt, sich zu wehren, weil ein weiteres Schweigen die Unterdrückerzicken nur noch stärken würde, dann heißt es tapfer in Kauf zu nehmen, dass die Situation sich noch weiter verschlimmert.

Ohne an Lebensfreude zu verlieren. (Wichtiger Vorsatz) Und

ohne Rache nehmen zu wollen.

Denn Zurückschlagen forciert nur wieder eine erneute Verstrickung.

Okay, das habe ich ja verstanden – aber wie soll ich mich verhalten, wenn ich mich doch wieder in eine Zicke verliebe?

Weil beim Aufeinandertreffen mit einer Zicke so viel mehr Gefühle aufblitzen, weil alles viel aufregender scheint?

Genau.

Weil eine Zicke sich aufregender kleidet, erotischer duftet, weil überhaupt alles so bezaubernd wirkt?

Exakt.

Nur als kleine Vorbemerkung: Eifersuchtsdramen, Lügen, prinzipiell Aufregung, Misstrauen erzeugen in geballter Konzentration leider auch eine hochexplosive Gefühlsbombe. Die ungleich stärker reinhaut, als eine sogenannte »normale« Beziehung.

Aber: All das hat erst mal nichts mit Liebe zu tun. Auch wenn wir immer das Gefühl haben: Liebe – das ist das, wo es am meisten Wumms macht.

Nein. Genau das ist Liebe nicht. Stefan sagt dazu: »Ich würde niemals einem Mann davon abraten, sich mit einer Zicke einzulassen, auch nach allem, was ich erlebt habe. Denn jeder hat sein Päckchen zu tragen. Es ist weniger die Frage, ob jemand ein Problem hat oder nicht, es stellt sich die Frage, wie er mit seinen Problemen umgeht, ob er sich damit aktiv auseinandersetzt und eben nicht diffus in der Gegend herumstraft und ersatzweise anschwärzt.«

Und darüber muss man sich im Klaren sein: Distanz.

Es gibt keine Romantik mit einer Zicke, keine Nähe, keine Zukunft. Stattdessen muss man unentwegt bei sich bleiben, unentwegt, darf auf keine Manipulation reagieren. Immer klare Grenzen und nie davon abgehen.

»Aber es geht«, ergänzt Georg, »wenn man es rigoros vermeidet in eine Abhängigkeitssituation zu kommen. Ganz schwierige Sache. Aber sobald die Abhängigkeit wieder beginnt, spielt eine Zicke alle ihre Talente aus. Komm her – hau ab! Mach dies – mach jenes. Also muss man ganz klar seine Grenzen ziehen. Immer wieder. Und man darf wirklich nicht ein einziges Mal eine Ausnahme machen, nicht ein einziges Mal. Und man muss einer Zicke auch jedes Mal sagen, wann einem etwas nicht passt. Vor allem, wenn eine Grenze überschritten ist. Und dann – das ist das Schwierigste – müssen auch klare Konsequenzen gezogen werden.« Also: Wehret den Anfängen!

»Eine Zicke muss aber schon vorher wissen, wie diese Konsequenzen aussehen«, wirft Stefan ein. »Das muss sie in allen Einzelheiten schon im Vorfeld wissen.« »Aber prinzipiell«, sagt Georg, »sollte ein Mann, der sich mit einer Zicke einlässt, darüber nachdenken, warum er überhaupt mit einer Zicke zusammen sein will. Ich meine, diese Art Frauen sind sehr, sehr anstrengend, also warum tue ich mir das an? Ist ihre Schönheit das wirklich wert? Auf Jahre?«

»Schließlich ist Zickigkeit kein Schnupfen oder so was«, sagt Stefan. »Von dem Gedanken, ihr Verhalten irgendwie in den Griff zu kriegen, muss man sich möglichst schnell verabschieden. Ich habe das zwar selbst nicht geglaubt, aber für ihr Verhalten bräuchte eine Zicke professionelle Hilfe. Als Mann an ihrer Seite bringst du überhaupt nichts, im Gegenteil, du stabilisierst sie nur. Und am Ende dankt sie dir sowieso nicht für deine Hilfsbereitschaft, im Gegenteil, sie schießt dich ab ...«

Aber ich will doch nur verstehen, was in meiner Freundin vorgeht.

Sagen viele Männer, und wollen ihre Zicke dann mal eben zur Paartherapie schleppen. Oder sie mit Erkenntnissen aus den vorangegangen Seiten bombardieren. Unauffällig das Buch liegenlassen, in der Hoffnung ihre Leib- und Magen-Zicke möge gewisse Seiten erkennen, begreifen und begeistert aufschreien. Und letztlich ihrem Freund und Helfer um den Hals fallen, ein liebevoller Mensch werden und in Weiß heiraten.

Mit allem nötigen Respekt, aber eine Zicke wird jedem Hobbypsychologen was husten.

Um es mit einem drastischen Bild zu vergleichen: Den Alltag eines spastisch behinderten Rollstuhlfahrers zu verstehen, ändert nichts daran, dass er die meisten Restaurants alleine nicht betreten kann, weil nur Treppenstufen hineinführen. Vor allem ändert es nichts an seinem Schicksal. Die meisten Behinderten übrigens reagieren eher unwirsch auf nettes Verstehen, stattdessen suchen sie Menschen die tatkräftig anpacken. Und sie tragen. Heilung wiederum ist eher unwahrscheinlich. So brutal das auch klingt.

Aber Zicken leben seit Jahrzehnten in ihrem Körper, in ihren Gewohnheiten. Zickigkeit ist kein momentanes Modehobby. In vielen Köpfen schwirrt zwar unverändert die Vorstellung umher, man könne Menschen durch eine Psychotherapie, gerne auch in einer (geschlossenen) Anstalt heilen. Gemeint ist damit ein Zustand idealisierter Umprogrammierung in einen Zustand idealisierter psychischer Gesundheit. Alleine dadurch, dass Experten ausreichend lange, intensiv und wirksam »therapieren«. Gekoppelt mit ausreichend starken, intensiven und wirksamen Psychopharmaka. In der Endstufe: Zu fröhlich grinsenden, aber sozial verträglichen Zombie-Zicken.

Das ist leider Blödsinn, wenngleich geschürt von gewissen industriellen Interessen.

Der Glaube, sich ein wenig auf die berühmte Couch zu legen, vielleicht ein Jahr zu reden, nachzudenken und dann geheilt zu sein, als ein sogenanntes vollwertiges Mitglied der Gesellschaft neu erschaffen zu werden, ist nichts anderes als eine Illusion.

Der Wecker klingelt schneller aus dem Traum als man denkt.

Wir alle machen Fehler. Es ist jedoch ein wichtiger Unterschied, welche Macht ein Fehler über einen Menschen hat – und wie oft ein Fehler sich wiederholen muss, bis wir endlich handeln. Bis wir uns befreien aus der Unselbstständigkeit, der Zickensklaverei. Denn es geht, es ist ganz einfach, wenn man nur erkennt, dass das Glück in einem selbst verborgen liegt und in niemand anderem. Dann ist man frei (und kann sich vielleicht am Ende sogar mal wieder eine heiße Nacht mit einer Zicke leisten ohne ihr in die Falle zu gehen …)

Viel Spaß dabei!

Quellen-/Literaturverzeichnis

Quellen:
S. 5) Schwarzer 1) Studie »Männer in Bewegung« 2) Schmidbauer (2007) 3) Wöller 4) Hardtwaldklinik 5) Faust (2009) 6) Faust (2009) 7) APA 8) Röhr 9) Faust (2009) 10) Mentzos 11) Akthar 12) Horney 13) Hardtwaldklinik 14) Mentzos 15) Kernberg 16) Röhr 17) Battegay 18) Faust (2009) 19) Battegay 20) Battegay 21) Berndt 22) Faust (2009) 23) Faust (2009) 24) Wöller 25) Mentzos 26) Stangl 27) Faust (2009) 28) Faust (2009) 29) Kernberg 30) Röhr 31) Lasch 32) Kernberg 33) Faust (2009)34) Deneke 35) Meschkutat 36) Kernberg 37) Stangl 38) Röhr 39) Röhr 40) Lasch 41) Mentzos 42) Mentzos 43) Sennett 44) Lasch 45) Battegay 46) Battegay 47) Lasch 48) Kroll 49) Lasch 50) USC 51) Lasch 52) BILD 53) Lowen 54) Fromm 55) Wirth 56) Frank 57) Damman 58) Fromm 59) Lasch 60) USC 61) Volker Faust (2009) 62) Lasch 63) Lasch 64) Lasch 65) Lasch 66) Blossfeld 67) Textor 68) Lessing 69) Amendt 70) Amendt 71) Rosenberg 72) Wilber

Literaturverzeichnis

Akhtar, Salman.: Narzisstische und Borderline-Persönlichkeitsstörung: zwei verwandte Bilder. In: O. F. Kernberg u. Mitarb. (Hrsg.): Handbuch der Borderline-Störungen. Schattauer Verlag (2000)

Amendt, Gerhard: Wider die Verteufelung und die Verherrlichung des Männlichen In: DER STANDARD (03.11.1999)

APA: Diagnostisches und Statistisches Manual Psychischer Störungen DSM-IV-TR. Hogrefe Verlag für Psychologie (2003)

Bateson, Gregory (mit Don D. Jackson, Jay Haley): Schizophrenie und Familie, Beiträge zu einer neuen Theorie. Suhrkamp Verlag (1975)

Battegay, Raymond: Psychoanalytische Neurosenlehre. Fischer Verlag (1988)

Bergmann, Wolfgang: Friede, Freude, Eierkuchen. In: ELTERN (04/2009)

Bergmann, Wolfgang: Kleine Jungs – große Not. Beltz Verlag (2008)

Berndt, Thomas: Grundzüge der Double-Bind-Theorie. Grin Verlag (2008)

BILD.de: Leistung ist Nebensache – darin sind sich die Karriereratgeber einig. (25.03.2009)

Blossfeld, H.P.: Zur Repräsentativität der Sfb-3-Lebensverlaufsstudie. (Max-Planck-Institut) (2009)

Damman, Gerhard: Narzissten, Egomanen, Psychopathen in der Führungsetage. Haupt Verlag (2007)

Deneke, Friedrich-Wilhelm, B. Hilgenstock: Das Narzissmus-Inventar. Verlag Hans Huber (1988)

Faust, Volker: Seelische Störungen heute. Verlag C.H. Beck (2007)

Faust, Volker.: Psychiatrie Heute: www.psychosoziale-gesundheit.net (2009)

Frank, Georg: Ökonomie der Aufmerksamkeit. Hanser Verlag (1998)

Fromm, Erich: Haben oder Sein. Seelische Grundlagen einer neuen Gesellschaft. Deutscher Taschenbuch-Verlag (1998)

Grunberger, Bela.: Vom Narzissmus zum Objekt. Suhrkamp Verlag (1982)

Hardtwaldklinik (www.persoenlichkeits-stoerungen.de/narzisstische-persoenlichkeitsstoerung (2009)

Horney, Karen: Der neurotische Mensch unserer Zeit. Kindler Verlag (2004)

Kernberg, Otto F.: Narzisstische Persönlichkeitsstörungen. Schattauer Verlag (1996)

Kohut, Heinz: Narzissmus. Suhrkamp Verlag (2007)

Kroll, Benno.: Erinnerungen eines Liebhabers. Rasch und Röhring Verlag (1995)

Lasch, Christopher: Das Zeitalter des Narzissmus. Steinhausen Verlag (1980)

Lessing, Doris: Die Männer sind eben doch keine Schweine. In: DIE WELT (21.01.2008)

Lowen, Alexander: Narzissmus. Die Verleugnung des wahren Selbst. Goldmann-Verlag (1986)

Mentzos, Stavros: Neurotische Konfliktverarbeitung. Fischer Verlag (1989)

Meschkutat, B./ Stackelbeck, M./ Langhoff, G.: Der Mobbing-Report – Repräsentativstudie für die Bundesrepublik Deutschland. Schriftenreihe der Bundesanstalt für Arbeitsschutz und Arbeitsmedizin (2002)

Miller, Alice: Das Drama des begabten Kindes. Suhrkamp Verlag (1983)

Röhr, Hans-Peter: Narzissmus. Das innere Gefängnis. Walter Verlag (2000)

Rosenberg, Jack L.: Körper, Selbst und Seele. Junfermann Verlag (2008)

Schmidbauer, Wolfgang: Die Rache der Liebenden. Rowohlt Verlag (2005)

Schmidbauer, Wolfgang: Die gerupfte Narzisse. In: Süddeutsche Zeitung Magazin, (Heft 44/2007)

Schwarzer, Alice: Zitat S. 5 zitiert nach: Von Cowboys, Soldatinnen und Engeln. Frankfurter Allgemeine Zeitung / Sonntagszeitung (28.4.2008, S. 389

Sennett, Richard: Civitas. Die Großstadt und die Kultur des Unterschieds. Fischer Verlag (1991)

Stangl, Werner: arbeitsblaetter.stangl-taller.at/KOGNITIVEENTWICKLUNG/Narzissmus.shtml (2009)

Studie »Männer in Bewegung«. Im Auftrag der »Gemeinschaft der katholischen Männer Deutschlands« und der »Männerarbeit der Evangelischen Kirche« Vgl. Wann ist ein Mann ein Mann? In: Westfälische Rundschau (19.03.2009)

Textor, Martin: Das Verschwinden der Mütterlichkeit. In: ELTERN (12/2008)

USC News der University of Southern Californie: www.usc.edu (09/05/06)

Wilber, Ken: Wege zum Selbst. Goldmann Verlag (1979)

Wirth, Hans-Jürgen: Narzissmus und Macht. Psychosozial-Verlag (2002)

Wittchen, H.-U./ Koehler, K./ Zaudig, M.: Diagnostische Kriterien und Differentialdiagnosen des DSM-III-R, diagnostische Kriterien der Narzisstischen Persönlichkeitsstörung. Hogrefe Verlag (1989)

Wöller, Wolfgang u. Kruse, J.: Tiefenpsychologisch fundierte Psychotherapie, Basisbuch und Praxisleitfaden. Schattauer Verlag (2005)

Sparen Sie sich den Therapeuten!

Hilfe naht:

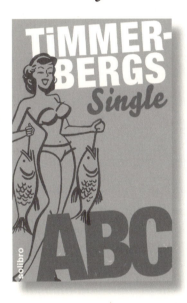

Helge Timmerberg:
Timmerbergs Single-ABC
Timmerbergs Beziehungs-ABC
Münster: Solibro Verlag 2007
Doppelband [Timmerbergs ABC, Bd. 3+4] ISBN 978-3-932927-35-5
Klappenbroschur, 224 S.

Wenn Sie die hier aufgetischte Ehrlichkeit in Sachen Lust und Leid von Paar und Single auf sich wirken lassen, ist das die halbe Miete auf dem Weg zum Glück! Und für den Rest sorgt **Helge Timmerbergs** Humor: steinerweichend, kompromisslos, frech. Und da sage noch einer, es gebe keine Hoffnung.

mehr **Infos** & **Leseproben**:
www.solibro.de